Renditeorientierte Führungsstrategien

Gunhild Posselt

Renditeorientierte Führungsstrategien

Kennzahlen motivierend einsetzen

2. Auflage

Gunhild Posselt
Meinersen, Deutschland

ISBN 978-3-658-19562-5   ISBN 978-3-658-19563-2 (eBook)
https://doi.org/10.1007/978-3-658-19563-2

Die Deutsche Nationalbibliothek verzeichnet diese Publikation in der Deutschen Nationalbibliografie; detaillierte bibliografische Daten sind im Internet über http://dnb.d-nb.de abrufbar.

Springer Gabler
© Springer Fachmedien Wiesbaden GmbH 2014, 2018
Ursprünglich erschienen unter dem Titel: Mitarbeiter führen mit Kennzahlen – Attention Leadership
Das Werk einschließlich aller seiner Teile ist urheberrechtlich geschützt. Jede Verwertung, die nicht ausdrücklich vom Urheberrechtsgesetz zugelassen ist, bedarf der vorherigen Zustimmung des Verlags. Das gilt insbesondere für Vervielfältigungen, Bearbeitungen, Übersetzungen, Mikroverfilmungen und die Einspeicherung und Verarbeitung in elektronischen Systemen.
Die Wiedergabe von Gebrauchsnamen, Handelsnamen, Warenbezeichnungen usw. in diesem Werk berechtigt auch ohne besondere Kennzeichnung nicht zu der Annahme, dass solche Namen im Sinne der Warenzeichen- und Markenschutz-Gesetzgebung als frei zu betrachten wären und daher von jedermann benutzt werden dürften.
Der Verlag, die Autoren und die Herausgeber gehen davon aus, dass die Angaben und Informationen in diesem Werk zum Zeitpunkt der Veröffentlichung vollständig und korrekt sind. Weder der Verlag, noch die Autoren oder die Herausgeber übernehmen, ausdrücklich oder implizit, Gewähr für den Inhalt des Werkes, etwaige Fehler oder Äußerungen. Der Verlag bleibt im Hinblick auf geografische Zuordnungen und Gebietsbezeichnungen in veröffentlichten Karten und Institutionsadressen neutral.

Gedruckt auf säurefreiem und chlorfrei gebleichtem Papier

Springer Gabler ist Teil von Springer Nature
Die eingetragene Gesellschaft ist Springer Fachmedien Wiesbaden GmbH
Die Anschrift der Gesellschaft ist: Abraham-Lincoln-Str. 46, 65189 Wiesbaden, Germany

Vorwort zur 2. Auflage

Stehen Sie auch vor der Herausforderung, Ihre komplexe Arbeitswelt durch Kennzahlen zu beherrschen? Die betrieblichen Anforderungen sind vielschichtig, erfordern schnelles Handeln und Berücksichtigung aller Leistungsbereiche. Führungskräften wird auf allen Ebenen des Handelns ein Multitasking abverlangt. Gleichzeitig sind Führungskräfte von jungen Mitarbeitern umgeben, die eine hohe Fachkompetenz haben und Hierarchien gern ihren Themen und Projekten unterordnen.

In solchen Situationen helfen Kennzahlen, diese dynamische und volatile Arbeitssituation zu kontrollieren und als Indikator für ein sich veränderndes Umfeld zu nutzen. Denn wo vorher Werte und ein mitreißendes Charisma der Führungskraft ganze Teams geprägt haben, werden heute Kennzahlen bemüht, um Analysen durchzuführen, die wiederum Kennzahlen generieren. Was aber braucht es, um dieser Endlosschleife etwas hinzuzufügen oder gar entgegenzusetzen, was Mitarbeiter überzeugt und dabei die Kennzahlen nicht außen vor lässt?

Hilfreich sind Führungsstrategien, die Kennzahlen berücksichtigen und sich an Rendite orientieren, gleichzeitig aber auch auf Menschlichkeit ausgerichtet sind. Nicht nur die Dominanz messbarer Ziele, sondern der Fokus auf Menschen und deren Lebens- und Arbeitswirklichkeit trägt zur betriebswirtschaftlichen Entwicklung bei. Dabei ist das Verhalten der Führungskraft weniger durch die Veränderung der Kennzahlen als vielmehr durch Grundprinzipien, Werte und die Aufmerksamkeit für Menschen geprägt. Dann tritt die detaillierte Analyse der Kennzahlen in den Hintergrund und es können wieder mehr individuelle Wahrheiten und Wirklichkeiten berücksichtigt werden. Könnte das zu mehr Zuwendung und Motivation führen? Urteilen Sie selbst.

Führungskräften werden neue Rollen und Führungsstrategien abverlangt. Lesen Sie, wie Sie auf die Bedürfnisse der neuen Generation von Mitarbeitern eingehen, welche Führungsstrategien Sie einsetzen können und wie Sie dennoch die Kennzahlen erfüllen, die letztlich doch zu einer steigenden Rendite und zum ambitionierten Erreichen von Zielen führen.

Das Thema Führungsstrategien mit Kennzahlen ist aktuell wie nie. Lernen Sie die Bedürfnisse junger Potenzialträger kennen und erfahren Sie, welche Führungsstrategien geeignet sind, gemeinsam Großes zu leisten, ohne sich von Kennzahlen versklaven zu lassen.

Meinersen
August 2017

Gunhild Posselt

Vorwort zur 1. Auflage

Wie schön wäre diese Welt ohne Kennzahlen!

Ohne Kennzahlen gäbe es mehr Freiheit im Handeln, Kreativität und wahrscheinlich weniger Überstunden. Die Gespräche zwischen Mitarbeitern und Vorgesetzten würden sich wieder um die Kunden drehen. Vielleicht würde man sich auch wieder mehr auf sein Bauchgefühl verlassen oder mehr Instinkt für Marktchancen entwickeln.

Ich hole Sie nur ungern aus diesem angenehmen Traum und verzichte darauf, an dieser Stelle die Realität zu beschreiben, die Sie alle genauso gut kennen, wie ich auch.

Seit 30 Jahren bin ich berufstätig, zuletzt in leitenden Positionen. Ich hatte verschiedene Aufgaben und Funktionen und eines ist mir dabei sehr klar geworden: Nichts ist im Tagesgeschäft so schwierig, wie die Führung mit Kennzahlen.

Kennzahlen sind Fluch und Segen zugleich. Einerseits sind sie Spiegelbild der unternehmerischen Leistung und andererseits zwingen sie dazu, sich der Wahrheit zu stellen – jeden Tag. Sie täuschen vor, objektiv zu sein und lassen manchmal vergessen, sich Mitarbeitern und Kollegen zuzuwenden. Kennzahlen lösen Druck aus und tragen zur Unzufriedenheit bei.

Andererseits sind Kennzahlen ein probates Mittel, eine Organisation zu steuern und deren Leistung zu messen. Wie also kann man Kennzahlen professionell nutzen und Motivation schaffen? Sie glauben nicht, dass das möglich ist? In den letzten Jahren war ich diesem Thema gegenüber besonders aufmerksam; vor allem in den Jahren als Geschäftsführerin eines Mehrmarken-Autohauses. Da habe ich mich intensiv mit Kennzahlen in Verbindung mit dem Thema Mitarbeiterführung auseinandergesetzt.

Auf der Basis meiner jahrelangen Führungserfahrung, meiner Kenntnis vieler verschiedener Führungsansätze und –theorien und aus ganz vielen Gesprächen und Coachings mit Führungskräften heraus, habe ich einen eigenen Ansatz zum Thema Führung mit Kennzahlen entwickelt. Die Basis bilden die traditionellen Führungs- und Kommunikationsansätze, die ich in einen anderen Zusammenhang stelle und damit einen Perspektivwechsel auf die Führung mit Kennzahlen eröffne. Ich möchte Sie aufmerksam machen und Ihnen anstelle von Führungstheorien ganz pragmatische und in der Praxis leicht umzusetzende Tipps und Hinweise geben. Ich habe sie selbst erprobt und für praxisnah befunden, sodass ich sie jetzt weitergeben möchte.

Ich richte mich mit diesem Buch an alle, die mit Kennzahlen führen, gleich in welchem Rahmen sie damit zu tun haben: in einem kleinen oder großen Unternehmen, einer Behörde oder im Seminarraum. Sie können die beschriebenen Ansätze als Führungskraft, Controller, Teamleiter, Dozent bzw. Trainer oder Coach nutzen.

Ganz gleich aus welcher Funktion oder Rolle sie einen Blick auf Kennzahlen werfen: ich gehe davon aus, dass Sie noch fest daran glauben, dass Führung mit Kennzahlen auch anders gehen kann: motivierend, konstruktiv, partnerschaftlich und gleichzeitig professionell.

Meinersen Gunhild Posselt
August 2017

Einleitung

Dies ist ein Buch über Mitarbeiterführung, nicht über Kennzahlen. Denn alle Arten von Kennzahlen können lediglich die Leistung von Mitarbeitern messen, aber nur durch aufmerksame Führung können sie beeinflusst werden.

Dennoch haben Kennzahlen eine wichtige Funktion, denn die Komplexität der Unternehmen, Märkte und Produkte ist durch die Höhe der Bankkonten oder das Bauchgefühl eines Unternehmers nicht mehr messbar. Die heutige Komplexität eines Arbeitsumfeldes in Zeiten unüberschaubarer Abhängigkeiten verlangt Kontrolle und das Gefühl der Beherrschbarkeit. Also wurden Systeme geschaffen, die einen Teil unserer Denkleistung und unseres Gespürs übernehmen, Werte kumulieren und in einem Informationssystem zusammenfassen. Wenn keine Kennzahlen generiert werden können, kann hohe Unsicherheit entstehen und die Entscheidungsfähigkeit abnehmen.

Kennzahlen überfluten mit Informationen, aber sie sind als Frühwarnsystem kurzfristiger Veränderungen, als Vergleichsgröße und als Gradmesser unternehmerischer Leistung unersetzlich. Diese und viele andere Funktionen machen sie zu einem existenziell wichtigen Steuerungsinstrument. Dadurch stehen sie auch regelmäßig im Mittelpunkt der Kommunikation zwischen Führungskräften und Mitarbeitern.

Die Qualität der Führung mit Kennzahlen hat aber im Verhältnis zur detaillierten Verarbeitung von Daten noch Potenzial. Bislang haben Kennzahlen die Aufmerksamkeit der Führungskraft dominiert und weniger der Aspekt der Führung. Das ist verständlich, denn die Führungskraft wird an ihren Kennzahlen gemessen und nicht an ihrem Führungsverhalten. Dafür nimmt sie auch mal in Kauf, die Belange der Mitarbeiter hinter die scheinbar höhere Priorität der Kennzahlen zu stellen. Je mehr ihr Fokus auf der Bearbeitung der Kennzahlen liegt, desto mehr verschwinden die eigenen Mitarbeiter hinter ihren Zahlen. Die Führungskraft entscheidet durch ihr Verhalten, ob sie Kennzahlen-Söldner hervorbringt oder Mitarbeiter, die Verantwortung übernehmen und sich engagieren wollen.

Die Leistungsbereitschaft und Kooperationswilligkeit von Mitarbeitern hängen sehr an der Art und Weise, wie sie geführt werden. Insbesondere junge Potenzialträger beanspruchen ihren Vorgesetzten eher als Sparringspartner und ertragen es immer weniger, wenn ihre Leistung detailliert kontrolliert wird. Ein verändertes Führungsverhalten, besonders in Bezug auf Kennzahlen, ist notwendig, um das volle Potenzial der Generation Y entfalten und an das Unternehmen binden zu können.

Wie kann das alles funktionieren, wenn eine Führungskraft nur noch mit dem Controller über die Auswertung der Zahlen spricht und sich Argumente überlegen muss, diese vor anderen zu rechtfertigen? Dann kommt die Zeit für das wertvolle Gespräch mit den Mitarbeitern zu kurz oder beschränkt sich auf die Erläuterung der Hintergründe der aktuellen Kennzahlen.

Das Geheimnis der Führung mit Kennzahlen ist die Steuerung der Aufmerksamkeit, sowohl der eigenen als auch der der Mitarbeiter. Die Wahrnehmung der Aufmerksamkeit und die Vermeidung von Ablenkung sind notwendige Voraussetzungen dafür, nicht in (Kennzahlen-)Informationen unterzugehen. Fokussierte und konzentrierte Führungskräfte schenken den bedeutenden Themen in der Organisation ihre volle Aufmerksamkeit und bewegen sie dadurch. Das macht sie erfolgreich.

Als Attention Leader agieren Führungskräfte, wenn sie es zusätzlich noch schaffen, die Aufmerksamkeit ihrer Mitarbeiter auf die gleichen Themen zu lenken. Dafür ist ein bestimmtes Führungsverhalten notwendig, das Mitarbeiter beteiligt, ihre Kompetenzen vernetzt und Kennzahlen nur im Zusammenhang mit Zielen bewertet. Das ist Attention Leadership.

Die Auswirkungen auf die gesamte Organisation sind bemerkenswert, insbesondere weil Mitarbeiter motiviert sind, Verantwortung für ihre eigenen Kennzahlen zu übernehmen. Die Verantwortungsstruktur baut sich bottom-up bis hin zu strategischen Zielen auf. Nicht die Einhaltung der hierarchischen Struktur sondern die Vernetzung der Fachkompetenz steht im Vordergrund der Problemlösung. Dadurch entwickelt sich systemisches Verstehen in alle Hierarchieebenen.

Attention Leadership umzusetzen, kostet nur die Bereitschaft und das Bewusstsein, sich selbst und die eigenen Mitarbeiter aufmerksam zu führen. Es sind keine kostspieligen Change-Management-Programme erforderlich, sondern nur eine Selbstverpflichtung und das Bekenntnis aller Verantwortlichen zu Attention Leadership.

Noch ein paar Informationen, die mir wichtig sind:

Führungsverhalten und seine angewendeten Techniken sind immer von den jeweiligen Situationen abhängig. Daher sind Themen des Buches sowohl für junge als auch für erfahrene Führungskräfte geeignet, die offen für neue Impulse sind.

Wenn von Kennzahlen gesprochen wird, dann immer im Sinne der Messung und Bewertung von finanziellen wie nicht finanziellen Daten, die durch ihre Auswertung organisationale Zusammenhänge verdeutlichen. Sie sind übersichtsschaffende Zahlen, die ein Problem entschlüsseln helfen. Eine gesonderte Definition zu benennen oder zu entwickeln, erschien mir für dieses Buch nicht notwendig.

Die beschriebenen Beispiele aus Organisationen sind real, aber zum Schutz der Unternehmen oder Personen leicht verfremdet bzw. vereinfacht. Die Komplexität der tatsächlichen Situation habe ich zur besseren Verständlichkeit und Anschaulichkeit teilweise reduziert.

Traditionelle Führungstechniken oder –methoden wie z. B. die SMART-Formel habe ich nicht noch einmal erläutert, da sie den meisten Führungskräften bereits bekannt sind. Für diejenigen, die sich genauer informieren wollen, habe ich auf eine entsprechende Quelle verwiesen.

Sehr herzlich bedanke ich mich bei meinen Freunden, vielen lieben Kollegen, meinen Coachees, Seminarteilnehmern und meiner Familie, die mich auf meinem Weg zu diesem Buch begleitet haben. Sie haben mir Mut zu gesprochen, mich mit Erfahrung und Fachkompetenz unterstützt und mir schonungsloses Feedback gegeben. Besonders danken möchte ich meinem Mann Ernst, der mich in allem mit Liebe unterstützt.

Inhaltsverzeichnis

1	**Gründe für die hohe Kennzahlenorientierung**....................	1
	1.1 Beherrschung des Risikos	2
	1.2 Potenzierung der softwaretechnischen Möglichkeiten	5
	1.3 Verringerung der Komplexität	6
	1.4 Objektivität der Kennzahlen	9
	Literatur..	12
2	**Funktion von Kennzahlen in einer Organisation**....................	13
	2.1 Unternehmerische Leistung steuern.........................	15
	2.2 Überprüfung der Zielerreichung	17
	2.3 Mit Richtwerten vergleichen.............................	20
	2.4 Kennzahlen als Frühwarnindikatoren........................	21
	2.5 Mitarbeiter in die Verantwortung nehmen.....................	22
	Literatur..	25
3	**Fatale Führungsfehler mit Kennzahlen**	27
	3.1 Führen oder Verzetteln?................................	28
	3.2 Das System gegen die Mitarbeiter wenden	30
	3.3 Rechtfertigung und Schuldzuweisungen......................	33
	3.4 Beeinflussung des Systems	37
	3.5 Nicht abgesicherte Entscheidungen treffen	39
	Literatur..	41
4	**Veränderte Anforderungen an die Führungskräfte**...................	43
	4.1 Die neuen Potenzialträger	44
	4.2 Anspruch an die Führungskräfte	46
	4.3 Der Attention Leader..................................	49
	Literatur..	52
5	**Paying Attention – Grundsätzliches zur Aufmerksamkeit**	53
	5.1 Von der Wahrnehmung zur Aufmerksamkeit...................	55
	5.2 Messbarkeit von Aufmerksamkeit	58

	5.3	Aufmerksamkeit ist ein hohes Gut.	62
	5.4	Aufmerksamkeitsfördernde Kommunikation.	64
	Literatur.		68
6	**Die Selbstaufmerksamkeit steuern**		**69**
	6.1	Wahrnehmung der eigenen Aufmerksamkeit.	71
	6.2	Konzentration auf die Gegenwart.	79
	6.3	Die Willenskraft der inneren Agenda.	84
	Literatur.		87
7	**Die Aufmerksamkeit der Mitarbeiter steuern und Kennzahlen erfüllen.**		**89**
	7.1	Erhöhen Sie die Bedeutung	91
		7.1.1 Aufmerksamkeit ausstrahlen.	92
		7.1.2 Informationen attraktiv machen.	93
		7.1.3 Sprechen Sie über Kennzahlen.	95
		7.1.4 Kontrollieren Sie Kennzahlen	97
		7.1.5 Beeinflussen Sie die individuelle Aufmerksamkeit	99
	7.2	Glauben Sie kollektiv an Ziele.	103
		7.2.1 Die eigenen Ziele kennen.	105
		7.2.2 Ziele aufeinander abstimmen.	106
		7.2.3 Die Kennzahl muss das Ziel messen können.	107
		7.2.4 Ziele und Kennzahlen müssen beeinflussbar sein	108
		7.2.5 Verantwortung für Ziele übernehmen	109
	7.3	Steigern Sie die Effizienz.	110
		7.3.1 Nutzen Sie ausschließlich zielführende Kennzahlen.	111
		7.3.2 Reduzieren Sie den Aufwand der Erstellung.	112
		7.3.3 Blockieren Sie nicht Wertschöpfungspartner.	114
		7.3.4 Erklären Sie Kennzahlen.	114
		7.3.5 Bearbeiten Sie Strukturen, nicht Einzelfälle	116
		7.3.6 Reduzieren Sie die Komplexität.	117
	7.4	Wechseln Sie die Perspektive.	119
		7.4.1 Haltung der Führungskraft zum Perspektivwechsel	120
		7.4.2 Nutzen des Perspektivwechsels.	121
		7.4.3 Techniken des Perspektivwechsels	122
	7.5	Akzeptieren Sie Irrtümer.	126
		7.5.1 Akzeptieren Sie Mitarbeiter, bevor Sie Irrtümer akzeptieren	126
		7.5.2 Freuen Sie sich über Abweichungen.	128
	7.6	Machen Sie Mitarbeiter verantwortlich.	130
	Literatur.		134
8	**Positive Auswirkungen auf die Organisation**		**137**
	8.1	Von der Bedeutungslosigkeit zur Aufmerksamkeit.	138
	8.2	Von der Informationsflut zum Management der Aufmerksamkeit.	143

8.3	Vom singulären Begreifen zum systemischen Verstehen...............	150
8.4	Vom Einzelziel zur systemischen Zielvereinbarung	154
	Literatur...	158

9 Attention Leadership kostet kein Geld sondern Aufmerksamkeit.......... 161

Über Die Autorin

Gunhild Posselt, Jahrgang 1960, begann ihre berufliche Laufbahn 1988 als Lektorin und Beraterin beim Gerling Welt Institut in Köln, nachdem sie ihr Studium an der Universität Paderborn mit dem II. Staatsexamen abgeschlossen hatte. Nach einem kurzen Engagement bei Zanders Feinpapiere, Bergisch Gladbach, als Referentin für Presse- und Öffentlichkeitsarbeit, übernahm sie 1991 den Aufbau und dann auch die Leitung einer Niederlassung für die Wirtschaftsakademie Dr. P. Rahn & Partner GmbH in Leipzig. Die Entwicklung von Angebotsportfolios, Akquise von Bildungspartnern und Teilnehmern sowie die Durchführung von Trainings brachte sie nachhaltig wieder mit dem Bereich Personalentwicklung und Training in Berührung. Dies setzte sie ab 1992 in Köln bei der COGNOS International GmbH als Leiterin für internationale Berufsbildungsprogramme Westeuropa fort. 1994 baute sie mit dem Kleffner Consulting Team ihr eigenes Unternehmen in Köln auf. Kern der Aktivitäten waren: Entwicklung und internationales Projektmanagement von Fördermittelprojekten im Bereich Personalentwicklung. Beratung und Durchführung von Change Management Projekten, Leitung internationaler Personal- und Organisationsentwicklungsprojekte und Durchführung von Führungskräftetrainings. 2006 übernahm sie die Geschäftsführung eines Mehrmarkenautohauses. Seit 2011 ist sie wieder als selbständiger Coach und Trainerin tätig und arbeitet national wie international mit Führungskräften und Top-Management zum Thema Business Management. Sie machte eine Ausbildung zum Systemischen Coach, Coaching Akademie Hamburg. 2008 wurde sie Unternehmerin des Jahres, ausgezeichnet mit dem Woman's Award der Zeitschrift „KFZ-Betrieb", der Santander Consumer Bank und der Shell Deutschland AG. Sie arbeitet als freie Autorin, Trainerin, Coach und spricht als Vortragsrednerin zu verschiedenen Führungsthemen.

Gründe für die hohe Kennzahlenorientierung

1

> **Zusammenfassung**
>
> Kennzahlen sind Fluch und Segen zugleich. Sie bilden ein Unternehmen detailliert ab und lassen die Vermutung zu, dass man durch sie das Unternehmen steuern sowie die Entscheidungsqualität verbessern könnte. Unternehmerische Entscheidungen von Führungskräften stehen unter ständiger Beobachtung durch die beteiligten Partner, intern sowie extern. Mit Kennzahlen lassen sich die meisten Sachverhalte oder Entwicklungen stichhaltig untermauern. Auswertungen der Analysen ermöglichen Rückschlüsse, Querverbindungen und fundierte Aussagen, die direkten Einfluss auf das operative Geschäft haben.
>
> Auf der Seite der Unternehmen und der Kunden verstärkte nicht zuletzt die Banken- und Wirtschaftskrise vor einigen Jahren den Ruf nach mehr Transparenz. Um das Vertrauen in das Bankensystem und die Wirtschaftskraft zu erhalten, ging es in erster Linie darum, die Unsicherheit des wirtschaftlichen Handels durch verlässliche Aussagen zu kompensieren. Kennzahlen schienen diese Anforderungen zu erfüllen. Die Key Performance Indicators (KPI) haben zuletzt auch dadurch ihre unverzichtbare Position im Bewertungsschema von Unternehmen eingenommen.
>
> Aber wie viele Kennzahlen und in welchem Detaillierungsgrad braucht eine Organisation? Mit wie viel Komplexität wird das Kennzahlensystem implementiert und wie objektiv sind die ermittelten Werte?

Die hohe Kennzahlenorientierung hat einen Ursprung, zu dem unterschiedliche wirtschaftliche und gesellschaftliche Anlässe beigetragen haben. Kennzahlen haben heute so einen großen Raum in Organisationen eingenommen, dass eine Organisation, die nicht mit Kennzahlen arbeitet, nahezu schon als fahrlässig bezeichnet werden muss. Wie hat sich die hohe Kennzahlenorientierung überhaupt entwickelt? Woher kommt die hohe

© Springer Fachmedien Wiesbaden GmbH 2018
G. Posselt, *Renditeorientierte Führungsstrategien*,
https://doi.org/10.1007/978-3-658-19563-2_1

Selbstverpflichtung des Umgangs mit Kennzahlen? Dieser grundlegenden Frage nachzugehen, scheint für den Einstieg eine sinnvolle Betrachtung zu sein.

1.1 Beherrschung des Risikos

Der Zusammenbruch der Investmentbank Lehman Brothers galt als Auslöser der Weltwirtschaftskrise 2008. Die Bank ging ein unkalkulierbares Risiko mit ungesicherten Immobilienkrediten ein, von dem Insider und Branchenkenner wussten, aber keine Institution in der Lage war, dieses Risiko einzuschätzen oder sogar einzudämmen.

Was im ersten Augenblick als rein amerikanisches Problem erschien, war bald auch bei der deutschen (Banken)Wirtschaft sichtbar. Die HypoRealEstate musste teilverstaatlicht werden, um das Vertrauen der Bankkunden zu erhalten und nicht den Domino-Effekt zu erzeugen, der von der Investmentbank Lehman Brothers ausging. Viele Banken flüchteten sich unter den eiligst eingerichteten Rettungsschirm der Bundesregierung.

Anforderungen von außen
Diese einzigartige Erfahrung der Banken hatte in der Folge Auswirkungen auf die Bankkunden. Seit Jahren bemühen sich deutsche Banken, das Risiko ihrer Kunden einzuschätzen und haben dies in den Eigenkapitalvereinbarungen (Basel I-III) auch dokumentiert. Die Wirtschaftskrise von 2008 hat die Notwendigkeit der Risikobeurteilung noch mehr verstärkt. Und insbesondere die Banken versuchten, sich vor dem Risiko ihrer eigenen Kunden zu schützen.

Auf Seite der Unternehmen und der Kunden verstärkte die Wirtschaftskrise eine Unsicherheit, die zunächst noch gar nicht greifbar schien. Darum reagierten Unternehmen und Kunden zunächst eher mit allgemeiner Kauf- oder Investitionszurückhaltung. *Unternehmen stornierten Aufträge, niemand wollte angesichts der ungewissen Zukunft mehr investieren. 2009 wuchs die deutsche Wirtschaft nicht, sondern brach mit 5,1 % so stark ein wie nie zuvor in der Nachkriegsgeschichte* [3].

Um das Vertrauen in das Bankensystem und die Wirtschaftskraft zu erhalten, ging es in erster Linie darum, die Unsicherheit des wirtschaftlichen Handels durch Vorhersehbarkeit und Planbarkeit zu kompensieren. Kennzahlen schienen diese Anforderungen zu erfüllen. Schlüsselkennzahlen haben damit ihre unverzichtbare Position im Bewertungsschema von Unternehmen eingenommen. Die Art und Weise, Kennzahlen nicht nur für die Planung heranzuziehen, sondern auch für die Risikoanalyse und die Einschätzung der Leistung von Unternehmen hat sich in der Folge noch weiter intensiviert.

Es hat aber auch einen Wandel bei der Art der Risikoanalyse gegeben. So investieren 54 % der befragten Kapitalgeber mehr Zeit und Ressourcen in die Analyse des Marktumfelds und der Positionierung von Unternehmen und 46 % nehmen eine mehr zukunftsorientierte Bewertung der Kreditwürdigkeit von Unternehmen vor ([6], S. 17).

Die Bewertung der Kreditwürdigkeit und Einschätzung des Risikos, um die eigene Organisation zu schützen, nahmen immer mehr Raum ein. Die Zeiten, in denen Kredite

1.1 Beherrschung des Risikos

auf der Basis guter, stabiler Geschäftsbeziehungen vergeben wurden, waren damit endgültig vorbei. Jeder Mitarbeiter musste Rechenschaft darüber ablegen, auf welcher errechenbaren Leistung er gehandelt hat. Sogar vorjährigen Finanzdaten oder unternehmerischem Verhalten wurde weniger Bedeutung beigemessen. Somit wurde einer vagen Hochrechnung des zukünftigen Geschäftsverlaufes mehr Verlässlichkeit gezollt als einer langjährigen Geschäftspartnerschaft – Hauptsache plausibel errechnet und argumentiert.

Die Banken forderten Zahlen über Zahlen, um die Sicherheit der Zusammenarbeit beurteilen zu können. Wo keine Zahlen zu erhalten waren, herrschte defensive Zurückhaltung. Die Schrauben der Transparenz durch Kennzahlen wurden angezogen. Die Banken fragten detailliert nach, verlangten etwa zusätzliche Auswertungen zum Quartalsbericht und verkürzten die Perioden der Berichterstattung. Der jährliche Status quo reichte nicht mehr aus, über das Risiko eines Unternehmens zu urteilen.

Dabei ging es nicht allein um ein Kreditrisiko, sondern auch um Liquiditätsrisiken, strategische Risiken, Investitionsrisiken usw. Risiken schienen messbar zu sein, wenn deren Kennzahlen mit adäquaten Werten verglichen werden konnten. Wo keine dieser Werte vorlagen, schätzten Experten diese Risiken ein. Diese Experten wurden entweder von außen geholt oder in den eigenen Abteilungen der Banken aufgebaut.

Viele Bankberater stiegen tief in die Kennzahlen von Unternehmen ein und erlaubten sich eine Bewertung einer Branche, die sie nicht kennen konnten. Dadurch wurden die Anforderungen an die Auswertung von Kennzahlen in skurrile Bereiche getrieben. Und dennoch waren die Risiken nicht einzuschätzen, da oftmals Vergleichswerte mit anderen Branchen oder Unternehmenstypen nicht vorlagen.

Doch bei mehr als 70 % der befragten Kapitalgeber haben die Finanzplanung für die nächsten Jahre sowie Strategie und Geschäftsmodell der Unternehmen im Markt- und Wettbewerbsumfeld die höchste Bedeutung ([6], S. 19).

Würde der Geschäftspartner seinen Verpflichtungen nachkommen können? Kann er dauerhaft seine Verbindlichkeiten tilgen? Liegen ausreichend Sicherheiten vor?

Eine seit Jahrzehnten vertrauenswürdige Partnerschaft wich Argwohn und Misstrauen zugunsten einer vermeintlichen Beherrschung des Risikos. Das unternehmerische Risiko schien nur noch durch Kennzahlen beherrschbar zu sein. Es wurden Listen von Kennzahlen erstellt, um nachweisen zu können, dass das Unternehmen zu jedem Zeitpunkt leistungsstark und finanziell gesund ist, damit das Ausfallrisiko für die Gläubiger bei einer Kreditvergabe eingeschätzt werden konnte.

Zweifelsfrei können nicht richtig eingeschätzte Risiken für Unternehmen existenzbedrohend sein und Kennzahlen können dabei unterstützen, eine gewisse Eintrittswahrscheinlichkeit und die Auswirkungen auf das Unternehmen zu berechnen. Dies sind hochkomplizierte und komplexe Berechnungsverfahren aus dem Risikomanagement. Operative Auswertungen, wie sie jedes Unternehmen zum Quartal oder zum Monatsende berechnet, können aber nur die aktuelle Performance eines Unternehmens einschätzen, sie geben keine Sicherheit, einen Risikofall tatsächlich bewerten zu können.

> **Beispiel**
> Ein Großhandel für Kosmetikartikel wollte die Lagerhalle erweitern wegen seiner sehr guten Auftragslage und sprach die Hausbank für einen Baukredit an. Man konnte auf eine über 30-jährige Zusammenarbeit zurückblicken.
>
> Es wurden die üblichen Zahlen über die aktuelle Geschäftsentwicklung vorgelegt; die Bilanzen der letzten Jahre lagen ohnehin vor. Nach einer Woche kamen die ersten schriftlichen Aufforderungen mit der Bitte, einige der Kennzahlen noch weiter zu vertiefen: aktueller Lagerbestand, Umschlaghäufigkeit etc.
>
> Schließlich gab es ein Auswertungsgespräch und zur Verblüffung des Geschäftsführers wurde mitgeteilt, dass man zu der Überzeugung gekommen sei, dass das operative Handelsgeschäft gut ist, aber dass es erhebliche Risiken im Lagerbestand gebe, den die Bank auch finanzierte. Schließlich müsse der Geschäftsführer Verständnis dafür haben, dass der Baukredit nicht bewilligt werden könne, die Kreditlinie für Lagerbestand einstweilen eingefroren und dann um 25.000 € zurückgefahren würde. Ab sofort müsse jetzt jeden Monat eine umfassende Kosten- und Ertragsrechnung eingereicht werden. Dies natürlich nur zur eigenen Sicherheit des Unternehmens.
>
> Auch die Mitarbeiter nahmen die Reduzierung der Kreditlinie wahr. Notwendiger Zukauf von Lagerbestand konnte nicht mehr getätigt werden, was auch die Einzelhandelskunden überraschte, die nicht mehr so zeitnah beliefert werden konnten. Es entstand eine Abwärtsspirale.

Es ist eine große unternehmerische Herausforderung, einerseits zukunftsorientiert zu handeln, aber dabei das Basisgeschäft nicht zu gefährden. Kennzahlen können vortäuschen, eine unternehmerische Situation kalkulieren und das Risiko beherrschen zu können.

Anforderungen von außen richten sich auch nach innen
Die durch Banken, Wirtschaftsprüfer oder andere externe Partner verlangten Kennzahlen wurden auch für die interne Diskussion mit Führungskräften und Mitarbeitern genutzt. Es wurden intensive interne Gespräche über die Ermittlung der Kennzahlen geführt, fundierte Begründungen eingeholt und tiefer denn je analysiert.

Es entwickelte sich ein Umgang mit Kennzahlen, der geprägt war von inquisitorischem Nachfragen, der Äußerung von Bedenken bis hin zu Schuldzuweisungen. Fragen der externen Partner wurden an die Mitarbeiter im Unternehmen oft eins zu eins weitergeleitet.

Im besten Fall haben die Unternehmen diese Chance zur Weiterentwicklung genutzt. Im schlechtesten Fall wurde diese Chance vergeben und durch Anschuldigungen, Misstrauen oder auch Hilflosigkeit ersetzt. Denn nicht immer waren diese Analysen angetrieben durch Ziel- und Lösungsorientierung, sondern durch eine schnelle, auf den Moment bezogene Antwort.

Aus dieser Gesamtsituation heraus entwickelte sich ein nicht immer fairer Umgang mit Kennzahlen in alle Richtungen. Die Beurteilung der Gesamtsituation einer Organisation durch Kennzahlen sowie die Begründung der Mitarbeiter für die jeweilige Entwicklung nahm eine gewisse Eigendynamik an. In manchen Organisationen wird sich heute mehr mit Kennzahlen als mit der tatsächlichen Unternehmenstätigkeit beschäftigt. Beispielsweise steht nicht mehr Kundenzufriedenheit im Vordergrund des Handels, sondern die Beeinflussung der Kennzahlen, die die Kundenzufriedenheit letztlich abbilden sollen. Der Grund für eine hohe Kennzahlenorientierung macht die Kennzahlen nahezu zum Selbstzweck.

1.2 Potenzierung der softwaretechnischen Möglichkeiten

Es ist sensationell, was Softwareprogramme heute leisten können. Die Möglichkeiten, die eine datenverarbeitende Software heute bietet, können durch die Anwender in vollem Umfang nur ganz selten genutzt werden.

Softwarelösungen und IT-Systeme unterstützen die Abbildung von Geschäftsprozessen und –daten und bilden sie inzwischen aber nicht mehr nur ab. Aus den erfassten Daten werden durch geschickte Formeln und Verknüpfungen neue KPI ermittelt, die eine weitere Interpretation der betrieblichen Leistung zulassen. So können beispielsweise aus den Eingangsrechnungen von Waren Auswertungen zur Lagerdauer, Umschlaghäufigkeit und automatischem Bestellwesen generiert werden.

Aus der technischen Machbarkeit und der Erhöhung der Verarbeitungsgeschwindigkeit steigt der Anspruch an die datentechnische Verarbeitung. Kein Manager oder Controller wird sich mit der Aussage zufrieden geben, dass eine bestimmte datentechnische Auswertung nicht möglich sei. Die Möglichkeit der Analysen scheint für die jeweiligen Ansprüche grenzenlos zu sein. Die Auswertung der Analysen ermöglicht Rückschlüsse, Querverbindungen und fundierte Aussagen, die direkten Einfluss auf das operative Geschäft haben.

Ein einfaches Beispiel liefert die Rechnungserstellung. Rechnungen werden nicht nur automatisch im System erfasst und können dann in vielfach erweiterten Funktionen weiterverarbeitet werden. Es ist möglich, einen automatischen Versand über einen Provider oder per E-Mail, die Berichterstellung zur Umsatzsteuer-Voranmeldung und die Auswertung nach Rechnungsarten, Kundengruppen usw. zu generieren.

Die CeBIT 2014 stand unter dem Hauptthema *Databilty*, welches sich um die verantwortungsvolle Nutzung großer Datenmengen dreht. Das ist volkswirtschaftlich einer der wichtigsten Technologietrends, da der kompetente und sichere Umgang mit großen Datenmengen die Voraussetzung für eine global funktionierende Marktwirtschaft ist. Die meisten Unternehmen erkennen zwar die zunehmende Bedeutung und die Möglichkeiten, die in den vorhandenen großen Datenbeständen stecken. Oftmals fehlt es jedoch an Know-how, um die schnell anwachsende Menge unterschiedlich strukturierter Daten für ihre Zwecke zu analysieren und gewinnbringend zu nutzen [5].

Diese Softwaresysteme sind inzwischen so ausgeklügelt, dass sie nicht mehr in einer handelsüblichen Software für Warenwirtschaftssysteme verarbeitet werden können. In den meisten Unternehmen ist eine Vielzahl von Softwareprogrammen parallel im Einsatz. Dies sind Programme der *Business Intelligence*, die ein Unternehmen und dessen

Wettbewerbsumfeld über Prozesse und Systeme abbilden. Die Ergebnisse liefern dem Management und anderen Unternehmensbereichen handlungs- und entscheidungsrelevante Informationen, die für die Planung des Vertriebes, des Customer Relationship Managements usw. nützlich sind. Mit zahlreichen Anwendungen werden alltägliche Vorgänge automatisiert und Geschäftsprozesse beschleunigt, sodass die Effizienz gesteigert werden kann.

Die Daten können nicht mehr nur vertikal, sondern auch horizontal analysiert werden. Der Vergleich der Leistungsfähigkeit unterschiedlicher Abteilungen und Mitarbeiter, von Kostenstrukturen, Fehltagen, Bestandsverläufen etc. ist durch nur ein paar Mausklicks möglich. Aber was machbar ist, muss noch nicht sinnvoll sein.

Insbesondere die internationale Vergleichbarkeit von Leistungen fordert oftmals eine zusätzliche Vereinheitlichung der Erfolgsmaßstäbe. In solchen Fällen werden Anwendungen als verteilte Systeme entwickelt und Projekte von Teams bearbeitet, die an unterschiedlichen Stellen der Welt arbeiten. Während sich die Aufgaben zunehmend spezifizieren, vereinheitlicht sich die Messung der Kennzahlen über alle Bereiche weltweit.

Vielfach reichen die vom Softwarehersteller angebotenen Möglichkeiten den Unternehmern immer noch nicht aus. Sie haben sich mithilfe gängiger Office-Software noch zusätzliche Auswertungsmöglichkeiten geschaffen und importieren die notwendigen Daten entsprechend.

Mitarbeiter sind in der Anwendung dieser speziellen Programme sehr sicher, da sie ihren Arbeitsplatz und die entsprechenden Prozesse abbilden. Sobald aber Auswertungen quer durch das Unternehmen getätigt werden müssen, ist der IT-Experte gefragt. Sein Gesamtverständnis unternehmerischer Prozesse wird zukünftig mehr denn je gefragt sein.

Nicht alles was machbar ist, muss auch sinnvoll sein. Durch die hohe Spezialisierung in Kennzahlen und die softwaretechnischen Möglichkeiten besteht die Gefahr, dass sie sich zum Selbstzweck entwickeln. Es wird in erster Linie eher die technische Machbarkeit geprüft als der tatsächliche Nutzen, der sich aus dem Ergebnis entwickeln kann. Der Aufwand der Erstellung und die tatsächliche Anwendung der Ergebnisse sind immer unter dem ökonomischen Prinzip zu betrachten.

1.3 Verringerung der Komplexität

Vor etwa 20 Jahren war es Unternehmensleitern noch möglich, ein Unternehmen zu steuern, ohne sich täglich die aktuellen Kennzahlen anzusehen. Diese Unternehmer brauchten keine Kennzahlen, um ein Gespür dafür zu haben, ob ihr Unternehmen erfolgreich arbeitet. Sie hatten Kontakt zu ihren Mitarbeitern, ihren Kunden, Märkten und Produkten. Nah dran zu sein, war für diese Unternehmer ein Garant für ihren Erfolg. Die Höhe des Bankkontos reichte häufig als Gradmesser der eigenen Leistungsstärke aus.

Dieses Gefühl, nah dran zu sein, ist bei den heutigen komplexen Unternehmens-Systemen einer einzelnen Person nicht mehr möglich. Was bedeutet dies heute? Wie

1.3 Verringerung der Komplexität

kann ein Geschäftsführer oder leitender Mitarbeiter in der Lage sein, in einer vielschichtigen Organisation mit komplexen Steuerungsinstrumenten nah dran zu sein?

Durch die Vielfalt an Produkten und ihrer Konfigurationsmöglichkeiten, der unterschiedlichen Kundengruppen, der zahlreichen Vertriebs- und Werbekanälen kann eine einzelne Person kaum noch die Übersicht behalten. Je kleiner das zu bearbeitende Aufgabengebiet, desto einschätzbarer ist es; ggf. auch ohne Kennzahlen. Je größer und komplexer der Tätigkeitsbereich, desto notwendiger ist es, mit Kennzahlen zu arbeiten, um überhaupt eine verlässliche Grundlage für Entscheidungen zu bekommen.

Nach Dietrich Dörner gibt es drei Merkmale komplexer Situationen ([2], S. 155). In Abb. 1.1 werden diese dargestellt.

Komplexe Situationen zeichnen sich durch einen hohen Anteil nicht steuerbarer Momente aus, sind durch ihre vielen verschiedenen Aspekte kaum in einer logischen Abfolge zu durchdenken und auch nicht vollständig erfassbar. Daher sind die Bemühungen groß, dennoch alle Komplexität zu beherrschen und wo das nicht mehr möglich ist, wenigstens durch Kennzahlen transparent zu machen. In einem komplexen Arbeitsbereich sind Kennzahlen erforderlich, die betriebswirtschaftlich relevante Daten zusammenfassen und in einen übergeordneten Zusammenhang stellen. Erst dann können sie auch übergeordnete Aussagen zulassen und Entscheidungen, die sich auf mehrere Arbeitsgebiete erstrecken. In Abschn. 8.3 werden Vorschläge gemacht, wie die Führungskraft die Komplexität dieser Situationen reduzieren kann.

> Wir müssen schneller denken und ein Problem schon als Möglichkeit begreifen, wenn es noch gar nicht aufgetaucht ist. Die meisten Fachleute sind Lineardenker, die nicht sehen, dass Einzelprobleme in Problemfelder eingebettet sind [4].

Diese Art zu denken und zu beurteilen wird jetzt auch an Universitäten gelehrt. Denn das Denken in Systemabläufen bzw. in vernetzten Systemen gilt als Fähigkeit, die zukünftig

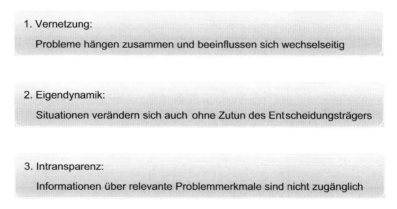

Abb. 1.1 Merkmale komplexer Situationen

sogar zu den grundlegenden Berufsqualifikationen gehören wird. Die Lehrveranstaltungen bauen auf einem Lehrkonzept auf, das Fähigkeiten höher bewertet als Fertigkeiten und Fertigkeiten für wichtiger hält als Faktenwissen. Grundlage für alles Denken ist die Beurteilung von Kennzahlen.[1]

Gleich welche Methode genutzt wird, um die Komplexität zu bewältigen, sie ist immer mit einem kognitiven Kraftakt verbunden. Je größer die Komplexität und damit das zu beurteilende System und seine Vernetzung, desto größer ist die Wahrscheinlichkeit, fehlerhafte Entscheidungen zu treffen. Dann wird es immer schwieriger, alle Aspekte, die für eine Entscheidung wichtig sind, zu berücksichtigen. Irgendwann hat die intellektuelle Aufnahmefähigkeit seine Kapazität erreicht.

Kennzahlen scheinen dazu beizutragen, dass die Komplexität verringert werden kann. Tatsächlich aber geschieht etwas anderes. Wenn die Komplexität zu hoch wird, wird begonnen, Teilbereiche zu isolieren, die leichter beherrschbar und messbar sind. Der Anspruch, die Gesamtsituation oder das Gesamtproblem zu erfassen, wird aufgegeben und die kleinen Teilbereiche bearbeitet, in der Hoffnung, auf diese Weise das Gesamtproblem besser bearbeiten zu können. Das funktioniert auch, denn die Teilbereiche sind steuerbar und verständlich messbar. Auch findet der Verantwortliche wieder Sicherheit in Bewertung und Planung von Maßnahmen. Es bleibt die Frage offen, ob das die richtige Vorgehensweise ist, um das Gesamtproblem zu beeinflussen oder ob es weiter bestehen bleibt.

Ein funktionierendes Controlling trägt dazu bei, die Unternehmenstätigkeit transparent, erklär- und nachvollziehbar darzustellen. Führungskräfte arbeiten meistens in komplexen Strukturen und wollen jederzeit über die aktuelle Situation auch über Kennzahlen informiert sein, ohne zeitaufwändig mit einzelnen Mitarbeitern gesprochen zu haben. Ein exzellentes Controlling und eine präzise Aufbereitung von Kennzahlen bildet damit nur eine Grundvoraussetzung für Unternehmenserfolg. Er kann erst dann entstehen, wenn aus den aufbereiteten Zahlen eine richtige Bewertung stattfindet UND daraus die entsprechenden Maßnahmen umgesetzt werden. Dieser unternehmerische Dreisprung ist die Basis allen unternehmerischen Handelns.

Kennzahlen können diese Übersicht und Struktur in komplexen Systemen durch ihre datentechnische Verarbeitungsmöglichkeit geben. Aber sie müssen – genau wie die komplexen Situationen selbst – verstanden und bewertet werden können. Sie dürfen nicht darüber hinwegtäuschen, dass Kennzahlen allein nicht ausreichen, um einen Verantwortungsbereich zu leiten. Kennzahlen helfen dabei, die Komplexität abzubilden und dennoch ist das Gespräch mit den Mitarbeitern ebenso notwendig.

---

[1]Homepage der Universität Trier (2014) Unser Profil. http://www.uni-trier.de/index.php?id=8720. Zugegriffen: 27. Mai 2014

1.4 Objektivität der Kennzahlen

Traue keiner Statistik, die du nicht selbst gefälscht hast. (unbekannter Urheber)

In den Naturwissenschaften gelten nur die Logik und der Beweis. Die Betriebswirtschaft bemüht sich, in vielen Bereichen die Sachlichkeit, Logik und Messbarkeit zu adaptieren und dadurch eine gewisse Objektivität der Aussage und der Beweise herzuleiten. Das kann aber nur bedingt gelingen, weil unternehmerisches Denken und Handeln durch das Verhalten von Menschen geprägt ist und dieses nicht mit naturwissenschaftlichen Gesetzen eindeutig messbar ist.

Kennzahlen sind dann objektiv, wenn es sich um absolute Zahlen handelt. Das sind Kennzahlen, die sich ohne weitere Berechnung aus betrieblichen Daten entnehmen lassen, wie z. B. Umsatzhöhe oder Werbekosten. Diese Daten sind aber an sich auch nicht besonders aussagefähig und bekommen erst einen höheren Aussagewert dadurch, dass sie in ein Verhältnis zu anderen Zahlen gesetzt werden. Die Art und Weise, wie dieses Verhältnis gebildet wird, welche Basisdaten dort einfließen oder verarbeitet werden, kann dann aber nicht mehr objektiv sein.

Kennzahlen werden immer mit einer bestimmten Absicht erstellt und ausgewertet. Sie sollen im besten Fall den Stand der Zielerreichung abbilden, Annahmen beweisen oder im schlechtesten Fall so *hingerechnet werden*, dass sie ein gewünschtes Ziel legitimieren. Welche Bedeutung einer Kennzahl gegeben wird, ist immer subjektiv.

Der Sachverhalt hinter den Kennzahlen ist viel schwieriger zu bewerten, weil er komplex und zeitaufwändig zu recherchieren ist. Dafür sind Gespräche, Berufserfahrung und eine intensive Beschäftigung mit der Thematik notwendig. Das kann dazu führen, dass auf den ersten Blick logische Kennzahlen dann doch nicht mehr so logisch erklärt werden können. Also konzentrieren sich Führungskräfte in erster Linie eher darauf, die Kennzahlen zu argumentieren, als die Sachverhalte dahinter. Damit würden sie u. U. Fragen auslösen oder auch ihre getroffenen Entscheidungen noch einmal in Frage stellen. Wie mit Kennzahlen umgegangen wird, gerät zum Gradmesser von Erfolg und Misserfolg.

Beispiel

Ein vor einem halben Jahr gegründetes Start-up Unternehmen stellte sich die Frage, ob im benachbarten Ausland ein weiteres Büro mit etwa zehn Beschäftigten eröffnet werden soll. Man hatte zu dem Zweck eine Marktanalyse in Auftrag gegeben, eine Forecast-Rechnung erstellt und Stellenanzeigen geschaltet, um das Mitarbeiter-Potenzial zu analysieren. Dann trafen sich die Führungskräfte, um eine endgültige Entscheidung zu treffen.

Es entbrannte eine große Diskussion über das Für und Wider der Entscheidung. Denn im Gegensatz zur Annahme, waren die vorliegenden Zahlen alles andere als objektiv. Die Marktanalyse schien den Pump-in aus anderen Märkten nicht zu berücksichtigen, die Forecast-Rechnung beinhaltete zu viele Punkte, die nicht genau hochgerechnet werden konnten und die Qualität der Bewerbungen hielt der Entwicklungsleiter für nicht adäquat. Dennoch hatten alle ein gutes Bauchgefühlt, dass der Schritt der Eröffnung der richtige ist. Die Firma expandierte.

Wie Kennzahlen erstellt bzw. interpretiert werden, wird immer beeinflusst von dem Kontext, in dem diese Kennzahlen eine Rolle spielen. Daher ist zuerst zu fragen: Warum wurde diese Auswertung überhaupt erstellt, für wen und von wem und wer hat sie anschließend mit welchen Veränderungen bearbeitet? Wenn darüber Transparenz herrscht und alle Beteiligten mit dem Vorgehen einverstanden sind, können die Kennzahlen im Unternehmen allgemein gültig verwendet werden. Erst dann, wenn sich alle auf den Aussagewert von Kennzahlen einigen und sie anerkennen, kann eine für diese Situation in dem Augenblick gültige Kennzahl entstehen.

Das ist jedoch oftmals ein extrem langwieriger Weg. Je mehr Diskussionen und Abstimmungen erforderlich sind, desto länger dauert die *Freigabe* der Zahlen. Oftmals sind sie dann durch Kompromisse und das Berücksichtigen verschiedener Meinungen so indifferent, dass sie für alle gemeinsam kaum mehr nutzbar sind.

Dennoch gibt es Diskussionen in Unternehmen in Bezug auf die Bewertung der Kennzahlen. Denn die Art und Weise der Erstellung zu akzeptieren, heißt noch nicht, vorurteilsfrei und objektiv mit Auswertungen von Kennzahlen umgehen zu können. Schlussfolgerungen werden angezweifelt, hinterfragt und bevor man auf dieser Basis eine Entscheidung trifft, doch noch einmal überarbeitet. In vielen Situation kann beobachtet werden, dass Kennzahlen, trotz ihrer vermeintlichen Objektivität, eher Grund zur Diskussion geben, als eine objektive Entscheidungsgrundlage liefern. Je länger Kennzahlen bearbeitet werden, desto länger verzögern sich auch die auf diesen Kennzahlen basierenden Entscheidungen.

Durch die hohe Kennzahlenorientierung ist es schwer, Argumente gelten zu lassen, die nicht mit Kennzahlen belegbar sind. Oder wann haben Sie zuletzt eine unternehmerische Entscheidung ganz allein auf Basis ihres Bauchgefühls getroffen? Es wächst der Druck, schnell zu analysieren, verlässliche Aussagen durch Kennzahlen zu erlangen, um dann auf dieser Basis vermeintlich sichere Entscheidungen zu treffen und sich im eigenen Handeln nicht angreifbar zu machen. *Haben Sie ein Bauchgefühl? Dann belegen Sie es mit Zahlen*, sagte ein Geschäftsführer in einem Business-Review.

Führungskräfte scheinen dann wenig angreifbar zu sein, wenn sie augenscheinlich logische Argumente anführen. Es werden teure Marktforschungsstudien in Auftrag gegeben, die aber trotz aller abgesicherten Zahlen und Fakten nicht umgesetzt werden, weil der Verantwortliche ein *komisches Bauchgefühl* hat und nicht den Empfehlungen der Studie folgt. Dies trifft auch oft bei der Personalauswahl zu. Kandidaten durchlaufen verschiedene Stufen eines Assessment Centers (AC), in denen die besten ausgewählt wurden. Am Ende wird keiner dieser Kandidaten genommen, *weil sie scheinbar nicht zum Unternehmen passen*.

So können sich auch andere Führungskräfte, die Entscheidungen mit tragen oder umsetzen müssen, einer sachlichen Herangehensweise nur schwer entziehen. Entscheidungen

1.4 Objektivität der Kennzahlen

werden noch zusätzlich abgesichert, indem weitere Führungskräfte, externe Experten oder ein Rechtsbeistand hinzugezogen werden. Dazu sind Geschäftsführer auch verpflichtet, zumindest dann, wenn Entscheidungen auch rechtliche Relevanzen beinhalten. In einem relativ aktuellen Urteil des Bundesgerichtshofes heißt es dazu:

> Der organschaftliche Vertreter einer Gesellschaft, der selbst nicht über die erforderliche Sachkunde verfügt, kann den strengen Anforderungen an eine ihm obliegende Prüfung der Rechtslage und an die Beachtung von Gesetz und Rechtsprechung nur genügen, wenn er sich unter umfassender Darstellung der Verhältnisse der Gesellschaft und Offenlegung der erforderlichen Unterlagen von einem unabhängigen, für die zu klärende Frage fachlich qualifizierten Berufsträger beraten lässt und den erteilten Rechtsrat einer sorgfältigen Plausibilitätskontrolle unterzieht [1].

Die Tendenz, dass Manager Rechenschaft über ihr Handeln und ihre Entscheidungen ablegen, führt letztlich zu einer verstärkten Absicherung von Entscheidungen durch Kennzahlen. Führungskräfte werden manchmal mit brutaler Härte an sachlichen Argumenten gemessen, auch wenn hinter der reinen Kennzahlen-Lehre noch Informationen und Sachverhalte zu berücksichtigen sind, die nicht objektiv von der Papierform her zu bewerten sind.

Ein sehr gutes Beispiel sind die Methoden der Bewerber- bzw. Personalauswahl zur Beurteilung ihrer Kompetenzen. Der Einsatz eignungsdiagnostischer Instrumente, die Eingabe der Ergebnisse in Datenbanken und die Erstellung der Datenmaske zur Auswahl gründet die Bewerberauswahl auf scheinbar objektiven Kriterien. Sitzt aber der Personalleiter den letzten drei Kandidaten gegenüber, hat schon häufig das Bauchgefühl darüber entschieden, dass alle drei Kandidaten nicht die richtigen sind.

Geschäftsführer können allein durch Kennzahlen nie eine ausreichende Fakten- und Informationslage schaffen. Das Gespräch und der Austausch hat einen gleichen, wenn nicht größeren Anteil an der Beurteilung einer Zahlenanalyse.

> **Beispiel**
> Die Kennzahlen in einem Produktionsbetrieb zeigten, dass die Plan-Stückzahlen in einem der Teams nicht wie üblich erreicht wurden. Nach Kontaktaufnahme mit dem Team stellte sich heraus, dass der Lieferant die Anbauteile nicht passgenau geliefert hatte. Anstatt diese Fehllieferung zu kommunizieren, brachte das Team alle Mühe auf, die Teile während der laufenden Produktion passend zu machen, konnte aber dadurch die erforderlichen Stückzahlen nicht erbringen.

Hintergrundinformationen müssen in die Gesamtbeurteilung mit einbezogen werden, auch wenn sie nicht so gut messbar sind wie z. B. die zukünftige Marktentwicklung einer neuen Produktreihe. Zu diesen Themen sind Diskussionen, Erfahrungsaustausch und auch Bauchgefühl notwendig. Durch den fundierten Austausch über Kennzahlen und gleichermaßen über Rahmenbedingungen, welche sich nicht in Zahlen ausdrücken lassen, entsteht ein Gesamtbild, das für eine Entscheidung notwendig ist. Die Beteiligten lassen sich aber nur dann auf eine Entscheidung ein, wenn sie deren Begründung mindestens logisch nachvollziehen können. So kommt es, dass die meisten Entscheidungen zwar logisch sind, aber der kleine geniale Moment, in dem alles Wissen und Erfahrungen einer Führungskraft zusammenkommt, fehlt. Dadurch fehlen der Entscheidungsqualität auch Faktoren wie Zukunftsvision, unternehmerischer Instinkt und nicht zuletzt Mut.

Literatur

1. BGH (2011) BGH-Urteil vom 20. September 2011 – II ZR 234/09. http://juris.bundesgerichtshof.de/cgi-bin/rechtsprechung/document.py?Gericht=bgh&Art=en&nr=57953&pos=0&anz=1. Zugegriffen: 27. Mai 2014
2. Döring-Seipel E, Lantermann E-D (2012) Komplexität – eine Herausforderung für Unternehmen und Führungskräfte. In: Grote S (Hrsg) Die Zukunft der Führung. Springer, Berlin, S 153–171
3. Greive M (2013) Finanzkrise kostet Deutschland 187 Milliarden. Die Welt. http://www.welt.de/wirtschaft/article114944193/Finanzkrise-kostet-Deutschland-187-Milliarden.html. Zugegriffen: 27. Mai 2014
4. Klonovsky M (1994) Wir denken noch wie vor 20 000 Jahren. Focus Magazin Online. http://www.focus.de/politik/deutschland/bildung-wir-denken-noch-wie-vor-20-000-jahren_aid_147555.html. Zugegriffen: 27. Mai 2014
5. Presseportal (2013) CeBIT 2014 steht unter dem Top-Thema Datability. http://www.presseportal.de/pm/13314/2544459/cebit-2014-steht-unter-dem-top-thema-datability-neu-sehen-sie-das-video-zu-datability-unter-www. Zugegriffen: 27. Mai 2014
6. Wyman O (2012) Umbau statt Abbau. Erfolgsfaktoren für nachhaltige Krisenbewältigung. http://www.oliverwyman.de/media/Oliver_Wyman_Studie_Umbau_statt_Abbau_Erfolgsfaktoren_fuer_nachhaltige_Krisenbewaeltigung_es.pdf. Zugegriffen: 27. Mai 2014

Funktion von Kennzahlen in einer Organisation

2

> **Zusammenfassung**
>
> Um mit Kennzahlen richtig führen zu können, trägt es zur Transparenz bei, sich vorab mit den Grundfunktionen von Kennzahlen zu beschäftigen, die wesentliche Funktionen in einer Organisation erfüllen.
>
> Mit Kennzahlen werden neben den betriebswirtschaftlichen Leistungsdaten auch steuerliche und rechtliche Notwendigkeiten erfüllt. Sie können sowohl Gesamtergebnisse eines Unternehmens als auch Einzelergebnisse von Mitarbeitern messen und damit ein Spiegelbild der Leistungen abgeben.
>
> Die Überprüfung der Zielerreichung bleibt aber eine der wichtigsten Funktionen, die Kennzahlen haben. In diesem Kapitel werden die Abhängigkeit von Zielen und Kennzahlen sowie ihre notwendigen Voraussetzungen erläutert.
>
> Der Umgang mit Richtwerten und Benchmarks unterstützt dabei, Potenziale zu entdecken und die eigene Position zu bestimmen. Aber es gehört auch die Betrachtung des Umfeldes und der Rahmenbedingungen dazu, um diese Richtwerte angemessen einzuordnen.
>
> Die Implementierung von Frühwarnindikatoren ist insbesondere in Krisenzeiten für die Standortbestimmung notwendig. Neben den implementierten Kennzahlen muss auch die Einschätzung von Mitarbeitern als Frühwarnindikator mit in Betracht gezogen werden, da diese nah an Märkten, Kunden und Produkten sind.
>
> Kennzahlen sind unter bestimmten Voraussetzungen hilfreich, Mitarbeiter für ihre Leistung in die Verantwortung zu nehmen. Die Grenzen der Messbarkeit werden ebenso aufgeführt wie die Chancen für Organisationen und Mitarbeiter selbst.

Jede Erstellung von Kennzahlen, die in einer Organisation verwendet werden sollen, müssen nach dem *Prinzip ordnungsgemäßer Buchführung* erstellt werden. Es handelt sich dabei um einen unbestimmten Rechtsbegriff, der teils geschriebene, teils ungeschriebene Regeln zur Buchführung und Bilanzierung umfasst. Aufgabe der ordnungsgemäßen Buchführung ist es, Gläubiger und Unternehmenseigner vor unkorrekten Daten, Informationen und möglichen Verlusten zu schützen. Um die daraus entstehenden Kennzahlen überhaupt nutzen zu können, muss diese Voraussetzung erfüllt sein.

1. Jeder Kaufmann ist verpflichtet, Bücher zu führen und in diesen seine Handelsgeschäfte und die Lage seines Vermögens nach den Grundsätzen ordnungsmäßiger Buchführung ersichtlich zu machen. Die Buchführung muss so beschaffen sein, dass sie einem sachverständigen Dritten innerhalb angemessener Zeit einen Überblick über die Geschäftsvorfälle und über die Lage des Unternehmens vermitteln kann. Die Geschäftsvorfälle müssen sich in ihrer Entstehung und Abwicklung verfolgen lassen.
2. Der Kaufmann ist verpflichtet, eine mit der Urschrift übereinstimmende Wiedergabe der abgesandten Handelsbriefe (Kopie, Abdruck, Abschrift oder sonstige Wiedergabe des Wortlauts auf einem Schrift-, Bild- oder anderen Datenträger) zurückzubehalten ([1], § 238 Handelsgesetzbuch).

Gleich um welche Kennzahlen es sich handelt, die Akzeptanz entsteht aus der korrekten Erfassung von Daten und aus dem Glauben der richtigen Verarbeitung. Fehlt diese Akzeptanz können Kennzahlen ihre Funktion nicht erfüllen.

Für das Grundverständnis des Führens mit Kennzahlen sind in Abb. 2.1 noch einmal einige wesentliche Funktionen von Kennzahlen in einer Organisation aufgeführt.

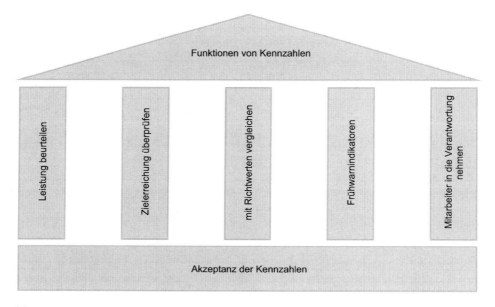

Abb. 2.1 Funktionen von Kennzahlen

2.1 Unternehmerische Leistung steuern

Kennzahlen und betriebswirtschaftliche Auswertungen sind für die Steuerung eines Unternehmens existenziell notwendig. Kein Unternehmen, und sei es noch so klein, kann darauf verzichten. Kennzahlen bilden die aktuelle unternehmerische Leistung auf Basis unterschiedlicher Parameter für diverse Zwecke ab.

Die Indikatoren der Kennzahlen helfen den Verantwortlichen, die wesentlichen Themen, Trends und Tendenzen des Unternehmens wahrzunehmen, auf laufender Basis zu überprüfen und Maßnahmen zur Korrektur einzuleiten.

Dies betrifft die relativ einfache betriebswirtschaftliche Auswertung eines Handwerksbetriebes über seinen Steuerberater genauso wie höchste Rechenleistungen des Großrechners eines Konzerns, um die taggenaue Performance verschiedener Filialen oder Abteilungen zu messen. Die Auswertungen stehen jährlich im Mittelpunkt der Gespräche mit der Hausbank und geben den Ausschlag über betrieblich notwendige Kredite oder die Höhe der Zinssätze.

Kennzahlen sind ein Spiegelbild des Unternehmens und erfüllen gleichzeitig unterschiedliche Funktionen. Sie sichern die Existenz durch die regelmäßige Kontrolle der Leistung ab, sie informieren Partner wie Banken und Gesellschafter über das Ergebnis des operativen Geschäftes.

Die Erstellung der Kennzahlen hilft, die rechtlichen, steuerrechtlichen oder auch gesellschaftsrechtlichen Notwendigkeiten zu erfüllen, wie z. B. Aufsichtsräte oder Shareholder zu informieren, sodass diese Risiken und Renditen einschätzen können, ohne tiefere Einsicht in das Tagesgeschäft zu nehmen. Die Vorschriften zur Bilanzierung und damit zu einer ordnungsgemäßen Buchführung ergeben sich aus dem Handelsgesetzbuch (HGB). Die Bilanz gibt ein Bild der tatsächlichen Verhältnisse der Vermögens-, Finanz- und Ertragslage. Diese Tätigkeiten verursachen sehr viel Arbeit und sind nicht immer für das operative Geschäft nutzbar.

Wie werden Kennzahlen in einer Organisation genutzt? Beeinflussen Kennzahlen ausschließlich unternehmerisches Handeln und Entscheiden? Nehmen wir dazu als Beispiel die Neugründung eines Unternehmens:

> **Beispiel**
>
> Am Anfang steht das Bauchgefühl des potenziellen Firmengründers, dass die Geschäftsidee einen Markt und damit eine Zukunft hat. Die erste Klippe besteht darin, dieses Bauchgefühl in Zahlen und Daten abzubilden, Hochrechnungen zu erstellen und damit u. U. ein Bankgespräch zur Bewilligung eines Kredites auf sich zu nehmen. Wer diese Erfahrung kennt, weiß, dass Kennzahlen wohlwollend oder weniger wohlwollend interpretiert werden können, auch abhängig von dem Vertrauen, das man in den Firmengründer setzt. Obwohl Zahlen vorliegen, ist letztlich doch das Bauchgefühl aller notwendig, um sich auf ein Credo zu verständigen: Ja, wir glauben an die Zahlen und die Geschäftsidee.

Im Laufe der Geschäftstätigkeit entstehen dann Zahlen, die miteinander verglichen werden können: der Vormonat mit dem aktuellen Monat oder mit dem Umsatz des Wettbewerbers. Die Aussagekraft der Zahl wächst mit der Möglichkeit ihres Vergleiches. Im zweiten Geschäftsjahr wird die Planungsrechnung dann schon auf der Basis des Vorjahres erstellt, denn dann existieren bereits Kennzahlen, die einen unternehmensinternen Vergleich zulassen. Unternehmerische Ziele sind dann zwar immer noch ein Teil des Bauchgefühls, aber dieses lässt sich schon besser messen als im Moment der Firmengründung.

Im dritten Jahr wird der Firmengründer vielleicht beginnen, auf der Basis seiner Kennzahlen die Investition in eine Lagerhalle zu beurteilen. Dazu verpflichtet er externe Berater einer großen Wirtschaftsberatungsgesellschaft, die eine solche Investition für ihn durchrechnen und sie kommen schließlich zu der Entscheidung: Ja, das geben die Kennzahlen her. Dennoch entschließt sich der Firmengründer letztlich für den Bau der deutlich kleineren Halle. Das sagt ihm sein Bauchgefühl.

Für die neue Lagerhalle muss der Umsatz gesteigert werden. Also beschäftigt sich der Firmengründer verstärkt mit der Bearbeitung des Marktes. Das Geschäft mit den Stammkunden reicht nicht aus, die neue Lagerhalle auszulasten, also entschließt er sich, Marketingaktivitäten einzuleiten, die ihm eine bessere Marktausschöpfung garantieren. Er beauftragt eine Marketingagentur, die Kundenstruktur zu bewerten und Kundenpotenziale zu ermitteln. Auf der Basis von Kennzahlen wird ein Konzept vorgelegt, wonach Stammkunden und Neukunden in Segmente eingeordnet worden sind und es wird gleichzeitig ein Besuchsvorschlag für den Außendienst gemacht, welche Kunden in welcher Frequenz zu besuchen sind. Zwar wundert sich der Außendienst, dass sie ihre vielversprechenden Kunden, weniger häufig besuchen sollen und sagt dies auch dem Firmeninhaber. Auch der hat ein *komisches Bauchgefühl*, aber er schweigt und akzeptiert das Können der Fachagentur.

Im vierten Jahr entschließt sich der Firmengründer, auf die Hilfe externer Berater zu verzichten, ruft seine inzwischen 23 Mitarbeiter zusammen und befragt sie, welche nächsten Schritte aus ihrer Sicht zu gehen sind, um weiterhin erfolgreich am Markt bestehen zu können. Kennzahlen spielen dabei eine sehr untergeordnete Rolle. Es werden trotzdem oder gerade deswegen hervorragende kreative Ideen entwickelt und eine neue Strategie festgelegt, wie diese mit allen Mitarbeitern erreicht werden können.

Dieses Beispiel zeigt, dass Kennzahlen notwendige Funktionen haben, aber auch nicht überbewertet werden dürfen. Kennzahlen stehen nicht (allein) im Mittelpunkt unternehmerischer Leistung, sondern bilden sie nur ab. Sie können Anlass geben, um zusätzliche Informationen einzuholen oder den eingeschlagenen Weg zu korrigieren. Sie messen aber auch die fachliche Leistung von Teams oder Einzelpersonen und beurteilen sie. Führungskräfte, die sich weigern, Mitarbeiterleistungen über Kennzahlen zu messen und daraus auch notwendige Entscheidungen zu treffen, gelten oftmals als zu weich oder als zu wenig führungsgeeignet.

Die oben aufgeführten Funktionen von Kennzahlen geben nur einen kleinen Ausschnitt wieder. Hauptsächlich aber soll es in allen folgenden Ausführungen um die Steuerung der unternehmerischen Leistung, aber insbesondere um das Führen von Mitarbeitern mit Kennzahlen gehen.

2.2 Überprüfung der Zielerreichung

Die wichtigste Funktion von Kennzahlen ist die Überprüfung der Zielerreichung. Die Jahresplanung einer Organisation wird sowohl in finanziellen (z. B. Umsatz) als auch nicht finanziellen Kennzahlen (z. B. Marktanteil) erfasst und dokumentiert. Durch den Ziel-Ist-Vergleich kann jederzeit eine fundierte Aussage über den Grad der Zielerreichung getroffen werden.

In den folgenden Kapiteln wird noch sehr viel genauer auf die Abhängigkeit von Zielen und Kennzahlen eingegangen. An dieser Stelle finden Sie einige grundlegende Vorbemerkungen zu dieser Wechselwirkung, die später immer wieder aufgegriffen wird.

Zum Wesen der Ziele

Ziele haben eine wichtige Funktion im Unternehmen. Sie sind durch Kennzahlen ausgedrückte Annahmen über ein wünschenswertes Ergebnis in der Zukunft. Ziele sind notwendig, um die Energien aller Mitarbeiter auf dieses gewünschte Ergebnis hin auszurichten. Je genauer die Ziele formuliert und je besser sie von allen Mitarbeitern verinnerlicht und gewollt sind, desto chancenreicher ist ihre tatsächliche Erreichbarkeit.

Je besser und präziser die Ziele in der Organisation kommuniziert werden, desto besser werden sie erreicht. Mit einem abstrakten Ziel von 5 % Umsatzsteigerung mögen Geschäftsführer aufgrund ihrer Berufserfahrung eine klare Vorstellung haben, nicht aber Sachbearbeiter, die nicht wissen können, mit welchen Aktivitäten sie selbst zum Ziel beitragen können.

Aber Ziele können auch tückisch sein. Wenn Ziele trotz aller Aktivitäten nicht erreicht werden können oder es Rückschläge durch Gesamtmarkteinbrüche oder wirtschaftliche Faktoren gibt, dann können sie auch zur Nervenprobe für alle Beteiligten werden. Dann müssen Führungskräfte erläutern, begründen und sich rechtfertigen, neue Maßnahmen erarbeiten und manchmal auch das Unternehmen verlassen.

Jede Zieldefinition beginnt mit ihrer Planung. Ob diese Planung eher optimistisch, defensiv oder illusorisch ist, spielt zunächst gar keine Rolle, solange alle, die dieses Ziel erreichen wollen, davon überzeugt sind. Die Kultur und die Haltung, die Mitarbeiter in einem Unternehmen leben, prägen auch das Wesen der Ziele. Selbstbewusste Start-up-Unternehmen gehen vielleicht eher sportlich und unbedarft an die Zielplanung, während traditionelle Familienunternehmen in weiser Voraussicht vielleicht eher defensiv planen. Ganz gleich wie geplant wird, es muss mit der Kultur des Unternehmens und den Menschen, die dieses Ziel umsetzen wollen, in Einklang stehen. Divergent wird es, wenn die Entscheidungskultur nicht zur Umsetzungskultur passt, beispielsweise wenn das Headquarter eines Unternehmens in Asien entscheidet und die asiatische Zielkultur in Portugal umgesetzt werden soll.

Ziele und Kennzahlen bedingen einander (vgl. dazu Abb. 2.2). Ohne Kennzahlen lassen sich schlecht Ziele erarbeiten, was Unternehmensgründer nur allzu gut wissen. Ohne Ziele und die Umsetzung von Maßnahmen gibt es keine Kennzahlen.

Im besten Fall unterstützt die regelmäßige Auswertung der Kennzahlen die Überprüfung der Zielerreichung. Ziele und die Strategien, wie sie erreicht werden sollen, sind fest im Unternehmen verankert, allen Mitarbeitern bekannt und werden in den jeweiligen Teilbereichen aktiv verfolgt. Jedem Mitarbeiter sind „seine" Kennzahlen bekannt und er ist in der Lage, sie zu deuten und Maßnahmen einzuleiten, sie zu verbessern. Die Kennzahlen stellen in solchen Fällen ein Steuerungsinstrument dar, das den Arbeitsfluss unmittelbar positiv verändern kann. Eine sequentielle wie auch eine kumulierte Auswertung können einen differenzierten Beitrag zur Beurteilung der Zielerreichung leisten.

Paradoxerweise rücken Kennzahlen in den Vordergrund, wenn Ziele nicht erreicht werden. Dabei sollten die Maßnahmen den Zielerreichung in der Vordergrund rücken, mit denen diese Kennzahlen beeinflusst werden können.

Strategie und Messbarkeit

Die Erreichbarkeit von Zielen hängt letztlich an zwei wesentlichen Punkten: an der Strategie ihrer Umsetzung und ihrer Messbarkeit durch Kennzahlen.

Aus einer definierten Ausgangssituation (Ist-Zustand) wird ein Ziel definiert, das die Ausgangssituation verändern soll. Das Ziel ist nicht immer mit einer Steigerung z. B. von Umsatz verbunden; es kann auch das Ziel sein, die Ausgangssituation zu halten. Die Zieldefinition (Was?) verlangt zur Umsetzung noch strategische Maßnahmen (Wie?). Mit den Maßnahmen wird beschrieben, was alles zu tun ist, um das Ziel zu erreichen.

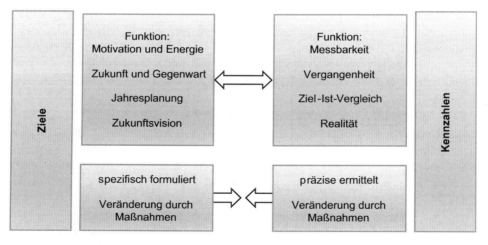

Abb. 2.2 Abhängigkeit von Zielen und Kennzahlen

2.2 Überprüfung der Zielerreichung

Die Kennzahlen liefern die entsprechenden Werte, mit denen die Wirksamkeit dieser Umsetzungsstrategie überprüft werden kann.

In der Regel werden Kennzahlen besser im Blick gehalten als die strategischen Maßnahmen zur Umsetzung der Ziele. Wenn die Kennzahlen unter dem Ziel-Ist-Vergleich zurückbleiben, müssen Interventionen geprüft werden. Dann ist die aktuelle Strategie zu verändern, zu verstärken oder sogar zu ersetzen. (vgl. Abb. 2.3)

Häufig zeigt sich in der Praxis, dass in diesen Fällen die Kennzahlen aufmerksam beobachtet werden, aber diese Nachjustierung der Maßnahmen nicht durchgeführt wird. Stattdessen ist man darum bemüht, die gleichen Maßnahmen noch viel intensiver umzusetzen. Das ist eine fatale Strategie, es sei denn, man hat vorher die vereinbarten Maßnahmen nicht oder nur unzureichend umgesetzt. Das kann oftmals zu Frust und Enttäuschung führen, wenn Mitarbeiter sehen, dass bei dauerhafter, intensiver Bemühung dennoch keine besseren Ergebnisse zu erzielen sind. Oder der Frust entsteht durch Resignation, weil scheinbar keine andere Strategie existiert, die zum gewünschten Ziel führt. Beide Situationen können zu Demotivation und Zweifeln an der eigenen Kompetenz führen.

▶ Die Erreichung der Ziele wird durch Kennzahlen gemessen und durch Strategien umgesetzt, die an Maßnahmen geknüpft sind. Diese sind voneinander abhängig.

Die letztlich volle Wirksamkeit setzt die richtige Beurteilung von Kennzahlen voraus. Diese müssen mit den Mitarbeitern besprochen und die „richtigen" Schlüsse daraus gezogen werden. Wird dieser Weg nicht eingehalten, können auch die differenziertesten Kennzahlen keinen Mehrwert bringen. Ist dieser Prozess gut im Unternehmen verankert, kann diese Vorgehensweise zu mehr Effizienz und Leistungssteigerung führen.

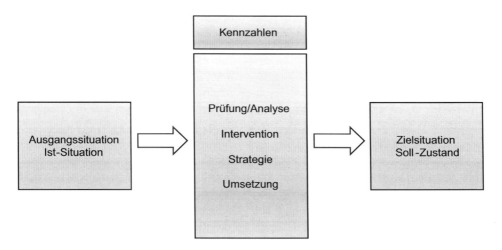

Abb. 2.3 Kennzahlen Messung

▶ Die Veränderung von Kennzahlen kann nie das Ziel unternehmerischen Handelns, sondern immer nur Indikator des Bearbeitungsstandes sein.

2.3 Mit Richtwerten vergleichen

Kennzahlen sind für sich allein genommen nicht aussagekräftig. Erst durch den Vergleich mit anderen Kennzahlen können sie beurteilt werden, wie auch in Abschn. 3.1 am Beispiel der Neugründung eines Unternehmens beschrieben wurde. Erst durch den Vergleich mit Kennzahlen können valide Aussagen zu einer Entwicklung getroffen werden. Voraussetzung dafür ist, dass die zu vergleichenden Kennzahlen bestimmte Kriterien erfüllen, damit die ermittelten Werte aussagekräftig sein können und nicht *Äpfel mit Birnen* verglichen werden.

Diese Kriterien beziehen sich auf ähnliche Unternehmensgrößen, auf den gleichen Zeitraum, auf gleiche Buchführungsregeln, auch Branchen-Kennzahlen etc. Erst wenn die Ausgangsparameter vergleichbar sind, dann ist ein Richtwert-Vergleich zulässig und aussagekräftig. Bestimmte Kennzahlen lassen sich auch mit allgemeinen Durchschnittsgrößen vergleichen, wie z. B. die Kapitalverzinsung.

Einige Branchen, wie der Automobilhandel in Deutschland, verfügen über sehr aussagekräftige Kennzahlen und Richtwerte. Manche kleineren Branchen-Verbände bemühen sich, über entsprechende Erhebungen Aussagen für ihre Mitglieder zur Verfügung zu stellen, die ihnen eine etwaige Einordnung ermöglichen. Es gibt aber auch Branchen, die sich bewusst der Vergleichbarkeit entziehen, wie z. B. Branchen mit Kunden im Luxussegment, die als solche gar nicht identifiziert werden wollen.

Besondere Richtwerte lassen sich über den Benchmark ermitteln. Dies sind Werte, die jeweils von den Besten einer Branche, eines Marktes oder anderen klar umgrenzten Bereichen erzielt wurden. Über Richtwerte lässt sich ein Benchmark als Maßstab für den Vergleich von Leistungen feststellen. Dadurch können Bereiche identifiziert werden, in denen Potenzial für das jeweilige Unternehmen steckt. Insofern können Kennzahlen auch der Motivation dienen, Marktchancen aufzeigen und wünschenswerte Ziele erreichen helfen.

Die Top-Werte des Benchmarks können anderen dazu dienen, sich an ihrer Leistung zu orientieren. Aber wie im vorherigen Kapitel schon beschrieben: Ziel und Messung reichen nur zu einer Standortpositionierung aus. Die eigene Strategie, die Leistung der Benchmark-Unternehmen zu erreichen, sorgt für die Umsetzung und die Chance, überhaupt dorthin zu kommen.

Unternehmensintern dienen Kennzahlen ebenfalls als Richtwert. Dabei geht es gar nicht um den Vergleich von Mitarbeiterleistungen untereinander, sondern um einen intern gesetzten Richtwert, an dem sich die Mitarbeiter und ihre Führungskräfte orientieren können. Dies sind i. d. R quantitative Kennzahlen wie Umsatz pro Mitarbeiter, Stückzahl pro Mitarbeiter pro Stunde oder Umsatz pro Quadratmeter Ausstellungsfläche usw. Die Vergleichbarkeit der Leistung kann dadurch hergeleitet werden und, unabhängig von der tatsächlichen Leistung eines Mitarbeiters, eingeordnet werden.

Kennzahlen scheinen objektiv zu sein und dennoch muss auch das Umfeld betrachtet werden. Ein Motorenwerk hatte sich als Richt- und Zielwert 500 Motoren pro Verkäufer pro Jahr gesetzt. Das war ein Erfahrungswert der letzten 5 Jahre. Aufgrund der wirtschaftlichen Entwicklung schaffte es der griechische Verkäufer nur 120 Motoren zu verkaufen, was als exzellente Leistung zu bezeichnen war, während der brasilianische Vertriebsmitarbeiter 1200 Motoren verkaufte. Angesichts der Kunden und wirtschaftlichen Entwicklung war dies aber im Verhältnis zum Markt und seinen Möglichkeiten eine eher durchschnittliche Leistung.

▶ Richtwerte geben Orientierung und zeigen Chancen auf. Die Vergleichbarkeit ihrer Parameter ist eine notwendige Voraussetzung, um eine valide Aussage treffen zu können.

2.4 Kennzahlen als Frühwarnindikatoren

Zu einer umsichtigen Geschäftsführung gehört, dass Unternehmensleiter und -verantwortliche Frühwarnindikatoren im Unternehmen implementiert haben, welche zeitnah über unternehmerische Entwicklungen und operationelle Risiken Auskunft geben können. Diese Indikatoren werden in betriebswirtschaftlichen Auswertungen miteinander vernetzt, um eine Gesamteinschätzung des Risikos vornehmen zu können. So werden Informationen auffällig und können richtig eingeordnet werden.

Der Begriff Frühindikator ist geprägt durch die Konjunkturtheorie und basiert auf traditionellem keynesianischem Gedankengut; es sollten frühzeitig Hinweise auf die zukünftige Entwicklung der Wirtschaft gesammelt werden. Vor allem in den 1960er und 70er Jahren bestand die Hoffnung, diese Informationen zu nutzen, um mit der Wirtschaftspolitik besser steuern zu können ([2], S. 329).

Frühwarnindikatoren bekommen in Krisenzeiten besonderes Gewicht. Sie messen entstehende Risikosituationen, die unternehmensintern oder von außen Einfluss auf die Leistung einer Organisation nehmen können. Kennzahlen, die als Frühwarnindikatoren gelten, sind keine anderen Kennzahlen als die vom Unternehmen verwendeten. Sie erfüllen lediglich das Kriterium, eine Tendenz für die Zukunft veranschaulichen zu können. Damit bleibt ausreichend Zeit, um mit unternehmerischen Entscheidungen darauf zu reagieren und Bedrohung oder Schadensbegrenzung abwehren zu können. Gleich welche Kennzahl als Frühwarnindikator gelten soll, ein notwendiges Kriterium muss erfüllt werden: Die aus den Kennzahlen folgenden Schlussfolgerungen müssen eindeutig sein. Die Anzahl der Überstunden eines Unternehmens ist nicht zwangsläufig das Zeichen einer personellen Unterbesetzung; die geringe Mitarbeiterzufriedenheit ist nicht zwangsläufig ein Zeichen geringer Motivation usw.

Welche Kennzahlen-Indikatoren für eine Organisation relevant sind, muss individuell entschieden werden, da es ganz unterschiedliche Risikofaktoren geben kann. Für die eine Organisation ist es die Abwanderung von Know-how durch Mitarbeiter, für die andere sind es Veränderungen auf den Märkten oder Kursschwankungen an den Börsen.

Wichtig ist, dass jede Organisation weiß, wo ihre empfindliche, risikoreiche Stelle ist. Diese muss als Kennzahlen-Indikator auf einem regelmäßig betrachteten Radar überwacht werden. Speziell in unruhigen Krisenzeiten erzeugt die regelmäßige Kontrolle ein Gefühl der Sicherheit. Die Implementierung dieser *Wächter* gibt bei Planabweichungen Hinweise auf Risiken. Diese Funktion kann eine Auswahl zuvor definierter Kennzahlen übernehmen, mithilfe derer die Risiken eingeschätzt werden können und innerhalb gewisser Toleranzgrenzen bewertet werden. Dabei geht es nicht darum, Sicherheit in Bezug auf das Nachhalten der bereits geleisteten Performance im Unternehmen zu gewinnen, sondern um eine planerische Vorausschau.

Neben den eigentlichen Kennzahlen als Frühwarnindikatoren gibt es aber auch andere, die nur ganz anders in Erfahrung gebracht werden können; hier ist die Führungskraft gefordert.

Vorausschau bedeutet aber auch, sich folgende Fragen zu stellen: Welche rechtlichen Veränderungen wird es geben, auf die sich ein Unternehmen einstellen muss? Wie wird die Rekrutierung von Fachkräften am Markt eingeschätzt? Welche technischen Veränderungen hat die Konkurrenz entwickelt? Mit welchen neuen Konzepten sind Wettbewerber am Markt tätig? Diese Faktoren sind nur schwer über Kennzahlen messbar.

Mindestens genauso effiziente, aber wenig genutzte Frühwarnindikatoren, sind die Menschen, die im Unternehmen arbeiten. Sie sind nah an Kunden und Märkten. Sie nehmen frühzeitig die Tendenz einer Entwicklung wahr, die in Kennzahlen noch nicht offensichtlich geworden sind oder für die es vielleicht gar keine Kennzahlen geben kann. Sie beobachten Trends und kommunizieren mit Kunden und Kollegen über aktuelle Entwicklungen.

Eine Information, ein Gespür oder Bauchgefühl bekommen für eine Führungskraft vielleicht erst in einem bestimmten Kontext eine Bedeutung. Dieser Kontext kann nur durch eine Führungskraft hergestellt werden, die interessiert an der Meinung von Mitarbeitern ist. Erst wenn diesen Informationen und Gefühlen durch die Führungskraft Raum gegeben werden, kann sie eine Bedeutung entfalten. Wenn dieses Vorgehen zu einem regelmäßigen Prozess wird, dann wird der Mitarbeiter zukünftig entsprechende Informationen gleich in den Kontext der Frühwarnindikatoren und Trends einordnen können.

▶ Nur eine durchlässige Kommunikation zur Führungskraft stellt sicher, dass die Wahrnehmung der Mitarbeiter als Frühwarnindikator genutzt werden kann.

2.5 Mitarbeiter in die Verantwortung nehmen

Früher waren den Mitarbeitern die Kennzahlen des eigenen Unternehmens bzw. ihres Arbeitsbereiches eher nicht bekannt. Die Leistungskraft eines Unternehmens und dessen Liquidität war ein wohlgehütetes Geheimnis, in das nur sehr wenige Mitarbeiter nur insoweit involviert wurden, als es um die konkrete Beeinflussung von Leistung ging.

2.5 Mitarbeiter in die Verantwortung nehmen

Es wurde nur kommuniziert, was für das operative Geschäft notwendig war. Wie leistungs- bzw. finanzstark das Unternehmen wirklich war, wussten nur wenige. Erst mit den Rechnungslegungs- und Offenlegungsvorschriften für Kapitalgesellschaften und der hervorragenden Ausbildung führender Mitarbeiter änderte sich die Transparenz der Kennzahlen.

Heute gibt es nur noch wenige Arbeitsbereiche, in denen Mitarbeiter gar nicht mit Kennzahlen ihrer eigenen Arbeitsleistung vertraut sind. Der Vergleich von Zeiten pro Auftrag, Stückzahlen pro Fertigungsgang, Umsätze pro Monat sind auch Mitarbeitern auf Sachbearbeiter- und Produktionsebene bekannt. Aber auch in anderen Bereichen haben Mitarbeiter Transparenz über Prozesse und Kennzahlen z. B. Wartezeiten beim Arzt, Behandlungsdauer und –umsatz pro Patient und Arzt.

Kennzahlen, die in der Regel durch die Verantwortlichen selbst produziert bzw. geleistet werden, sind ihnen verständlich, weil sie dadurch leicht nachvollziehbar sind. Sie sind durch die eigene Tätigkeit entstanden und können auch durch die eigene Tätigkeit verändert werden, z. B. durch schnelleres, anderes, engagierteres oder genaueres Arbeiten.

Kennzahlen, die aus dieser unmittelbaren Arbeitssituation heraus entstehen, bieten einen fairen Ansatz, die Mitarbeiter in die Verantwortung zu nehmen. Das setzt allerdings voraus, dass die richtigen Rahmenbedingungen der Übertragung von Verantwortung geschaffen worden sind.

Ist der Mitarbeiter fachlich ausreichend ausgebildet und fähig, die ihm übertragene Aufgabe zu bearbeiten, können Kennzahlen in diesem Zusammenhang Motivation auslösen, da

1. Transparenz über die Entstehung der Zahlen herrscht und
2. Möglichkeiten bekannt sind, wie diese beeinflusst werden können.

Je mehr Kollegen und Andere zu der Entstehung von Kennzahlen beitragen, desto schwieriger wird es, den Ursprung nachzuvollziehen, in dem sie entstanden sind. Dann wird es für einzelne Mitarbeiter schwierig, entsprechend Einfluss auf kumulierte Kennzahlen zu nehmen. In diesen Fällen kann der Mitarbeiter seine eigene Wertschöpfung nicht mehr unmittelbar ablesen. Es können mehrere Mitarbeiter beteiligt sein, Kennzahlen aus anderen Abteilungen einfließen, Kostenstrukturen auftauchen, die nicht im eigenen Verantwortungsbereich entstanden sind, sondern auf den Verantwortungsbereich umgelegt wurden usw. Oder es entstehen gesetzlich vorgeschriebene Rahmenbedingungen, wie etwa im Pharmamarkt, in dem beispielsweise Einfluss auf das Verordnungsverhalten der Ärzte genommen wird. Die Beschränkung des Umsatzes in einzelnen Segmenten ist dann durch die Leistung eines Außendienstmitarbeiters nur bedingt zu beeinflussen.

Wenn die Messbarkeit von Leistungen der Mitarbeiter über Kennzahlen durchgeführt wird, muss auch auf Rahmenbedingungen geachtet werden. Ohne diese zusätzliche Bewertung ist die reine Kennzahlenbeurteilung nicht vollständig.

> **Beispiel**
> Der Verkaufsleiter eines mittelständischen Unternehmens war für den Vertrieb von Aufzugsteuerungen verantwortlich. Aufgrund der wirtschaftlich angespannten Situation im Unternehmen erhielt er von Seiten der Geschäftsführung die Vorgabe, die Steuerungen nun nicht mehr mit 12 % Nachlass, sondern nur noch mit 8 % Nachlass zu vertreiben. Mit diesem Discount war er aber dem Wettbewerb gegenüber nicht mehr konkurrenzfähig. Trotz der Motivation seiner Verkaufsmannschaft und einer engen Vertriebsführung gelang es ihm nicht, den Umsatz zu steigern – im Gegenteil.

Es spricht nichts dagegen, Mitarbeiter über die Messung ihrer Kennzahlen in die Verantwortung zu nehmen. Das setzt aber voraus, dass der Mitarbeiter einen Einfluss auf die Kennzahlen haben muss, an denen er gemessen wird. Außendienste beispielsweise werden häufig an der Leistung ihrer Kunden gemessen, die sie beraten. Natürlich können sie alles für den Kunden und seine Leistungssteigerung tun. Letztlich können sie aber die Verantwortung, für das, was der Unternehmensverantwortliche schließlich umsetzt oder entscheidet, nicht übernehmen.

Die Motivation, Kennzahlen-Verantwortung zu übertragen, kommt eher daher, Verantwortung im Sinne von Führungsverantwortung abzugeben. Dann werden Kennzahlen auch eher als Druckmittel genutzt, denn als Ansporn.

D.h. mit der Übertragung der Verantwortung für die Kennzahlen muss auch eine Übertragung von Handlungs- und Entscheidungsfreiheiten einhergehen, diese beeinflussen zu können. Wenn ein Vertriebsleiter für eine bestimmte Produktreihe verantwortlich ist und daran gemessen wird, dann muss er Kraft seiner Position mit soviel Macht ausgestattet sein, das Ziel auch erreichen zu können. Das kann er nicht, wenn er beispielsweise kein Werbebudget hat, wenn seine Außendienstmitarbeiter einer eingeschränkten Reiseanweisung unterliegen oder wenn er entsprechende Fortbildungen aus Kostengründen nicht durchführen kann.

▶ Die Leistungsmessung über Kennzahlen hat nur dann Aussagekraft, wenn den Mitarbeitern gleichzeitig Handlungs- und Entscheidungsfreiheiten gegeben werden, die es ihnen ermöglichen, die gesteckten Ziele auch zu erreichen.

Dann ist es legitim, die Mitarbeiter auch für ihre Ergebnisse verantwortlich zu machen und im Sinne des Wortes *Antwort zu geben*. Mitarbeiter brauchen eine Chance, ihre eigenen Zahlen zu argumentieren und jederzeit Auskunft darüber geben zu können. Sie müssen zu jedem Zeitpunkt in der Lage sein, über die von ihnen verantworteten Kennzahlen in einen Dialog treten zu können. Das gibt den Vorgesetzten aber auch gleichzeitig die Chance, sich über wichtige Dinge zu informieren. Welche Entwicklungen haben zu dem aktuellen Ergebnis geführt? Welche Strategien waren erfolgreich, welche nicht? Welche Erwartungen hat er an die zukünftige Entwicklung? Wo liegen die zukünftigen Potenziale? Welcher Auftragseingang ist zu erwarten? Das wiederum wird ihm in seiner strategischen Planung und der Einschätzung der Wirksamkeit der geplanten Maßnahmen außerordentlich helfen.

Die tatsächliche Arbeit mit Kennzahlen zwischen Vorgesetztem und Mitarbeiter sieht aber vielfach anders aus. Der Mitarbeiter wird an Kennzahlen gemessen, die er selbst nicht beeinflussen kann. Das kann eine kumulierte Auswertung sein, in die noch andere Ergebnisse hineinfließen oder eine Bearbeitung des Controllings nach Monatsabschluss uvm. (siehe auch Kap. 4)

Generell entwickeln oder haben Mitarbeiter in den meisten Fällen für das ausführliche Controlling Verständnis und unterstützen diesen Prozess für einen gewissen Zeitraum klaglos. Soll diese Unterstützung seitens der Mitarbeiter dauerhaft erhalten bleiben, ist es notwendig, darauf zu achten, dass ein Umgangsstil angewandt wird, der auf Teilhabe basiert. Nur wer hinreichend versteht, wie Kennzahlen entstehen und verwendet werden, wird auch bereit sein, zur ihrer Verbesserung beizutragen.

Es kann aber durchaus unternehmerische Notwendigkeiten geben, in denen Kennzahlen im Vordergrund allen Handelns stehen und Wertschätzung bzw. Teilhabe der Mitarbeiter zu kurz kommt. Das kann sogar eine bewusste Strategie sein. Bei einer dauerhaften Orientierung auf die Führung durch Kennzahlen kann das Potenzial der Mitarbeiter aber nicht voll ausgeschöpft werden.

Verantwortung für Kennzahlen zu übertragen, setzt ein umsichtiges und aufwändiges Führungsverhalten voraus. Die Leistung des Mitarbeiters, sein Aufgaben- und Verantwortungsgebiet sollte den Kennzahlen entsprechen, die auch geeignet sind, das Ergebnis des Mitarbeiters zu messen. Diese Tätigkeit ist immer wieder zu diskutieren und notfalls zu justieren, sobald sich Prozesse oder Aufgabengebiete verändern. Stimmen Tätigkeit und die Parameter ihrer Messbarkeit überein, kann das Gespräch über Kennzahlen und Zielerreichung motivierend und anspornend sein und der Mitarbeiter lässt sich gern in die Verantwortung nehmen.

Literatur

1. Handelsgesetzbuch (2014) § 238 Buchführungspflicht. http://www.gesetze-im-internet.de/hgb/__238.html. Zugegriffen: 23. Mai 2014
2. Riegler J-J, Basse T, Große S (2012) Krisenfrühaufklärung durch Frühwarnindikatoren. Organisatorische Konsequenzen für das Krisen- und Risikomanagement einer Landesbank. In: Jacobs J, Riegler J, Schulte-Mattler H, Weinrich G (Hrsg) Frühwarnindikatoren und Krisenfrühaufklärung. Konzepte zum präventiven Risikomanagement. Springer Gabler, Wiesbaden, S. 324–343

Fatale Führungsfehler mit Kennzahlen 3

Zusammenfassung

Zielorientiertes Führen mit Kennzahlen verlangt der Führungskraft nicht nur ein Handeln mit Übersicht ab, sondern vor allem besondere Führungstechniken. Dabei spielt besonders die Kommunikation eine Rolle. *Mitarbeiter führen mit Kennzahlen* hat als Führungstechnik in der Vergangenheit kaum eine Rolle gespielt, weil meist die Veränderung der Kennzahlen im Vordergrund stand.

Daher haben sich viele Führungstechniken mit Kennzahlen in Organisationen etabliert, die zwar in der Situation angemessen erschienen, aber nicht das volle Potenzial der Führung ausschöpfen konnten. Nicht nur Mitarbeiter haben in der Arbeit mit Kennzahlen noch nicht ihr volles Potenzial ausgeschöpft, sondern auch Führungskräfte im Umgang mit den Mitarbeitern.

In diesem Kapitel werden fatale Führungsfehler mit Kennzahlen der Vergangenheit zusammengestellt. Sie machen die Herausforderung des Führens mit Kennzahlen deutlich und zeigen Hintergründe auf.

Wenn Führungskräfte nur auf der Basis von Kennzahlen Entscheidungen treffen, dann verschenken sie das Potenzial der Mitarbeiter und ihre Bereitschaft zur Teilhabe an Entwicklung und Fortschritt.

Die hohe Orientierung an Kennzahlen in der Führung von Mitarbeitern gehört zum Standard-Repertoire eines Vorgesetzten. Ziele wurden über Kennzahlen vielleicht nicht immer behutsam und mit der nötigen Umsicht vereinbart, aber dennoch stellen Kennzahlen einen der Hauptbestandteile von guter Führungsarbeit dar. Das Gegenteil ist oftmals der Fall. Sogar die Welt am Sonntag berichtete kürzlich über *die harten Hunde*, die Mitarbeiter ausschließlich über Zahlen, Daten, Fakten führen. Als Beispiel wurde an dieser Stelle die neue Vorstandschefin von Yahoo, Marissa Meyer, genannt, die ihre

Mitarbeiter erbarmungslos über Kennzahlen führt. [1] Kennzahlen sind unbestritten wichtig, aber nicht der einzig dominierende Aspekt von Führung.

Die Führung mit Kennzahlen ist für jeden Vorgesetzten ein Lernprozess, für den in der gängigen Führungsliteratur kaum Lösungsansätze angeboten werden. Daher wurde in der Vergangenheit der Umgang mit Kennzahlen so betrieben, wie man es vom eigenen Vorgesetzten erfahren hatte oder wie es im Unternehmen üblich ist. Das musste nicht immer der beste Weg gewesen sein. Bei Führung über Kennzahlen waren es die Zahlen, die dominierten, nicht die Führung.

Unser gängiges Lernmodell beruht darauf, Fehler zu kritisieren, diese zu verbessern und möglichst keine Fehler mehr zu machen. Das ist ein Ansatz, der Innovation und Kreativität behindert manchmal sogar im Keim erstickt. Wenn wir hingegen die Potenziale fokussieren und aktivieren, dann wächst Kreativität und damit Innovation [3].

3.1 Führen oder Verzetteln?

Kennen Sie das?

Sie wollten im Internet kurz nach einer Zugverbindung sehen, kamen dann aber auf die Idee, statt dessen nach einer Flugverbindung zu suchen. Bei der Gelegenheit entdeckten Sie ein interessantes Urlaubsangebot für die Malediven und stießen auf den Hinweis eines neu eröffneten Golfplatzes. Dort war ein alter Schulfreund von Ihnen verantwortlich für den Spielbetrieb, den Sie anschließend auf Facebook wiederfanden. Und schon waren 30 Minuten vergangen und Sie haben nicht gemerkt, wo die Zeit geblieben ist.

Der Vergleich dieses im Beispiel geschilderten Ablaufs mit einer oft typischen Vorgehensweise bei der Bearbeitung von Kennzahlen ist durchaus zulässig. In beiden Fällen läuft man Gefahr, sich zu verzetteln. Womit hängt das zusammen? Kennzahlen sind wie ein Sumpf, der den Bearbeitenden immer tiefer hinunterzieht, wenn er nicht das Stöckchen festhält, mit dem er sich wieder an Land ziehen kann.

Die Arbeit mit Kennzahlen ist komplex, weil Kennzahlen miteinander verknüpft sind. Es gibt nur wenige absolute Kennzahlen, die sich nicht komprimiert aus anderen Zahlen herleiten, wie Umsatz in einem bestimmten Segment oder monatliche Versicherungsprämien. Sie lassen sich ohne weitere Bearbeitung den Betriebsdaten entnehmen. Die meisten Kennzahlen aber sind kumulierte Daten, die sich aus anderen Werten zusammensetzen.

Entspricht eine dieser Kennzahlen nicht dem Ziel-Ist-Vergleich, ist das an sich nur ein erster Hinweis, aber keine relevante Aussage. Die kann erst dann gemacht werden, wenn alle anderen Daten, die in dieser Kennzahl kumuliert werden, ebenfalls analysiert werden. Erst durch die Analyse dieser Verbindungen, gleich einem genetischen Code, kann eine valide Aussage über die führende Kennzahl gemacht werden.

Je weniger komplex die Kennzahlen sind, desto leichter können sie analysiert werden. Führungskräfte haben aber überwiegend mit kumulierten Kennzahlen zu tun. Die Herausforderung besteht darin, nicht zu tiefe aber auch nicht zu oberflächliche Analysen durchzuführen. Manche Führungskräfte bearbeiten mit Inbrunst immer tiefer gehende Analysen und stellen am Ende fest, dass ihnen das Ausgangsproblem gar nicht mehr klar

3.1 Führen oder Verzetteln?

ist. *Ich verliere mich immer in meinen Zahlen. Am Ende habe ich einen super Überblick über alle Buchungskonten und wie sie sich zusammensetzen, aber ich kann dann nicht mehr sagen, warum ich da überhaupt reingeguckt habe*, sagte ein Unternehmer.

Die folgenden Beispiele zeigen den Unterschied zwischen komplexen und weniger komplexen Aufgabenstellungen.

Erhöhte Tankkosten lassen sich anhand der Tankquittungen der Außendienstmitarbeiter nach den Kriterien Entfernung und Höhe der Betankung leicht zuordnen. Die Verantwortung ist eindeutig und Feedback ist leicht einzuholen.

Die sinkende Rendite einer bestimmten Produktlinie beträgt nur 0,5 statt 0,7 %. Das ist schon schwieriger zu ermitteln. Zu dieser Begründung sind mehr Kennzahlen zu analysieren. Umsatzplanungen, Vertriebsleistungen, Margen, direkte und indirekte Kosten usw. Die Tätigkeit ist die gleiche, aber die Analyse bezieht sich auf mehrere Positionen, die alle in die eine Kennzahl Umsatzrendite fließen. Welche Kennzahl ist die mit dem meisten Gewicht? Welche Kennzahlen haben maßgeblichen Einfluss auf das Ergebnis? An welchen Stellschrauben ist schließlich zu drehen, um die Rendite dieses Produktes zu verbessern?

Die intensive Bearbeitung der Kennzahlen führt oftmals weg von der ursprünglichen Aufgabenstellung. Viele Führungskräfte sind Experten darin geworden, Kennzahlen und ihre Entstehung zu bewerten und sind dafür sogar tief in datentechnische Details eingestiegen. Dazu ist ein besonderer Hinweis notwendig:

▶ Je detaillierter die Kennzahlen, desto weniger aussagefähig ist das Management.

Zum einen dadurch, dass die Führungskraft den Überblick und manchmal das Ziel aus den Augen verliert, zum anderen auch dadurch, dass die Relevanz der Aussage abnimmt. Zwar wurde eine Kennzahl bis ins Detail geklärt, aber am Ende wusste die Führungskraft gar nicht mehr, warum sie sich in dieser Tiefe damit überhaupt beschäftigt hat.

Führen mit Kennzahlen ist eine komplexe intellektuelle Arbeit, die nur dann gut bewältigt werden kann, wenn die Führungskraft nicht nur in der Analyse *steckenbleibt*, sondern damit beginnt, die Problemlösungen anzugehen. Sie darf sich nicht, wie im Sumpf, in die Tiefe der Kennzahlen hineinziehen lassen. Es besteht die Gefahr, auf der Basis der Analyse nur die Symptome zu bekämpfen, anstatt den Blick für das Große und Ganze zu behalten.

Darüber hinaus tritt mit der hohen Detailarbeit eine Unzufriedenheit sowohl der Führungskraft als auch der Mitarbeiter ein. *Es geht doch nur noch um diese blöden Zahlen, um nichts anderes mehr*, beklagte sich neulich ein Mitarbeiter in einer Teamsitzung. Nicht mehr der Kunde steht im Vordergrund, sondern nur noch die Erfüllung interner Statistiken. Es gibt Führungskräfte, die gar nicht mehr genau wissen, zu welchem Zweck die verschiedenen Listen überhaupt noch gebraucht werden. Sie gehören einfach zum Standardrepertoire des Monitorings dazu. Warum das nicht auffällt? Weil eine gewisse Zufriedenheit entsteht, die Liste überhaupt zur Verfügung zu haben. Die Diskussion der Maßnahmen zur Veränderung der dort dokumentierten Ergebnisse wird nicht ausreichend geführt. Die Interpretation der Kennzahlen scheint mehr Aufmerksamkeit zu haben als die Umsetzung von Maßnahmen.

Letztlich geht viel zu viel Zeit für die detaillierte Kennzahlenbewertung verloren, die zulasten der tatsächlichen Lösungsbearbeitung geht. Die Erstellung der Zahlen ist nicht wertschöpfend, weil rückwärtsgerichtet und geht zulasten der Tätigkeiten, für die der Kunde bereit ist zu zahlen.

Wenn Führungskräfte vermeiden wollen, sich zu verzetteln, ist es ratsam, immer wieder zu überprüfen, ob die Kennzahl Relevanz für den jeweiligen Vorgang hat. Dabei helfen die Erfahrung mit Kernprozessen, Produkten und Märkten und eine gute Arbeitsstruktur. Wenn eine Orientierung auf das Ziel nicht da ist, dann läuft die Führungskraft Gefahr, sich zu verzetteln. Sie bearbeitet logische, handhabbare und nachvollziehbare Aspekte, aber nicht das, was möglicherweise der tatsächliche Grund für die jeweilige Entwicklung ist.

Dennoch: Die vollständige Beherrschung der Kennzahlen täuscht eine Sicherheit vor, Kontrolle über Kennzahlen, Prozesse und Mitarbeiter zu haben. Der Anspruch an eine Führungskraft besteht aber darin, nicht nur die Symptome einzelner Probleme zu bekämpfen, sondern neue Lösungsansätze zu finden. Nur dadurch entsteht ein Mehrwert im Unternehmen und das sind zu Recht auch die Erwartungen, die an eine Führungskraft gestellt werden.

Zielorientiertes Führen verlangt der Führungskraft Übersicht ab. Um alle Mitarbeiter auf ein gemeinsames Ziel hin einzuschwören, muss die Führungskraft dieses immer wieder kommunizieren. An manchen Stellen muss sie aber auch aushalten können, dass es keine endgültige Klärung einzelner Zahlen geben kann oder dass dies keinen Sinn macht. Plausibilitätsprüfungen und Benchmark mit vergleichbaren Leistungen sind dabei hilfreich. (siehe auch Abschn. 6.4)

▶ Führen mit Kennzahlen erfordert die Fokussierung auf die ursprüngliche Aufgabenstellung und die Ausrichtung aller Aktivitäten darauf.

3.2 Das System gegen die Mitarbeiter wenden

Generell haben Mitarbeiter Verständnis für die Bewertung mit Kennzahlen. Auch ihrer eigenen Leistungen. Das Controlling ist als Werkzeug moderner Unternehmensführung längst auf allen Hierarchieebenen akzeptiert und der Umgang mit Kennzahlen wird von Mitarbeitern unterstützt.

In einem Klima guten Umgangs mit Kennzahlen können die Mitarbeiter erkennen, dass sie einen wichtigen Beitrag zur Unternehmens- und Leistungsbewertung erarbeiten. Sie bewerten Kennzahlen sorgfältig und gehen mit ihrer Auswertung sachlich um (siehe Kap. 7). Jeder Mitarbeiter trägt dazu direkt oder indirekt bei. Entweder indem er die Zahlen aktiv verarbeitet, erstellt oder aber indem er durch seine Leistung Werte erzeugt, die im Kennzahlensystem erfasst werden können.

Meistens sind den Mitarbeitern die Kennzahlen ihres Arbeitsbereiches bekannt oder sie haben einen datentechnischen Zugang dazu. Manche personenbezogenen Kennzahlen werden aber ohne Wissen oder Zutun des Mitarbeiters ausgewertet, wie z. B. der

3.2 Das System gegen die Mitarbeiter wenden

individuelle Leistungsgrad in produktiven Bereichen. Etwa in Form angekaufter oder verkaufter Stunden.

Nützlich sind diese Kennzahlen dann, wenn mit den Mitarbeitern zeitnah ein Gespräch geführt wird, um die Leistungsgrade zu beurteilen und ggf. Veränderungen vorzunehmen. Die Gründe hierfür müssen nicht immer mit der Person selbst oder dem Team zu tun haben, sondern können sich beispielsweise auch auf die Umstellung von Prozessen beziehen. Das ist in jeder Beziehung hilfreich.

Die oben beschriebenen Situationen sind hilfreich und wünschenswert. Was aber passiert, wenn Führungskräfte beginnen, das System der Kennzahlen gegen die Mitarbeiter zu verwenden.

Es beginnt zum Problem zu werden, wenn Mitarbeiter ihre *eigenen* Kennzahlen nicht verstehen oder einordnen können. Entweder weil nicht klar ist, aus welchen Einzeldaten sie sich zusammensetzen oder weil deren *Nachbearbeitung* nicht transparent ist. Dann entsteht Misstrauen, welches sich auf die gesamte Zusammenarbeit zwischen Führungskraft und Mitarbeiter erstrecken kann; nicht nur auf den Umgang mit Kennzahlen. Daher sollten mögliche Bearbeitungen präzise benannt werden. Dann können sie bei der Ableitung von Maßnahmen auch entsprechend berücksichtigt werden.

Eine weiterer Fehler in der Führung mit Kennzahlen sind Double Bind Botschaften, d. h. die Kommunikation enthält zwei sich widersprechende Botschaften, was zu Störungen in der Leistung und damit auch zu Zielkonflikten führen kann. Aufgabenbereiche sind nur erfüllbar, weil sie sich nicht gegenseitig ausschließen.

> **Beispiel**
>
> Die Mitarbeiter in einem Call Center haben vier verschiedene Ziele erhalten. Wichtigstes Ziel ist die Qualität der Beratungsgespräche in der Hotline. Sie wird an der Zufriedenheit des Kunden gemessen. Gleichzeitig werden die Anzahl der geführten Beratungsgespräche sowie die Länge der Telefonate als Leistungsmerkmal für den Mitarbeiter erfasst. Als viertes Kriterium wird die Dauer der Wartezeit des Kunden in der Warteschleife gemessen, die durch die Mitarbeiter gesteuert werden soll.

Verschiedene dieser Ziele wiedersprechen sich. Der Mitarbeiter kann dauerhaft immer nur die einen oder anderen Ziele erfüllen. Entweder der Mitarbeiter sorgt für die Zufriedenheit des Kunden, dann kann er nicht gleichzeitig bemüht sein, das Telefonat besonders kurz zu halten. Entweder der Mitarbeiter strebt die Kürze der Wartezeit des Kunden an oder er berät den Kunden, bis er mit der Leistung zufrieden ist. Egal wie der Mitarbeiter sich verhält, er kann den Zielkonflikt nicht auflösen und wird das Ergebnis aller vier Ziele gleichzeitig immer *verloren geben müssen*. Das kann zu Unzufriedenheit führen, aber auf jeden Fall niemals zu Anerkennung der Leistung des Mitarbeiters.

Im Bereich der Kennzahlen sind Double Bind Botschaften häufig in der Kommunikation zu finden. *Machen Sie sich nicht so viel Mühe mit der Auswertung, aber sorgen Sie dafür, dass das Ergebnis fehlerfrei ist* oder *Es reicht eine Übersicht, aber wir müssen* sicherstellen, dass wir in der Präsentation über alles genau Auskunft geben können. Teilweise sind sich die Sender nicht über die doppelte Botschaft im Klaren oder sie wollen das Thema für den Mitarbeiter *verharmlosen*. Denn wenn der Mitarbeiter seine Aufgabe richtig erledigen wollte, dann würde er u. U. mehr Zeit benötigen, als zur Verfügung steht.

Das System kann aber auch gegen Mitarbeiter gewendet werden, indem Kennzahlen-Werte auf die Person bezogen erfasst und dann öffentlich und womöglich noch in einer Ranking-Liste ausgehängt werden. Die auf der Liste oben stehenden, also besonders guten Mitarbeiter, sind motiviert. Die unten stehenden, also vermeintlich schlechten Mitarbeiter, werden gänzlich demotiviert. Wer möchte schon gerne als Schlechtleister öffentlich identifiziert und ausgehängt werden? Eine Begründung für den individuellen Leistungsgrad enthält die Liste i. d. R nicht. Was als guter Ansatz gemeint ist und gern mit Transparenz gerechtfertigt wird, auch den produktiven Mitarbeitern ihre Kennzahlen anzuzeigen, kann somit leicht ins Gegenteil umschlagen.

Sie glauben, das ist nicht zu toppen? Doch, das ist es.

Immer dann, wenn dem Mitarbeiter in solchen Fällen nicht einmal die Chance einer Begründung eingeräumt wird. Wenn respektable Gründe dafür vorliegen, warum die Leistung des Mitarbeiters gar nicht erbracht werden konnte. Wenn also in o.g. Fall der Mitarbeiter mehrfach einen Kunden mit einem erheblichen technischen Problem beraten hat, das zu seiner vollsten Zufriedenheit gelöst werden konnte. Dennoch steht er im Ranking in allen Kennzahlen weit unten, da die Dauer der Telefongespräche gewertet wird.

Bedauerlicherweise bekommen Mitarbeiter oftmals die volle Härte der oberflächlichen Bewertung von Kennzahlen zu spüren:

> **Beispiel**
>
> In der Filiale einer Autohaus-Gruppe ging seit zwei Monaten die Anzahl der verkauften Neuwagen zurück. Die Performance riss schlagartig ab und blieb dann auf konstant niedrigem Niveau. Die kaufmännische Leitung, 500 km entfernt, hatte die Veränderung relativ schnell auf dem Radar. Eine Befragung des Verkaufsleiters hielten sie zunächst nicht für notwendig, da sie glaubten, dass die Zahlen für sich sprächen und man ohnehin wenig Vertrauen in die Fachkompetenz des Verkaufsleiters hatte. Wahrscheinlich würde er die ewig gleichen Argumente anführen, warum er das monatliche Ziel nicht geschafft hatte. Nachdem aber im dritten Monat wieder keine Veränderung eintrat, traf man eine sehr logische Entscheidung. Bei der Stückzahl könne man auf einen von 5 Verkäufern verzichten und man bat den Standortleiter, den Verkäufer zu entlassen, der in den letzten Monaten die schlechteste Verkaufsleistung erbracht hatte. Leider traf es damit die beste Verkäuferin, die sich seit zwei Monaten in Mutterschutz befand.

▶ Wenn nur auf Kennzahlen geachtet wird und die Kommunikation darüber ausbleibt, wendet sich das Kennzahlensystem gegen die eigene Organisation.

Der Fehler in obigem Beispiel besteht nicht darin, die Leistung aus zu großer räumlicher Entfernung zu messen. Das ist bei multinationalen Konzernen gang und gäbe. Der Fehler besteht darin, nicht über die Kennzahlen zu sprechen und auf dieser Basis umfangreiche, manchmal sogar für die Mitarbeiter existenzielle Entscheidungen zu treffen, ohne jemals mit den Verantwortlichen ein Wort gesprochen zu haben.

Mit Kennzahlen allein lässt sich ein Unternehmen nicht führen. Die Kommunikation mit den Verantwortlichen, Führungskraft oder Mitarbeiter, ist ein ganz wesentlicher Führungsauftrag. Dass dennoch nicht ausreichend davon Gebrauch gemacht wird, liegt zum einen daran, dass manchen Führungskräften das Gespräch mit den Mitarbeitern überflüssig erscheint. Die Kennzahlen sind so detailliert und scheinbar aussagekräftig erstellt, dass viele Führungskräfte die Notwendigkeit des Gespräches mit Mitarbeitern nicht sehen. Welchen Wert hat es für mich als Führungskraft mit Mitarbeitern zu sprechen? Besser als ich mit meiner Übersicht kann es doch ein Mitarbeiter gar nicht beurteilen. Zum anderen ist es auch ein Zeitproblem, dass die Führungskraft sich lieber schnell in Kennzahlen orientieren will, als über das Gespräch mit den Mitarbeitern.

Das System, d. h. die Analyse der Kennzahlen, wendet sich immer dann gegen Mitarbeiter, wenn nicht miteinander gesprochen wird. Mitarbeiter, die nicht beteiligt werden, fühlen sich wenig anerkannt und oft auch ohnmächtig dem Kennzahlensystem gegenüber. Sie bekommen die Auswirkungen der Kennzahlenanalyse zu spüren, ohne wirklich daran beteiligt zu sein.

Zugegebenermaßen haben Mitarbeiter weniger Gesamtüberblick als Führungskräfte. Wenn sie aber gezielt befragt und zur Stellungnahme aufgefordert werden, können sie sinnvolle Aussagen zu ihrem Arbeitsbereich beitragen, den kein anderer besser als sie selbst kennt. Das Gespräch kostet natürlich Zeit und nicht immer besteht seitens des Managements Vertrauen in die Aussagekraft der Mitarbeiter.

Wenn Mitarbeiter dauerhaft aber nicht mehr mit einbezogen werden, kann sogar eine gesamtunternehmerische Sprachlosigkeit entstehen. Die hat im letzten Jahr auch der Vorstand der Deutschen Bahn, Rüdiger Grube, erfahren müssen. Die Fahrdienstleiter des Standortes Koblenz haben oft auf die Missstände (der Kennzahlen) zur Personalplanung aufmerksam gemacht, wurden jedoch nicht gehört. Schließlich gaben sie es auf, über die aktuelle Arbeitssituation und den Engpass in der anstehenden Urlaubszeit zu sprechen. In der Folge konnte der Bahnhof Koblenz nicht mehr angefahren werden, weil nicht genügend Personal vorhanden war [2].

3.3 Rechtfertigung und Schuldzuweisungen

Solange die Kennzahlen von jedermann akzeptiert werden, sie der Soll-Ist-Planung entsprechen oder sie vielleicht sogar übertreffen, gibt es keine unangenehmen Kommunikationssituationen. Dann dienen die Kennzahlen der Orientierung und der Bestätigung, auf dem richtigen Weg zu sein. Die Kommunikation ist in dem Fall gekennzeichnet durch Vertrauen und die Bereitschaft, die volle Verantwortung für die Kennzahlen zu übernehmen. Die Beziehungsebene der Kommunikationspartner ist gut und es herrscht ein Klima der Offenheit.

Das ändert sich meistens, wenn die Kennzahlen negativ von der Planung abweichen.

Mit diesem Zeitpunkt verändert sich auch die Kommunikation. Bestehende Standpunkte beginnen sich zu verhärten und gleichzeitig entsteht eine größere Skepsis den Aussagen gegenüber. Kennzahlen werden angezweifelt, hinterfragt und schlicht nicht geglaubt. Die Kennzahlenentwicklung wird mit der Persönlichkeit und Kompetenz der Führungskraft in Verbindung gesetzt. Die Notwendigkeit zur Rechtfertigung durch die Führungskraft wird immer größer und die Ausübung der jeweiligen Funktion immer mehr in Frage gestellt.

Falsch ist aber der Automatismus, mit dem viele Unternehmen im Hinblick auf Kennzahlen arbeiten. Schlechte Kennzahl, gleich schlechte Leistung des Managers, gleich weniger Geld für den Manager – in der falschen Gleichung liegt das Problem ([5], S. 238).

Wenn die Zusammenarbeit nicht mehr vertrauensvoll ist, verändert sich schließlich auch die Kommunikation. Wurden zuvor noch offene Fragen gestellt und Themen auf der sachlichen Ebene angesprochen, gibt es jetzt mehr Fragen nach dem *Warum*.

Die Frage nach dem *Warum* ist eine *Killerfrage* für jede Organisation. Sie führt eher zu Rückschau und Rechtfertigung als zu vorausschauender Planung und Aktivität und ist für eine Arbeitsbeziehung tödlich. *Warum haben Sie die Verkaufsziele im letzten Monat nicht erreicht? Warum konnten Sie die Kosten nicht reduzieren? Warum hat die Marketingaktion keinen Erfolg gezeigt? Warum haben wir unser Planziel nicht erreicht?* Die Antwort auf die Frage *Warum* impliziert die Frage nach der Verantwortung und damit indirekt auch nach Schuld. Die Suche nach Lösungen schließt die Frage *Warum* fast schon aus, denn sie leitet an, auf die Entstehung von Situationen zurückzublicken. Dadurch sollen vermeintliche Ursachen und Gründe aufgedeckt werden, was den Befragten dazu anhält, sich zu erklären oder verteidigen zu müssen. *Ich konnte ja nichts machen. Darum kümmert sich immer der Kollege* oder *Wenn ich die Information früher gehabt hätte, dann hätte ich noch etwas tun können.*

Der frühere Siemens-Chef Heinrich von Pierer hat dies in einem Interview so formuliert:

von Pierer:	Alle Wie-Fragen sind erlaubt, Warum-Fragen sind dagegen verboten. WARUM ist psychologisch eine Aggression.
Frage:	Weil WARUM ein pauschales Unverständnis signalisiert?
von Pierer:	Ja, WARUM stellt alles in Frage. Statt dessen müssen Sie sagen: Ja, ich habe verstanden. Wie könnte jetzt eine Lösung aussehen? In welche Richtung wollen wir gehen? Wenn Sie sich daran halten, so nach einer Dreiviertelstunde, werden auch die schwierigsten Kunden ganz normal und konstruktiv ([4], S. 84 f.).

Mit der Frage nach dem *Warum* werden Kennzahlen in ihrer rückwärtsorientierten Entwicklung bedeutend und damit auch die Suche nach Begründungen und Fehlern. Nicht nur die Führungskraft ist damit beschäftigt, sondern auch oft viele Mitarbeiter, die beauftragt werden, bei Analyse und Ursachenforschung mitzuwirken. Das ist für Mitarbeiter inzwischen ein ganz *normaler* Prozess.

3.3 Rechtfertigung und Schuldzuweisungen

Wer als Vorgesetzter die Frage nach dem *Warum* stellt, stellt auch die Frage nach dem Schuldigen. Schuldzuweisungen sind deswegen besonders problematisch, weil sie den Befragten in eine unangenehme Situation bringen, gewissermaßen in die Ecke treiben. Denn wer sich verteidigen muss, der verschließt sich und ist nicht mehr offen für konstruktive Lösungsansätze. Dieses autoritäre Führungsverhalten wird von Mitarbeitern selten verziehen. Eine gute Kultur des Umgangs mit Fehlern lässt Fehler und Scheitern zu und gibt damit die Möglichkeit, sich weiterzuentwickeln.

Wenn aber die Prozesse und Abläufe in einer Organisation nicht eindeutig geregelt sind, dann sind es auch die daraus entstehenden Kennzahlen nicht. Folglich gibt es auch keinen eindeutig Verantwortlichen dafür und daher auch keine eindeutigen Begründungen. Das wiederum ermöglicht den Teams oder Bereichen, die Verantwortung den jeweils anderen zuzuschieben. Je offener und kommunikativer die Teams arbeiten, desto weniger problematisch. Je abhängiger sie voneinander sind, desto konfliktbeladener entwickelt sich die anschließende Diskussion über Kennzahlen. Denn wenn Mitarbeiter von ihrer eigenen Arbeit überzeugt sind, wird die Fehlerquelle vorrangig nicht im eigenen Arbeitsbereich gesucht und demzufolge dort auch nicht gefunden. Das hat oftmals zur Folge, dass sich Mitarbeiter sehr ausführlich mit der Ursachenforschung der Fehler anderer beschäftigen.

Nicht die eigene Abteilung muss für das Ergebnis geradestehen, sondern sie wurde durch die schlechte Arbeit der vor- oder nachgelagerten Abteilung verursacht. *Wenn der Verkauf besser arbeiten würde, dann hätten wir im Servicebereich auch mehr Aufträge und ein besseres Ergebnis. Wenn wir nicht immer mit der verspäteten Anlieferung der Teile zu tun hätten, könnten wir unseren Job zeit- und fristgerecht erledigen.*

Führungskräfte wissen, dass sie sich bei Planabweichungen gut auf die Gründe hierfür vorbereiten müssen. Diese umfangreiche Vorbereitung der Kennzahlen gibt Führungskräften eine vermeintliche Argumentationssicherheit. Damit wird mit den Kennzahlen mehr eine Verteidigungsstellung zur Rechtfertigung aufgebaut wird, als aktiv an notwendigen Veränderungen zu arbeiten.

Mit der Erklärung von Kennzahlen sind Heerscharen von Mitarbeitern beschäftigt. Reicht die Erklärung immer noch nicht aus, werden weitere Kennzahlen zur vertieften Erläuterung erstellt. Oder als paradoxer Fall: Es werden weitere Kennzahlen und Listen erstellt, um zu beweisen, dass die erste Liste nicht stimmen kann.

Vorgesetzte lassen den Betroffenen in diesen Situationen oft ihre Geringschätzung und Abwertung spüren, anstatt sie vielmehr in ihrer Rolle zu stärken und ihnen das Selbstvertrauen zu geben, die Situation lösen zu können. Diese Haltung verhindert, dass nach kurzer Analyse der Kennzahlen – mit aller gebotenen Detailschärfe – der Fokus wieder auf dem großen Ganzen liegt.

Das Gegenteil ist vielfach der Fall. Gespräche über Kennzahlen gleichen einer Inquisition, vor der Führungskräfte oft schon Tage vorher großen Respekt haben. Also versuchen sie, alle Informationen zu recherchieren, die zum Ergebnis beigetragen haben. Sie lassen sich von Mitarbeitern und Kollegen *ins Boot holen*, erstellen Neben- und Hochrechnungen sowie Präsentationen. Das mit dem Ziel zu beweisen, dass die Abweichung eine Ursache hatte, die im Vorfeld nicht beeinflussbar war. Das stimmt sogar. Denn die Führungskraft war im Vormonat ebenfalls so aktiv mit der Begründung der Kennzahlen beschäftigt, dass sie keine Zeit mehr für die Steuerung des operativen Geschäftes hatte.

Trotz der ganzen Mühe, die in die vergangenheitsorientierte Klärung der Kennzahlen gesteckt wurde, führen Diskussionen über Kennzahlen dennoch nicht zum Erfolg. Die Rechtfertigung der Zahlen nimmt den größten Teil ein und anstatt sich detailliert über Lösungsansätze zu besprechen, endet das Gespräch mit so lapidaren Sätzen wie: *Sehen Sie mal zu, dass sie die Kosten in den Griff kriegen* oder *Dann machen Sie ihren Mitarbeitern die Prozesse noch einmal klar* oder *Im nächsten Monat erwarte ich dann andere Ergebnisse von Ihnen. Das kann doch nicht so schwer sein. Sie sind doch der Experte.*

Demzufolge sind auch die Feedbacks an die Mitarbeiter aus diesen Kennzahlengesprächen weniger auf die Umsetzung konkreter Maßnahmen gerichtet. Die gesamte Organisation konzentriert sich eher darauf, die Kennzahlen zu verteidigen und zu begründen und daraufhin einzelne Symptome zu kurieren, die sie im nächsten Monat besser aussehen lassen. (siehe auch Abschn. 7.5)

Mitarbeiter nehmen oft das Verhalten ihrer Vorgesetzten an. Es ist ja auch viel leichter, Kritik an anderen zu üben, als anstrengend komplexe Lösungen zu erarbeiten. Mitarbeiter, die sich entwickeln und an Lösungen orientieren wollen, werden sich in diesem Klima nicht wohlfühlen. Eine zur Rückwärtsbetrachtung gezwungene Führungskraft wird nicht nur Ansehen, sondern auch ihre guten Mitarbeiter verlieren, die als erste das Unternehmen verlassen. (siehe auch Abschn. 4.1)

Im schlimmsten Fall kann ein Klima der kollektiven Schuldzuweisung entstehen, was ein starkes Abteilungsdenken fördert. In einem Unternehmen, in dem überwiegend Missstände und nicht Chancen oder Ziele thematisiert werden, herrscht schon bald ein Klima des Misstrauens und der Unzufriedenheit. Das wäre dann trotz Zielerreichung ein stark demotivierender Faktor, da dem Mitarbeiter Aufmerksamkeit nicht für seine Leistung, sondern für die Rechtfertigung seiner Leistung geschenkt wird.

Ob sich die Kommunikation und das Verhalten in einer Organisation auf diese Art entwickeln, hängt allein von der Führungskraft ab. Ihre Haltung und Verständnis prägen die Art und Weise, wie über Kennzahlen diskutiert wird. Um Kennzahlen wirklich zu verändern, braucht es ein Klima der Offenheit, Hilfsbereitschaft und gegenseitigen Unterstützung, in dem produktiv und interdisziplinär an Kennzahlen gearbeitet wird. Kein vorschnelles Urteil dem Mitarbeiter gegenüber *nur weil seine Kennzahlen nicht stimmen*. Dann entstehen auch keine Ängste der Mitarbeiter, ausschließlich über Kennzahlen gemessen zu werden.

▶ Wenn sich einmal die Kommunikation über Kennzahlen verhärtet hat, ist der Weg zurück in ein offenes und vertrauensvolles Gespräch eine Kunst.

3.4 Beeinflussung des Systems

In der Führung mit Kennzahlen können Situationen entstehen, in denen sich Mitarbeiter und auch Führungskräfte dem Umgang damit machtlos ausgeliefert fühlen. Im Wesentlichen gibt es dafür drei Ursachen:

1. Mitarbeiter können die Kennzahlen nicht akzeptieren, weil sie ihre Leistung darin nicht korrekt widergegeben sehen oder
2. Mitarbeiter wissen nicht, wie sie sich verhalten sollen, um eine bestimmte Zielkennzahl zu erreichen oder
3. sie zweifeln generell die Sinnhaftigkeit der Kennzahl an (z. B. die Messung von Größen, die ihrer Meinung nach gar nicht zu messen sind, wie z. B. die Kundenzufriedenheit).

Immer bilden dabei die Ziele, der Prozess, die Leistung des Mitarbeiters und die Kennzahlen eine voneinander abhängige Einheit. Alle vier Parameter müssen durch den Mitarbeiter anerkannt werden, damit er motiviert ist, sie zu beeinflussen.

Wird der Druck von Seiten der Vorgesetzten so hoch, dass Mitarbeiter keine Chance mehr sehen, diese Parameter zu beeinflussen, besteht die Gefahr, dass das gesamte System zugunsten der positiven Entwicklung der Kennzahlen beeinflusst wird. Wenn Menschen sich einem System gegenüber machtlos ausgeliefert fühlen, verhalten sie sich ganz unterschiedlich. Einerseits können sie das System ignorieren und für sich als nicht brauchbar deklarieren. Andererseits können sie es akzeptieren wie es ist, wenn sie keine weiteren Repressalien zu befürchten haben. Oder sie beginnen, es manipulativ zu beeinflussen, um dem Vorgesetzten gegenüber nicht negativ aufzufallen und Kritik an der Arbeitsweise und ihrer Person zu vermeiden.

Gezielte Manipulation der Systeme ist keine Bösartigkeit, sondern hilft den Mitarbeitern, mit bestehenden Rahmenbedingungen klarzukommen und ihre Arbeitsfähigkeit zu erhalten. Es ist ein Ausdruck von Hilflosigkeit und Ohnmacht dem System gegenüber.

Beispiel

In einigen Unternehmen existieren Systeme zur Erfassung der Kundenzufriedenheit. Der Kunde wird durch ein Call Center nach dem Kauf der Ware oder dem Erhalt der Dienstleistung angerufen und befragt, wie zufrieden er mit dem Verkaufsprozess (nicht etwa der Qualität der Ware) rückblickend ist. Der Kunde kann sich in einem Ranking von *äußerst zufrieden, sehr zufrieden, zufrieden* und *unzufrieden* äußern. Die bewertete Kundenzufriedenheit wird dann in einem Kundenzufriedenheits-Index ausgedrückt.

Abgesehen davon, ob der Kunde wirklich *äußerst zufrieden* sein kann und ob er genau diese Worte für seine Zufriedenheit wählen würde, gibt es viele Variablen in diesem Prozess. Ein unkalkulierbarer Faktor ist die Telefonsituation, in der der Kunde angetroffen wird. Hat er ausreichend Zeit und Aufmerksamkeit für das Telefonat? Welchen

Anspruch an Dienstleistung hat der Kunde? Fühlt er sich durch das Telefonat eher belästigt, sagt es aber nicht oder ist er immer gerne an solchen Befragungen beteiligt?

Die Kunden werden daher bereits im Vorfeld durch den Verkäufer oder Berater über den Prozess und dessen Wichtigkeit aufgeklärt. Damit ist schon keine objektive, vergleichbare Befragung mehr garantiert. Schon gar nicht, wenn der Kunde manipulativ durch kleinere Geschenke oder andere Anreize zu einer exzellenten Bewertung aufgefordert wird oder die herzliche Beziehung zwischen Verkäufer und Kunde thematisiert wird (*Tun Sie mir noch einen Gefallen…*).

Die Erfassung der Kundenzufriedenheit ist ein hehres Ziel, wenn damit der Prozess und die Leistung des Erbringers verbessert werden kann. Kein noch so ausgeklügeltes System wird aber in der Lage sein, diesen Wert objektiv zu erfassen, da er durch einen menschlich-unkalkulierbaren Faktor geprägt ist. Jeder Mensch hat eine eigene Wirklichkeit und Bewertung dieser Wirklichkeit. Diese Wirklichkeit kann nicht gemessen werden, sondern man kann sich ihr nur annähern. Von Seiten der Mitarbeiter ist es verständlich, wenn sie sich darum bemühen, diesen menschlichen Faktor und damit die Kennzahl zu ihren Gunsten und zu Gunsten des Unternehmens zu beeinflussen. Oftmals wird dafür mehr Energie aufgebracht, als für die Arbeitsleistung als solche.

Durch die immer schwieriger werdende Planbarkeit wird eine Jahresplanung zu einem Blick in die Glaskugel. Eine mehrjährige Planung avanciert nahezu zu einem Spiel von *trial and error*, das sogar bilanziell eingeplant wird. Dennoch beharren Banken und Geschäftspartner auf der Erstellung solcher Planungen. Als Folge daraus werden im aktuellen Geschäftsjahr z. B. Rückstellungen für Drohverluste gebildet oder Abschreibungen auf Anlagevermögen getätigt.

Beispiele dieser Art finden sich viele in Organisationen. Ob Ereignisse *vorgezogen* werden, um buchhalterisch im aktuellen Monat erfasst zu werden, ob Bilanzen *kosmetisiert werden*, um den Shareholdern entsprechende Ergebnisse zu präsentieren oder ob Bestellungen fingiert werden, um sie nach dem Monatsabschluss wieder zu stornieren. Immer gibt es einen triftigen Grund, das System zu bedienen anstatt sich der tatsächlichen Leistung zu stellen. Es werden alle legalen und manchmal sogar illegalen Möglichkeiten ausgeschöpft, um die Kennzahlen auf die Erwartungen der Vorgesetzten hin zu gestalten. Können Sie als Führungskraft von sich behaupten, so tolerant gegenüber natürlichen unternehmerischen Schwankungen sein zu können, dass Sie alle Abweichungen in Kennzahlen aushalten oder bereit sind, den Verantwortlichen gegenüber argumentieren zu wollen?

▶ Je höher der Druck auf die Leistung, desto mehr besteht der Wille, das System beeinflussen zu wollen.

Letztlich bleibt die Frage, welche Auswirkungen die Beeinflussung des Systems auf die Mitarbeiter hat.

Führungskräfte fühlen sich bestätigt, dass der Prozess der Kennzahlenerhebung funktioniert und nutzen ihre Ergebnisse als valide Datenbasis. Sie dient als Grundlage für weitere Entscheidungen. Die Mitarbeiter werden daraufhin nicht nur neu *verzielt*, sondern erhalten auch eine jährliche Steigerungsquote ihrer Ziele. So lange niemand gegen ein System aufbegehrt, wird es als legitimes Mittel zur Führung mit Kennzahlen verwendet. Wenn aber diese einmal falsch erfasste Datenbasis weiter verwendet wird, dann liegt u. U. eine falsche Grundannahme für weitere Entscheidungen vor. Das gesamte System muss sich dann bemühen, die gesetzten Ziele zu erreichen.

Die Auswirkung auf das Verhalten der Mitarbeiter ist ebenfalls problematisch. Sie fühlen sich am Ende doch nur noch dazu instrumentalisiert, die erwarteten Statistiken zu erfüllen. Die Bemühungen der Mitarbeiter kreisen nur noch um die Frage, wie das System letztendlich bedient werden muss, um die eigenen Ziele zu erreichen und nicht in Argumentationsnot zu kommen. Letztlich dreht es sich mehr darum, dem System Genüge zu tun als dem Kunden. Das führt zu Frustration und Demotivation, da kein Mensch Motivation daraus schöpfen kann, ein System zu erfüllen. Wenn dann die Zielerreichung noch an eine leistungsgerechte Vergütung geknüpft ist, können Mitarbeiter richtig erfinderisch werden oder sie kapitulieren.

Oft kann aber auch eine Führungskraft keinen Einfluss auf diese Systeme nehmen. Folglich entwickelt sich ein unausgesprochener Verhaltenskodex, wie mit der Erfassung und Bewertung umgegangen wird. Die Mitarbeiter zeigen nur insofern Interesse an der Auswertung, als es das Funktionieren ihres Systems abbildet und damit ggf. ihren Bonus oder sie machen ihre eigenen Rechnungen auf. Und so ersetzt ein anderer Wert die tatsächlich erfasste Dokumentation. In jedem Fall öffnet Kritik am Datenerfassungssystem alle Schleusen der negativen Betrachtung und lässt sich in der Folge auch nicht mehr so leicht in eine positive Betrachtung umkehren.

Die Reaktionsbandbreite der Führungskräfte ist groß. Sie reicht von der nicht thematisierten eigenen Hilflosigkeit bis hin zur aktiven Arbeit an der Prozessverbesserung. Führungskräfte entscheiden durch ihr Verhalten, welche Einstellung die Mitarbeiter zum Datenauswertungssystem haben. Tragen sie das System mit, sind sie offen für Diskussionen darüber oder zeigen sie Verständnis für die Mitarbeiter. Dann können auch die Mitarbeiter das System in einem gewissen Rahmen akzeptieren.

In jedem Fall nehmen die Mitarbeiter das Verhalten ihrer Führungskraft bewusst oder unbewusst wahr. Sie messen sie an Äußerungen über das System, an der Bereitschaft, die Ergebnisse zu diskutieren und an der Ernsthaftigkeit der Verfolgung der Ergebnisse. Gefällt der vorgelebte Umgang mit diesem System oder bietet er den Mitarbeitern Vorteile, greifen sie ihn auf und verhalten sich analog.

3.5 Nicht abgesicherte Entscheidungen treffen

Wie eine Führungskraft mit Kennzahlen umgeht, hängt stark von ihrer Persönlichkeit ab. In Abschn. 4.1 wurde beschrieben, dass manche Führungskräfte durch vertiefende Analyse dazu neigen, sich zu verzetteln. Wieder andere Führungskräfte tun genau das Gegenteil. Sie treffen zu schnelle, durch wenige Kennzahlen abgesicherte Entscheidungen.

Zugegebenermaßen ist die Beschäftigung mit Kennzahlen sehr komplex und äußerst vielschichtig, da es sich in der Regel um Schlüsselkennzahlen handelt, die sich aus der Kumulation vieler anderer Daten ergeben. Das erfordert von der Führungskraft eine gute Übersicht, die Fähigkeit, Prioritäten zu setzen und auch das Aushalten von Komplexität und Unsicherheit. Daher mündet die Analyse komplexer Management-Informationen meist nicht in einem eindeutigen Ergebnis, auf dem eine eindeutige, auf der Hand liegende Entscheidung getroffen werden könnte. Die Entscheidungsfindung auf der Basis von Kennzahlen gerät zu einem Akt, der ein ungutes Gefühl verursachen kann. Diese komplexen Entscheidungen strengen an, da sie auf einer nicht 100-prozentig zu klärenden Ausgangssituation beruhen und dadurch das Ergebnis meist nicht vorhersehbar ist.

▶ Wo keine Erfahrungen oder Routinen vorliegen, sind Kennzahlen brauchbare Indikatoren für Entwicklungen.

Führungskräfte, die sich eine angemessene Zeit zu einer sachlichen Bewertung von Kennzahlen nehmen, werden vielleicht nicht immer die richtige Entscheidung treffen, aber zumindest können sie ihre Entscheidung in der Situation zu dem Zeitpunkt ziemlich genau begründen.

Aber es gibt auch Führungskräfte, die sich die Mühe der sachlichen Bewertung nicht machen. Entweder, weil

1. Entscheidungen ohne die Analyse der Kennzahlen getroffen werden oder
2. Entscheidungen ausschließlich auf der Basis von Kennzahlen getroffen werden, ohne den genauen Hintergrund zu analysieren.

Kennzahlen sind die Basis einer umsichtigen Unternehmensführung. Wenn sie nicht berücksichtigt werden (können), hat das i. d. R triftige Gründe. Oftmals ist sich eine Führungskraft ganz genau darüber im Klaren, dass sie die Kennzahlen-Informationen bewusst nicht berücksichtigt.

Der große Vorteil einer durch Hintergrundinformationen nicht abgesicherten Entscheidung ist die Zeitersparnis. Ein langwieriges Klären der Zahlen, Gespräche mit den involvierten Mitarbeitern oder auch mit Externen verzögert den Zeitpunkt der Umsetzung. Wenn Führungskräfte auf ihr großes Erfahrungswissen vertrauen, werden Kennzahlen zur Orientierung in einer Entscheidungssituationen häufig vernachlässigt. Das mag in vielen Fällen auch berechtigt sein und ist immer dann legitim, wenn Entscheidungen dieser Art zu einer Routine gehören. Die Führungskraft geht vielleicht in diesen Fällen auch davon aus, dass Kennzahlen ohnehin nur das Bauchgefühl und die Erfahrung bestätigen würden.

Aber nicht abgesicherte Entscheidungen können auch durch Hilflosigkeit der Führungskräfte entstehen. Sie sind mit der Komplexität oder der Vielzahl von Vorgängen überfordert und wissen sich keinen besseren Rat, als eine schnelle Entscheidung zu treffen, um wieder handlungsfähig zu werden. Sie begründen dies den Mitarbeitern gegenüber als eine Entscheidung, die keinen Aufschub duldet und daher schnell getroffen werden muss. Auf die detaillierte Prüfung von Kennzahlen müsse man verzichten.

Das persönliche, themenorientierte Gespräch mit erfahrenen Mitarbeitern kommt dabei zu kurz, weil dieses nicht auch unmittelbar eingabefähig und bewertbar ist. Stattdessen kommt es zu punktuellen Rücksprachen und der Einholung von allgemeinen Absicherungen, bevor eine Entscheidung durch Führungskräfte allein getroffen wird.

Werden die Mitarbeiter dennoch beteiligt, dann möglicherweise durch eine falsch verstandene Motivation. Führungskräfte nehmen an, dass sie ihre Mitarbeiter durch eine Aufmunterung wie: *Machen Sie mal Vorschläge. Sie schaffen das schon. Ist doch Ihr Bereich* zu Höchstleistungen antreiben. Dass diese Motivationsform jeglichen klaren Arbeitsauftrag oder Ziele vermissen lässt, spielt für die Führungskraft zunächst keine so große Rolle. Sie hat die Aufgabe und Verantwortung delegiert und der Mitarbeiter wird es schon irgendwie schaffen. Der Mitarbeiter wird aufgefordert, eigene Ideen zu entwickeln und Mut zu guten Vorschlägen zu haben. Nach außen hin demonstriert die Führungskraft damit Souveränität und volles Vertrauen in die Kompetenzen der Mitarbeiter. Tatsächlich entsteht aber eine unsichtbare Unsicherheit aller Beteiligten.

Die Delegation der Bearbeitung von Kennzahlen ist notwendig. Sie kann nur dann gut gelingen, wenn die Führungskraft die Rahmenbedingungen und den Arbeitsauftrag an Mitarbeiter präzise übermittelt. Dann werden valide Kennzahlen vorliegen und können der Messung eines Entscheidungsbereiches dienen. Durch die umfängliche Delegation an den Mitarbeiter wird eine zusätzliche Information aus einer anderen Perspektive einfließen.

Literatur

1. Clausen S, Michler I (2013) Alles hört auf mein Kommando. Die Welt. http://www.welt.de/print/wams/wirtschaft/article119804182/Alles-hoert-auf-mein-Kommando.html. Zugegriffen: 26. Mai 2014
2. Doll N, Gersemann O (2013) Da gibt es offenbar eine Kultur des Schweigens. Die Welt. http://www.welt.de/wirtschaft/article119118167/Da-gibt-es-offenbar-eine-Kultur-des-Schweigens.html. Zugegriffen: 26. Mai 2014
3. Mallad H (2011) Das Interview. Fünf Fragen an Iris Dick, leitende Mitarbeiterin bei „Die Wertschätzer". Zeitschrift für die gesamte Wertschöpfungskette Automobilwirtschaft 4:64–66
4. Nolte B, Heidtmann J (2009) Die da oben. Innenansichten aus deutschen Chefetagen. Suhrkamp, Frankfurt a. M
5. Paul J (2014) Beteiligungscontrolling und Konzerncontrolling. Springer Gabler, Wiesbaden

4 Veränderte Anforderungen an die Führungskräfte

> **Zusammenfassung**
>
> Die hohe Orientierung an Kennzahlen in der Führung von Mitarbeitern gehört zum Standard-Repertoire eines Vorgesetzten. Bei Führung über Kennzahlen sind es bisher immer die Zahlen gewesen, die das Führungsverhalten dominierten. Durch den veränderten Anspruch, den junge Potenzialträger heute stellen, muss die Führungskraft einen Weg finden, zwischen kennzahlen- und mitarbeiterbezogener Führung dem neuen Typ von Arbeitnehmern und deren Erwartungen gerecht zu werden. Die Generation Y ist gut ausgebildet und fordert daraufhin Mitsprache und Beteiligung. Durch ihren Anspruch entsteht eine höhere Forderung nach Information und Transparenz aller Prozesse.
>
> Die Beteiligung von Mitarbeitern an Prozessen ist heute *das* Erfolgskriterium. Sie haben den Kontakt zum Kunden und zu den Märkten. Sie sind besser denn je ausgebildet und bilden sich regelmäßig weiter. Die traditionelle Rolle der Führungskraft wird es in entwickelten Unternehmen nicht mehr lange geben können. Um den Ansprüchen der aufstrebenden Fachkräfte gerecht zu werden, müssen Führungskräfte als *Leistungsermöglicher* handeln. Die Aufmerksamkeit der Mitarbeiter wird dadurch gesteuert, dass die Art der Zusammenarbeit auf der Zusammenführung von Expertisen liegt.
>
> Die Führungskraft dominiert nicht mehr aufgrund ihrer Position oder Macht. Die Führungskraft muss sich zum *Attention Leader* entwickeln.

Die Führung von Mitarbeitern verändert sich und auch die klassischen Führungstechniken müssen den Ansprüchen einer neuen Generation und den modernen Kommunikationsformen Rechnung tragen. Das hat nicht nur Einfluss auf das bilaterale Gespräche zwischen Mitarbeiter und Führungskraft, sondern auch auf Veränderung von Hierarchie, Macht und Funktion leitender Mitarbeiter. Es geht nicht mehr um die Frage, inwieweit sich Führungskräfte den Mitarbeitern anpassen können. Es geht darum, ob sie sich der

Veränderungen bewusst sind und mit den Ansprüchen der neuen Generation Schritt halten können. Führungskräfte, die das schaffen, werden Erfolg durch die angemessene Führung ihrer Mitarbeiter haben.

Schon seit einigen Jahren verändern sich Haltung und Einstellung der Führungskräfte in ihrem Engagement und ihrem Anspruch an eine zufriedenstellende Tätigkeit. Immer mehr leitende Angestellte steigen auf dem Zenit ihrer beruflichen Tätigkeit aus, weil sie keine Erfüllung mehr sehen in dem, was sie tun. Der Druck scheint ihnen so hoch zu sein, dass sie den hohen Preis der Selbstaufgabe dafür nicht mehr zahlen wollen. Andere wiederum erleiden ihre Situation, weil sie nicht wissen, welche alternativen Möglichkeiten oder Verhaltensweisen es für sie geben kann. Viele sind auf fremde Hilfe angewiesen, um ihre eigene Situation zu erfassen und Wege zu finden. Business Coaches haben Hochkonjunktur.

Dazu beigetragen haben sicher auch die veränderten Rahmenbedingungen. Lange Zeit wurden Unternehmen top-down geführt. Heutzutage bestimmen viele externe Einflüsse die Tätigkeit der Führungskräfte, sei es über Aufsichtsräte, Stakeholder, Aufsichtsbehörden oder die Öffentlichkeit. Unternehmen und Zahlen sind so transparent geworden, dass jeder sich eine Meinung über die Qualität einer Führungskraft erlauben kann. Das setzt Führungskräfte häufig unter extremen Druck [3].

Top-Führungskräfte wie der Vorstandsvorsitzende der Deutschen Telekom, René Obermann, die Kommunikationschefin des Musiksenders MTV, Angie Sebrich, die jetzt eine Jugendherberge in Bayrischzell leitet, und viele andere steigen plötzlich aus. Diese Topleistungsträger haben vielen anderen gegenüber den entscheidenden Vorteil der finanziellen Unabhängigkeit, den sie sich in den vielen Jahren erarbeiten konnten. Warum tauschen Top-Manager auf dem Höhepunkt ihrer Karriere ihren beruflichen Erfolg, ein hohes Gehalt und Privilegien gegen eine berufliche Ungewissheit ein?

Einer der Gründe für den Ausstieg liegt sicher auch im Umgang mit Kennzahlen. Sie erhöhen den Druck auf die Tätigkeit, verlangen Begründungen und schnelle Reaktionen. Die Angst, große Unternehmen nicht mehr kontrollieren zu können, mündet in der Anstrengung, alles und jeden über Kennzahlen, Formeln und Verhältnisrechnungen überprüfen zu müssen. Unsicherheiten und Unplanbarkeiten können in diesem Umfeld nicht zugelassen werden.

4.1 Die neuen Potenzialträger

Zu dem hohen Druck eines veränderten Umfeldes kommt auf die Führungskräfte noch eine zweite Herausforderung zu: die neuen Potenzialträger. Sie sind einerseits hervorragend ausgebildet und stehen dem Arbeitsmarkt in Deutschland durch den demografischen Wandel nicht in ausreichender Zahl zur Verfügung. Das stärkt ihre Position und unmerklich treten Veränderungen ein, die möglicherweise ein ganz neues Verhalten von Führungskräften nicht nur in Bezug auf die Kennzahlen verlangen. Durch die hohe Nachfrage nach gut ausgebildeten Mitarbeitern wird sich neben Gehalts- und Vertragsbedingungen auch der Anspruch der Mitarbeiter an den Arbeitgeber, speziell auch an den Vorgesetzten ändern.

4.1 Die neuen Potenzialträger

Es wurde eine neue Studie vorgelegt, wonach junge Führungskräfte andere Prioritäten setzen als früher. Für sie steht nicht mehr die Höhe des Einkommens oder ein schneller Karriereaufstieg im Vordergrund, sondern auch eine ausgewogene Work-Life-Balance. 67,1 % der Potenzialträger halten einen Ausgleich zwischen privaten Belangen und betrieblichen Interessen für wichtig bzw. für sehr wichtig. Dies zeigt gerade bei den jungen Führungskräften das Bestreben, eben nicht alles nur den betrieblichen Belangen unterzuordnen. Dieses Ergebnis ist in Bezug auf die Altersstruktur der jungen Führungskräfte als Paradigmenwechsel zu interpretieren. Maßnahmen zur Förderung der Work-Life-Balance für alle Führungskräfte sind in die gesamte Unternehmenspolitik zu integrieren ([2], S. 28).

Das bedeutet, dass auch Führungskräfte auf ihre Potenzialträger stärker denn je eingehen und ihnen die Wichtigkeit ihrer Mitarbeit versichern müssen. Thomas Siggi, Personalvorstand von Audi, hat eine Studie in Auftrag gegeben, nach der inzwischen jeder fünfte Mitarbeiter zur Generation Y gehört. Sie unterscheiden sich signifikant in ihrer Haltung, Ausbildung und Motivation von anderen Arbeitnehmern. Aber mit wem genau haben es Vorgesetzte zukünftig zu tun? ([7], Audi Studie mit 284 Teilnehmern, Befragungszeitraum 11.6.–18.6.2012).

Im Jahr 2020 werden 50 % aller Arbeitnehmer weltweit der Generation Y angehören. [6] Diese Potenzialträger kommen aus einem Schulsystem, wo eine Art Klassenverbund mit großer Disziplin entstanden ist. Die Schüler und Studenten haben gelernt, sich mit hohem Fokus auf eine Sache zu konzentrieren und diese voranzutreiben.

Trotz ihres verhältnismäßig jungen Alters verengen sich ihre Biografien, indem sie sich ziemlich früh spezialisieren. Dadurch entsteht ein bemerkenswertes Fachwissen, welches insbesondere durch große Unternehmen stark nachgefragt wird. Deren Personalauswahl-Systeme haben Stellenausschreibungen und Bewerberanforderungen tief systematisiert, sodass Bewerbungen zunächst online leicht gefiltert werden können und nur die *perfekt passenden* Bewerber diese erste Hürde überspringen können. Das verstärkt letztlich die *Kaminkarrieren, d. h.* eine Karriere innerhalb einer bestimmten fachlichen Säule.

Die formelle Erfassung einer Online-Bewerbung über Bewerbungsmasken, in der jede noch so kleine Erfahrung systematisch erfasst wird, garantiert nahezu ein vollständiges Bild der Berufserfahrung des Bewerbers. Die wird zur Stellenbesetzung dann auch entsprechend gefiltert und ausgewertet. Die Filtermaske entscheidet letztlich über die Übereinstimmung der formalen Qualifikation des Bewerbers mit der Position. So kann der potenzielle Arbeitgeber sicher sein, dass er die beste, fachliche Auswahl für die beschriebene Position getroffen hat – ob es auch immer der beste Bewerber war, sei dahingestellt.

Die Generation Y-Mitarbeiter sind diejenigen, die mitbestimmen möchten, wahrgenommen und entwickelt werden wollen. Gleichzeitig haben sie aber konservative Werte, die sich auf Familie und Work-Life-Balance beziehen. Sie sind einerseits zu viel Selbständigkeit angehalten worden und andererseits gewohnt, Teil einer Community zu sein, welche Informationen *shared (teilt)* und sich an Diskussionen beteiligt. Zielorientiertes Arbeiten und starke Vernetzung sind einige ihrer wichtigsten Arbeitshaltungen und werden gezielt zur Problemlösung eingesetzt.

Viele Potenzialträger wollen nach wie vor Karriere machen und sind auch bereit, durch Engagement und zeitlichen Aufwand in ihre berufliche Zukunft zu investieren. Gerade auch deswegen, weil durch das Ausscheiden älterer Mitarbeiter ein Aufstieg in der Hierarchie wieder eher möglich geworden ist. Im Mittelpunkt steht für die Potenzialträger die Lösung der Aufgabe und trotz Work-Life-Balance nicht zu allererst die Orientierung an der Arbeitszeit. Wenn Führungskräfte mit diesen Mitarbeitern eine gute Balance zwischen einerseits fordernden und motivierenden Aufgaben und andererseits der kontinuierlichen Weiterentwicklung schaffen, können sie nicht nur deren Potenzial nutzen, sondern auch deren Leistungsbereitschaft.

4.2 Anspruch an die Führungskräfte

Allgemeiner Anspruch an Führungskräfte
In einer Studie von Towers Perrin wird ausgeführt, dass es einen deutlichen Verbesserungsbedarf an weichen Führungsthemen gibt. So glauben nur 35 % der Mitarbeiter, dass das Top-Management ein wirkliches Interesse an ihrer Zufriedenheit und ihrem Wohlergehen hat [5].

Auffällig ist auch, dass durch die Mitarbeiter ein Kommunikationsdefizit wahrgenommen wird – sie fühlen sich bei wichtigen geschäftlichen Themen nur unzureichend und nicht aufrichtig informiert. Mitarbeiter wünschen sich vom Top-Management eine intensivere und offenere Kommunikation. Unternehmensleitung und Manager beeinflussen durch ihr Verhalten und durch die Art und Weise, wie sie ihre Rolle ausfüllen, entscheidend den Grad der Motivation und die Bereitschaft ihrer Mitarbeiter, im Unternehmen zu bleiben.

Die berufliche Zufriedenheit von Mitarbeitern und insbesondere von Potenzialträgern hängt also sehr stark von der Kommunikationsbereitschaft ihrer Führungskräfte ab. Es wird nicht erwartet, dass der eigene Vorgesetzte für die Lösung des Problems verantwortlich ist, sondern dass er den Mitarbeitern alle relevanten Informationen gibt und sie damit befähigt, eine Lösung selbst zu erarbeiten. Dabei spielen im Rahmen einer konkreten Aufgabe Entscheidungsspielräume, Selbständigkeit und Selbstverwirklichung eine wichtige Rolle. Durch die Vernetzung mit der Community holt sich der Mitarbeiter dort die fehlenden Kompetenzen und nutzt diese Vernetzung zur Problemlösung.

Es ist gängige Praxis, dass der Mitarbeiter ebenso Experten aus anderen Abteilungen befragt und das eigene Netzwerk nutzt, um sich dort Informationen oder eine zweite Meinung einzuholen, die ihm bei der Lösung seiner Aufgabenstellung weiterhelfen. Hierarchien werden damit zwar nicht außer Kraft gesetzt, aber sie treten zugunsten einer lösungsorientierten Kommunikation zurück. Dies ist eine Herausforderung für solche Unternehmen und Konzerne, in denen Hierarchien und ihre Einhaltung eine wichtige Rolle spielen oder sogar die Voraussetzung für ein funktionierendes System sind.

Die Potenzialträger sind bereit, hart zu arbeiten und ihre Projekte termingerecht fertigzustellen. Sie wollen ihre Ideen berücksichtigt sehen und in Bezug auf ihre Projekte

4.2 Anspruch an die Führungskräfte

beteiligt werden. Anerkennung ist für sie ein wichtiger Faktor, sich bestätigt zu sehen und sich dadurch weiterzuentwickeln. Wissen holen sie sich nicht unbedingt durch ihre Führungskraft. Wenn sie ein spezielles Problem zu lösen haben, dann holen sie sich Lösungsansätze über Google oder Youtube, anstatt den Vorgesetzten zu befragen.

Diese ganz andere Herangehensweise stellt hohe Ansprüche an die Vorgesetzten. Er wird nicht mehr als der Wissende und Machtvolle akzeptiert, sondern als jemand, der den Boden bereitet. Mitarbeiter wollen von der Führungskraft an Vorgängen beteiligt sein und über alle relevanten Vorkommnisse zeitnah informiert sein. Das fordern sie auch mit Nachdruck ein. Eine Zusammenarbeit mit einer Führungskraft, die diesen Anforderungen nicht genügt, ist für sie nicht akzeptabel. Das kann sogar dazu führen, dass sie bereit sind, den Arbeitsplatz zu wechseln, um sich ein Arbeitsumfeld zu suchen, in dem sie sich selbst verwirklicht sehen können.

Lassen sich Mitarbeiter also heute noch im klassischen Sinn führen? Sie wollen einen weitgehend freien Raum von Hierarchien und Entscheidern. Sie wollen auch nicht, dass jemand für sie und schon gar nicht über sie hinweg entscheidet. Sie wollen aufgefordert und ermutigt werden, Entscheidungen selbst zu treffen. Sie sind sich durchaus über ihren hohen Anspruch bewusst und fordern umgekehrt auch von einer Führungskraft ein, sie weiterzuentwickeln. Stillstand bedeutet für sie Rückschritt. Diese Mitarbeiter brauchen eine Führungskraft, die im Stande und willens ist, sie zu fördern. Auch um den Preis, sie für ihre Weiterentwicklung möglicherweise auch wieder zu verlieren. Das braucht den Rückhalt einer starken Führungskraft, die das aushalten kann.

Umgang mit Kennzahlen
Über diese hohe Selbstverantwortung jüngerer Führungskräfte ist auch zu begründen, dass ein *Führen überwiegend durch Kennzahlen* bald der Vergangenheit angehören wird. Das ausschließliche Führen über Kennzahlen bietet keine Möglichkeit einer ausreichenden Beteiligung von Mitarbeitern.

Mitarbeiter sind bereit, Verantwortung für betriebswirtschaftliche Ergebnisse in ihrem Bereich zu übernehmen. Diese Bereitschaft schließt hohes Engagement genauso ein, wie die Bereitschaft, auch mal zu scheitern. Der Preis, den eine Führungskraft dafür bezahlen muss, ist die Beteiligung an der Entwicklung von Arbeitsprozessen im Gesamten. Sie sind nicht an ein paar Kennzahlen zu messen, die diese Entwicklung vermeintlich abbilden. Im Gegenzug fordern Mitarbeiter aber ein, das Ergebnis auch beeinflussen zu können. Und das wiederum verändert auch den Umgang mit Kennzahlen.

Wie geht die Generation Y mit Kennzahlen um? Wie nutzen sie diese?

Im Studium haben sie gelernt, dass Kennzahlen heute kein notwendiges Übel mehr sind, sondern ganz selbstverständlich zur Studien- und Arbeitsleistung dazugehören. Nicht wenige Studenten haben in ihren Studienarbeiten Umfragen gestartet und ausgewertet, was früher eher die Seltenheit war. Dies liegt auch an der vereinfachten Erhebung von Daten durch elektronische Medien. Der Arbeitsmarkt verfügt also über junge Arbeitnehmer, die es gewohnt sind, mit Kennzahlen umzugehen und sich diese vorurteilsfrei zu eigen zu machen.

Dieses Kennzahlenwissen sorgt dafür, dass in den Unternehmen bereits bei jungen Mitarbeitern eine sehr tiefe Fachkompetenz vorhanden ist. Selbst Berufseinsteiger bringen für die betriebliche Praxis bereits ein Rüstzeug an betriebswirtschaftlichen Grundlagen sowie eine Systematik zur Auswertung der Kennzahlen mit. Nicht selten kennen sie neue Programme zur Kennzahlenauswertung und wissen, wie sie fundierte Analysen ausführen können. Und vor allem haben sie das Selbstvertrauen, diese auch anzuwenden. Die Bedeutung der einzelnen, unternehmensspezifischen Kennzahl ist dann schnell erlernt. Sie akzeptieren für sich, dass Kennzahlen nicht nur zur Messung der Unternehmensleistung eingesetzt werden, sondern auch zur Messung ihrer eigenen Performance. Das ist eine exzellente Voraussetzung für eine erfolgreiche berufliche Laufbahn. Dies zeigt die veränderte Haltung von Mitarbeitern, mit einem Problem umzugehen, wenn es sich nur gut errechnen lässt und sich schlüssige Kennzahlen ermitteln lassen.

Beispiel

Ein junger Akademiker eines großen Konzerns hatte die Aufgabe erhalten, zu errechnen, welche Handelsbetriebe aufgrund einer Marktbereinigung geschlossen werden können. Er sollte Kriterien und Kennzahlen erarbeiten, die die Basis für diese Berechnung sein sollten. Dies tat er auch. Er chattete mit ein paar früheren Studienkollegen zum Thema, informierte sich sorgsam im Internet. Er entwickelte ein eigene Systematik, welche zu hervorragenden Auswertungen fähig war. Nach wenigen Wochen kam er mit einem Vorschlag, welche Filialen nach seiner Berechnung von der Schließung betroffen sind. Auf der Basis dieser sehr genauen Berechnung wurde eine ebenfalls sehr professionelle Präsentation erarbeitet und über seinen Vorgesetzten den Entscheidern präsentiert.

Dass er niemals vor Ort war und keine detaillierten Informationen über Verträge, Gesellschaftsstrukturen o. a. vor Ort eingeholt hatte, hielt seine Führungskraft für nicht so wichtig. Das spielte im Studium bisher auch keine Rolle, hätte aber das Ergebnis der Kennzahlen um wesentliche Aspekte ergänzt.

Das Beispiel zeigt anschaulich, dass Kennzahlen alleine nicht ausreichen, um eine Situation beurteilen zu können. Es entspricht gleichsam einer Vogelperspektive, die nur die Sicht von oben zulässt, nicht aber das tiefe Hinterfragen einer Situation, wie Alter des Inhabers, Nachfolgeregelungen, geplante Investitionen usw. So bleiben ganz wesentliche Beurteilungskriterien außen vor: die Tiefe der Information und die eigenen Sinne. Wie soll das Erfahrungswissen jemals zum Tragen kommen, wenn es massiv zugunsten der Kennzahlen unterdrückt wird?

Wie also muss eine Führungskraft sich verhalten, wenn sie die Kompetenzen der Potenzialträger nutzen und gleichzeitig entwickeln will? Welche Eigenschaften sind dafür notwendig?

4.3 Der Attention Leader

Geforderte Eigenschaften eines Attention Leaders
In einer Befragung im Jahr 2010 wird als besondere Eigenschaft von Führungskräften die Bedeutung der gelebten Werte hervorgehoben. Sie sind ein starker Trumpf im Kampf um die High Potentials [2].

Wie stellen sich diese Werte in der Praxis dar und welche Haltung braucht eine Führungskraft, um das volle Potenzial der Mitarbeiter ausschöpfen zu können?

Zu allererst braucht es sehr selbstbewusste Führungskräfte, die sich ihrer eigenen Kompetenzen sehr sicher sind. Denn nur dann können sie umfassende Verantwortung übertragen und die eigenen Mitarbeiter entwickeln. Dies auch auf die Gefahr hin, dass sie gute Mitarbeiter aus dem eigenen Führungsbereich abgeben müssen, weil sie auf der Karriereleiter nach oben klettern. Sie müssen bereit sein, Erfolge zu teilen und Anerkennung demjenigen zukommen zu lassen, durch dessen Leistung gute Ergebnisse erzielt wurden. Sie müssen imstande sein, die Aufmerksamkeit ihrer Mitarbeiter auf die zielorientierten Themen zu lenken – sie agieren als Attention Leader.

Attention Leader brauchen die Fähigkeit, einen Schritt zurückzutreten, um das gesamte Netzwerk betrachten zu können. Was passiert über den Tellerrand hinaus? Wo entstehen Arbeitsleistungen, die ggf. auch in den eigenen Bereich hineinspielen? Attention Leader bringen Interesse auch für Prozesse auf, die nicht in ihrem Verantwortungsbereich liegen und haben den Wunsch, diese zu verstehen. Nur dann sind sie in der Lage, einen Ablauf in seiner Gesamtheit zu bewerten. Sie sollten ebenfalls neugierig auf Kompetenzen von Mitarbeitern aus anderen Bereichen sein, um deren Expertise für die Problemlösung nutzen zu können.

Dies alles setzt voraus, dass Attention Leader eine gute Sensibilität haben, ihre Mitarbeiter, ihr Umfeld und deren Prozesse wahrzunehmen. Sie sind auf der Suche nach neuen Ansätzen, Fachkompetenzen und Wertschöpfung, um dies für ihren Bereich nutzen zu können. In Krisenzeiten beziehen sie eine klare Position und berufen sich auf die Werte der Organisation.

Attention Leader verhalten sich ihren Mitarbeitern gegenüber wertschätzend, denn sie betrachten sie als Leistungsträger. Sie treten ihnen mit hoher Sozialkompetenz gegenüber im Sinne von freundlicher Kommunikation und wohlmeinender Haltung. Das fordern die Potentialträger auch ein. Sie verlangen volle Aufmerksamkeit für ihr Verhalten, ihre Informationen und Präsentationen. Diejenigen, die es schaffen, die Aufmerksamkeit auf ihre Informationen zu ziehen, werden auf der Karriereleiter aufsteigen. Hohe Aufmerksamkeit fördert die Karriere.

Damit dieser Anspruch erfüllt werden kann, ist ein besonderes Führungsverhalten notwendig, welches im Folgenden beschrieben wird. Führungskräfte „ermöglichen" also zukünftig die Leistung von Mitarbeitern. Sie schaffen die Rahmenbedingungen, in denen die Mitarbeiter erfolgreich sein können. Um in der Top-Liga der Führung mitspielen zu können, ist ein umsichtiges und aufmerksames Führungsverhalten notwendig.

Verhalten des Attention Leaders

Durch die ausgezeichneten Kompetenzen und hoch anerkannten Abschlüsse der Potenzialträger, im In- und Ausland erworben, kommen sie mit einem sehr hohen Selbstbewusstsein in die Unternehmen. Duale Studiengänge ermöglichen heute eine verstärkt fachliche und praxisorientierte Mitsprache, die von ihnen auch aktiv eingefordert wird. Sie sind informiert und haben eine klare Vorstellung von der eigenen Tätigkeit, ihrem beruflichen Weg und ihren Ansprüchen an Partizipation. Dadurch nimmt die hierarchische Distanz zu den Vorgesetzten ab. Ein neues Rollenverständnis für beide Seiten entsteht. Hierarchien werden beachtet, sind aber kein Hindernis auf der Suche nach Informationen und Lösungen.

Die traditionelle Rolle der Führungskraft wird es in entwickelten Unternehmen nicht mehr geben können. Um den Ansprüchen der aufstrebenden Fachkräfte gerecht zu werden und Leistung zu ermöglichen, wird die Führungskraft über neue Ansätze der Führung nachdenken müssen. Dies ist auch ein wesentlicher Faktor in großen Unternehmen, um sich ein positives Image aufzubauen, um die *guten* Mitarbeiter anzuziehen und dauerhaft für sich zu gewinnen. Top-Performer und High-Potentials beurteilen die Führungskräfte übrigens deutlich positiver, weil sie eine verstärkte Aufmerksamkeit ihrer Vorgesetzten genießen ([1], S. 23).

Führungskräfte werden sich zu *Leistungsermöglichern* entwickeln. Robert B. Reich, einer der führenden Volkswirtschaftler der Vereinigten Staaten und Arbeitsminister unter Präsident Clinton, hat dies bereits 1993 wie folgt beschrieben:

...und die zur Durchführung geeignetsten Problemlöser und Problemidentifizierer zueinander bringen. In der alten Wirtschaft wurden Leute, die solche Positionen innehatten, „executives" (Geschäftsführer) oder „entrepreneurs" (Unternehmer) genannt, doch trifft keiner dieser Begriffe genau die Rolle, die sie im Qualitätsunternehmen der neuen Wirtschaft zu spielen haben. Statt Organisationen zu beaufsichtigen, Unternehmen zu gründen oder Dinge zu erfinden, sind sie fortwährend damit beschäftigt, Ideen zu managen. Sie spielen die Rolle des strategischen Mittelmanns ([4], S. 97).

Ein großer Anteil der Rolle dieses strategischen Mittelmanns wird also darauf gerichtet sein, Mitarbeitern zuzuhören, Kompetenzen miteinander zu vernetzen, um dadurch neue Ansätze zu finden und eine Weiterentwicklung sicherzustellen. Die Problemidentifizierer mit den Problemlösern zusammenzubringen. Das ist Aufgabe des Attention Leaders.

Es vollzieht sich ein Wandel von einer Weisungskultur hin zu einer Selbstverantwortungskultur. Wenn bisher die Regelung von Prozessen im Vordergrund stand und einzuhalten war, vollzieht sich jetzt ein Wandel hin zu einer mehr lösungsorientierten und scheinbar auch chaotischen Herangehensweise, welche eigene Wege findet und auch vertraute Pfade verlässt.

Charakteristisch für diese Art einer offenen Führung ist ein kollaborativer Arbeitsstil. Dieser drückt sich darin aus, dass der Attention Leader überwiegend Wissen managen kann, auch über die eigene Abteilung hinaus. Es wird nicht mehr verlangt, dass eine Führungskraft die höchste Fachkompetenz des Teams hat, sondern die richtigen Personen zusammenbringt und weiß, wie sie Lösungen generiert.

4.3 Der Attention Leader

Der Attention Leader hat die Aufgabe, vorhandenes betriebliches Wissen für eine Problemlösung zu identifizieren und dann zu vernetzen. Darüber hinaus sorgt er dafür, dass Wissen von außen durch Kunden, Lieferanten und Experten ins Unternehmen hineingetragen wird. Dies ist ein fortlaufender Prozess, der nicht aufhört, da sich die Anforderungen und das entsprechende Wissen immer wieder verändern. Der Attention Leader sorgt für die Durchlässigkeit dieses Wissens über alle Hierarchieebenen und damit gleichzeitig für einen Zeit- und Wettbewerbsvorsprung.

Dabei erhalten Kennzahlen zukünftig nur den Stellenwert eines Indikators für Veränderung und Wissensmanagement. Die Problemlösung selbst kann innerhalb eines Netzwerkes oder außerhalb des Unternehmens stattfinden. Das Diktat über Kennzahlen wird wegfallen. Mitarbeiter werden sich dem entziehen, weil sie auch anders denken. Wenn dieses Verhalten konsequent gelebt werden würde, käme das einer Revolution gleich, denn nicht jede Führungskraft kann mit diesem Organisations-Flow umgehen. Wie eine größere Durchlässigkeit in Organisationen erreicht werden kann, wird in Kap. 9 ausgeführt.

Um einen Kennwert in einem Unternehmen verändern zu können, bedarf es der Kommunikation darüber. Die Einholung unterschiedlicher Meinungen, die verschiedenen Sichtweisen unterschiedlicher Experten, des Abgleiches mit den Verantwortlichen für Unternehmensstrategien usw. Diesen interdisziplinären Ansatz zu fördern und zum Erfolg zu führen, ist die Hauptaufgabe der Führungskraft, wenn es um die Entwicklung des Unternehmens über Kennzahlen geht.

Der Anspruch an die Führungskraft seitens der Mitarbeiter ist hoch. Einerseits wird von ihnen Fachkompetenz erwartet, um in sachlichen Fragen Input geben zu können. Andererseits werden hohe Erwartungen an die Führungskompetenz gestellt und ein Maß an Entscheidungs- und Handlungsfreiheit erwartet, das dem Problem Rechnung trägt.

Führung bedeutet also zukünftig, die relevanten Akteure miteinander zu vernetzen, Handlungsspielraum und Kompetenzen zu ermöglichen. Und auch die Erlaubnis, nicht nur vertikal, sondern in der Hierarchie auch horizontal zu arbeiten. Die Führungskraft lenkt die Aufmerksamkeit auf die wichtigen Themen und führt die entsprechenden Kompetenzen zusammen. Die Führungskraft wird zum Attention Leader.

Mit der Aufgabe des Attention Leaders muss die Führungskraft auch nicht zwangsläufig mehr die höchste Fachkompetenz haben, so wie früher der Meister seinem Gesellen gegenüber. Das Arbeiten wird durch Erfahrungen gelernt, da es immer weniger Routinen gibt, sodass eine Führungskraft bald nicht mehr die Arbeit der eigenen Mitarbeiter kennt. Vorgesetzte haben anderes Wissen als die Mitarbeiter. Die Hierarchie wird immer unbedeutender in Bezug auf Wissen. Daher wird die Vernetzung umso wichtiger.

Der Attention Leader entscheidet, auf welche Sache die Aufmerksamkeit gelegt wird und treibt sie voran, indem er die passenden Kompetenzen zusammenführt. Dafür braucht er die gut ausgebildeten, kritischen Mitarbeiter. Eine wohlwollende und wertschätzende Form des Miteinanders unterstützt diesen Prozess. Der Attention Leader verdeutlicht das gemeinsame Ziel und sorgt für einen Raum gegenseitiger Unterstützung.

Die Beteiligung von Mitarbeitern an Prozessen ist heute *das* Erfolgskriterium. Sie haben den Kontakt zum Kunden und zu den Märkten. Sie sind besser denn je ausgebildet und bilden sich regelmäßig weiter. Ihre Teilhabe am Unternehmen sichert den Bezug zur Basis und die Qualität der Entscheidungen von Führungskräften.

Literatur

1. Ballhausen H, Süßmuth B, Blösinger N, Schmitz J (2012) Global Workforce Study. Geld, Karriere, Sicherheit? Was Mitarbeiter motiviert und in ihrem Unternehmen hält. http://www.towerswatson.com/de-AT/Insights/IC-Types/Survey-Research-Results/2012/07/Towers-Watson-Global-Workforce-Study-2012-Deutschlandergebnisse. Zugegriffen: 27. Mai 2014
2. Bucksteeg M, Hattendorf K (2010) Führungskräftebefragung 2010. Eine Studie in Zusammenarbeit mit der Valoress Strategieberatungsgesellschaft. http://www.wertekommission.de/content/pdf/kampagne/Fuehrungskraeftebefragung_2010.pdf. Zugegriffen: 13. Jan. 2014
3. Kowalsky M (2013) Tod eines Topmanagers. Die Welt. http://www.welt.de/print/wams/wirtschaft/article119352830/Tod-eines-Topmanagers.html. Zugegriffen: 26. Mai 2014
4. Reich R (1993) Die Neue Weltwirtschaft: Das Ende der nationalen Ökonomie. Ullstein, Frankfurt a. M.
5. Sebald H, Enneking A, Denison K, Richter T (2007) Was Mitarbeiter bewegt zum Unternehmenserfolg beizutragen – Mythos und Realität. Towers Perrin Global Workforce Study 2007. http://www.dgfp.de/wissen/personalwissen-direkt/dokument/81894/herunterladen. Zugegriffen: 26. Mai 2014
6. Teufel F (2013) Infografik: Die Generation Y und die Arbeitswelt. Absolventa. http://www.absolventa.de/blog/Infografik-geny#.U4M8BSj_y2l. Zugegriffen: 26. Mai 2014
7. Werle K (2012) Die Generation Y ändert die Unternehmen. http://www.spiegel.de/karriere/berufsstart/generation-y-audi-personalvorstand-thomas-sigi-im-interview-a-848764.html. Zugegriffen: 26. Mai 2014

Paying Attention – Grundsätzliches zur Aufmerksamkeit

5

> **Zusammenfassung**
>
> Führungskräfte sind in aller Regel bemüht, eine intensive Aufmerksamkeit für ihre Mitarbeiter, für die vertiefende Bearbeitung von Kennzahlen oder für persönliche Reflexionsphasen aufzubringen. Aber was oder wer ist wichtig? Wie wird Aufmerksamkeit gegenüber Dingen oder Menschen erzeugt? Welche Faktoren nehmen Einfluss auf die Ablenkung von Aufmerksamkeit? Je mehr Aufmerksamkeit einer Person oder Sache geschenkt wird, desto mehr Bedeutung erhält sie. Daher steht die Aufmerksamkeit der Führungskraft hoch im Kurs der Mitarbeiter. Was wichtig ist und bedeutend, entscheidet die Führungskraft. Wie kann eine Führungskraft umgekehrt die Aufmerksamkeit ihrer Mitarbeiter messen und beobachten und welchen Einfluss hat diese Erkenntnis auf die Steuerung der Zeit und Effizienz von Mitarbeitern?
>
> Wenn es der Führungskraft gelingt, aus der Beobachtung den Grad der Aufmerksamkeit zu erkennen, hat sie damit ein weiteres Führungsinstrument zur Verfügung. Wenn darüber hinaus Sinnzusammenhänge erkennbar sind und das Maß an Zeit zu Vorgängen gut dosiert ist, dann kann das Führen über Aufmerksamkeit sehr wirkungsvoll werden. Da aber Aufmerksamkeit gleichzeitig nur einmal geschenkt werden kann, bedarf es einer sorgfältigen Priorisierung. Auch in diesem Wirkungssystem hat die Kommunikation verbal, nonverbal oder auch als Handlungssprache einen bedeutenden Stellenwert. Kommunikation kann als verstärkendes Instrument dann wirkungsvoll eingesetzt werden, wenn es die Führungskraft versteht, die richtigen Worte im richtigen Kontext zu platzieren.

Wie im vorangegangenen Kapitel dargestellt, sind Mitarbeiter exzellent ausgebildet und fordern ihren Anspruch an Teilhabe, Informationen, Gestaltung und Entscheidung ein. Dadurch wird sich auch das Verhalten ihrer Vorgesetzten verändern müssen, um deren Arbeitszufriedenheit und damit auch Leistungsfähigkeit zu ermöglichen. Das Verhalten und die Einstellung der Führungskraft wird aller Voraussicht nach auch ein Entscheidungskriterium für junge Leistungsträger werden, ob sie sich für einen Arbeitgeber entscheiden und wie lange sie bleiben.

Neben einer ausgeglichenen Work-Life-Balance, einer angemessenen Bezahlung und Weiterbildungsmöglichkeiten ist es entscheidend, wie sich eine Führungskraft ihren Mitarbeitern gegenüber verhält und wie viel Aufmerksamkeit sie ihnen zukommen lässt.

▶ Die Aufmerksamkeit der Führungskraft für die Leistung junger Potenzialträger wird zu einem Entscheidungskriterium für oder gegen einen Arbeitgeber werden.

Welchen Stellenwert aber hat die Aufmerksamkeit für Führungskräfte im Tagesgeschäft? Es wird wohl kaum eine Führungskraft geben, die sich nicht eine intensivere Aufmerksamkeit für ihre Mitarbeiter, für die tiefere Bearbeitung von Kennzahlen oder für persönliche Reflektionsphasen wünscht. Dennoch kann es durch Erfolgsdruck, Terminstress und operative Hektik passieren, dass die Führungskraft zu viel Anstrengung aufbringen muss, um ihren Fokus an Aufmerksamkeit überhaupt zu behalten; sowohl für die Mitarbeiter als auch für die Kennzahlen. Es bedarf einer gewissen Stärke, nicht dauerhaft ein schlechtes Gewissen zu haben, weil man nicht genügend Kontakt mit den Mitarbeitern pflegt und sich nicht ausreichend um jeden einzelnen kümmern kann.

Das englische Verb für *aufmerksam sein* heißt *paying attention*. Übersetzt: für die Aufmerksamkeit ist ein Preis zu zahlen. Es ist der Preis an Aufmerksamkeit, der gleichzeitig nur einer einzigen Sache oder Person gewidmet werden kann. Also muss die Wertigkeit entsprechend hoch sein. In der deutschen Sprache wird von *Aufmerksamkeit schenken* gesprochen, was den gleichen Tenor hat, aber einen mehr freiwilligen Charakter unterstreicht. Mit der englischen Variante wird wohl eher die Situation einer Führungskraft beschrieben: Aufmerksamkeit kostet Zeit – Zeit ist knapp – der Preis ist hoch!

Aufmerksamkeit kann man z. B. Personen, Themen oder Ereignissen schenken. In unserem Kontext kann eine Führungskraft Mitarbeitern oder Kennzahlen gegenüber aufmerksam sein. Beidem zu gleichen Teilen Aufmerksamkeit zukommen zu lassen, ist eine Herausforderung. Und genau das macht das Führen mit Kennzahlen so schwierig. Bevor einige Lösungsvorschläge in Kap. 8 ausgeführt werden, soll in diesem Kapitel ein Grundverständnis zum Thema Aufmerksamkeit hergestellt werden.

Vorbemerkung der Autorin – allgemeine Informationen zur Aufmerksamkeit
Um sich die (Steuerung der) Aufmerksamkeit nutzbar zu machen, ist es hilfreich, zuvor einige allgemeine Kriterien der Aufmerksamkeit zu erläutern.

Es gibt in der Wissenschaft klassische Ansätze zur Beschreibung der selektiven Aufmerksamkeit [4]. Sie beschreiben den Zusammenhang zwischen Wahrnehmung, Bedeutung, Entscheidung, Bewusstsein und Aufmerksamkeit. Alle tragen dazu bei, Klarheit über den Prozess der Aufmerksamkeit zu erlangen, wenn auch im Folgenden nur eine reduzierte Darstellung erfolgen soll.

Es geht mir nicht darum, eine wissenschaftliche Arbeit zum Thema Aufmerksamkeit abzugeben, sondern vielmehr ganz pragmatisch das Wesen der Aufmerksamkeit für das tägliche Handeln einer Führungskraft bewusst zu machen. Insofern habe ich einen eigenen Ansatz entwickelt, der zur Aufmerksamkeit einer Führungskraft genauso wie zu ihrer Ablenkung führen kann.

Die Informationen sind insoweit reduziert, als sie Führungsverantwortlichen oder einfach nur Interessierten die Möglichkeit geben, sich zu fokussieren. Wie können sie ihre eigene Aufmerksamkeit bzw. die ihrer Mitarbeiter steuern, um allein oder gemeinsam einen höheren Leistungsgrad zu erreichen.

5.1 Von der Wahrnehmung zur Aufmerksamkeit

Entstehung der Wahrnehmung
Bevor es zur Aufmerksamkeit einer Person oder Sache gegenüber gekommen ist, hat das Gehirn bereits einige Leistungen vollbracht. Denn aus den tausenden Kleinigkeiten, die am Tag realisiert werden, schaffen es nicht alle, in den Fokus der Aufmerksamkeit zu kommen. Es sind Dinge, die nur im *Vorbeigehen* kurz auftauchen und auch gleich wieder verschwunden sind, wie z. B. der defekte Kopierer oder das neue Bild im Eingang.

Wenn etwas überhaupt die Chance auf Aufmerksamkeit haben will, so muss es zuvor aktiv wahrgenommen werden. Vieles wird wahrgenommen, aber nicht allem und jedem wird in gleicher Weise Aufmerksamkeit geschenkt. Etwas oder jemand muss die Chance haben, in den Wahrnehmungsradius eines Menschen zu gelangen. Also in den Wahrnehmungskreis der Führungskraft.

Die Wahrnehmungskanäle, die diesen Zugang ermöglichen, sind die fünf Sinne:

Zu den fünf prägenden Sinnen zählen der Sehsinn (visuell), der Hörsinn (auditiv), der Tastsinn (haptisch), der Geruchssinn (olfaktorisch) und der Geschmackssinn (gustatorisch). Prof. Dr. Karsten Kilian, Markenexperte, bemerkt dazu: *Während des Wahrnehmungsprozesses nehmen die räumlich voneinander getrennten Sinnesorgane Informationen über weitgehend unabhängige Sinneskanäle auf, um sie anschließend zu einem ganzheitlichen Bild zusammenzufügen.* Die Werbung ist oft auf den visuellen und/oder auditiven Sinneskanal begrenzt, um die erste Wahrnehmung des Käufers zu wecken [6].

Im Tagesgeschäft eines Managers werden die fünf Sinne in unterschiedlicher Intensität angesprochen. In einem Handels- und Produktionsunternehmen sind es am häufigsten der Seh- und der Hörsinn. Durch sie gelangen Informationen in den Wahrnehmungskreis der Führungskraft.

▶ Wahrnehmung ist das, was im Moment bewusst ist und über die Sinne aufgenommen wird.

Wahrnehmung bedeutet aber noch nicht gleichzeitig, dass die Führungskraft den einzelnen, wahrgenommenen Aspekten auch Aufmerksamkeit schenkt. Nach welchen Kriterien eine Führungskraft sich für Aufmerksamkeit einer bestimmten Wahrnehmung entscheidet, ist von verschiedenen Einflüssen abhängig. So wird z. B. der Ausnahme in einem vertrauten Umfeld mehr Aufmerksamkeit geschenkt, als dem Vertrauten in einem nichtbekannten Umfeld. Wenn beispielsweise ein neuer Mitarbeiter eine andere Analyse- oder Bearbeitungsart von Kennzahlen hat, kann dieser Sachverhalt unmittelbare Aufmerksamkeit erhalten. Würde dieser Mitarbeiter die gleiche Tätigkeit in einem für die Führungskraft neuen Arbeitsumfeld leisten, dann würde die gleiche Tätigkeit aller Voraussicht nach keine Beachtung bzw. Aufmerksamkeit durch die Führungskraft finden.

Dies geht zurück auf das Dissonanz-Gesetz, das besagt, dass ungewöhnliche, widersprüchliche Dinge die Aufmerksamkeit anziehen, da sie nicht in das normale Umfeld eingeordnet werden können. Auffällige und ungewöhnliche Merkmale prägen den Gesamteindruck und ziehen die Aufmerksamkeit auf sich ([7], S. 77).

Wahrnehmung und Aufmerksamkeit sind in einem Kontext zu betrachten. Den kontextualen Rahmen bilden die Erfahrung und die Tätigkeit der Führungskraft. Es ist gleichsam der Resonanzboden, auf den die Wahrnehmung fällt und in Aufmerksamkeit umgewandelt wird. Die Psychologen Keith Stanovich und Richard West bezeichnen diesen Resonanzboden als *System 1*, welches ein kognitives System beschreibt, das weitgehend ohne willentliche Steuerung arbeitet [10].

Dieses kognitive System, andere würden es auch schlicht als Bauchgefühl bezeichnen, ist in der Lage, in hoher Geschwindigkeit Assoziationen zu produzieren, impulsiv zu handeln oder Intentionen zu folgen. Je mehr Erfahrung jemand mit einem Thema oder einer Situation hat, desto einfacher funktionieren diese Impulse. So ist z. B. auch zu erklären, dass der junge Mitarbeiter eine Kennzahlen-Abfolge sehr intensiv bearbeitet, aber die Plausibilität nicht herleiten kann. Kaum hat die Führungskraft einen Blick darauf geworfen, hat sie den entsprechenden Fehler gefunden, ohne dass sie tiefer eingestiegen ist.

Aus Wahrnehmung wird erst dann Aufmerksamkeit, wenn die Führungskraft eine Entscheidung darüber trifft, inwieweit dieser wahrgenommene Sachverhalt für die individuelle Situation von Wichtigkeit ist. Was wirklich wichtig ist, wird gleichzeitig mehrmals im Unternehmen bewertet. Zum einen durch den Mitarbeiter selbst, durch seinen Vorgesetzten, durch Kollegen oder durch den Kunden.

Entscheidung über die Wichtigkeit
Dieses oben beschriebene System 1 sorgt dafür, dass der sachlichen, neutralen Wahrnehmung eine bestimmte Bedeutung zugewiesen wird – im Sinne von *wichtig* und *nicht wichtig*.

Wahrnehmungen, die für eine Führungskraft nicht wichtig sind, sind oder bleiben bedeutungslos. Diese Wahrnehmungen haben dann keinen Bezug zur direkten Arbeitstätigkeit. Es handelt sich dabei nur um Begleiterscheinungen, die mit dem Arbeitsumfeld

5.1 Von der Wahrnehmung zur Aufmerksamkeit

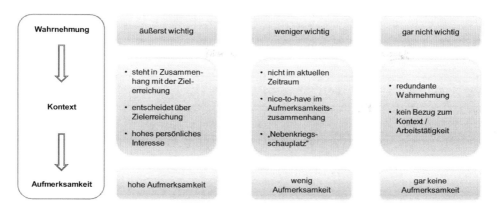

Abb. 5.1 Entstehung von Aufmerksamkeit

oder -inhalt zu tun haben, z. B. Veränderungen im Eingangsbereich des eigenen Unternehmens oder der Dienstwagenwechsel eines Kollegen.

Ein mittelmäßiges Interesse erzeugen Wahrnehmungen, die grundsätzlich von Wichtigkeit sind, aber nicht im aktuellen Zeitraum bewertet werden, wie z. B. Auswertungen der Gesamturlaubstage zur Jahresmitte. Sie mögen *nice-to-have* sein oder sie beziehen sich auf Bereiche, die nicht in den aktuellen Verantwortungsbereich der Führungskraft fallen (*Nebenkriegsschauplätze*).

Von hohem Interesse sind allerdings die Wahrnehmungen, die für den Verantwortungsbereich äußerst wichtig sind. Sie stehen in direktem Zusammenhang mit den Zielen der Führungskraft und bestimmen über deren Erreichung oder Nicht-Erreichung. Ebenso kann es sich um Wahrnehmungen handeln, die ein hohes persönliches Interesse beinhalten, z. B. die Beförderung des unmittelbaren Vorgesetzten.

Die Abb. 5.1 zeigt die Entstehung von Aufmerksamkeit.

▶ Je größer die Wichtigkeit der jeweiligen Wahrnehmung ist, desto schneller und intensiver wird ihr durch die Führungskraft Aufmerksamkeit geschenkt.

Die Wichtigkeit und damit die Höhe der Aufmerksamkeit setzen einen hohen Grad an Bewusstsein über das eigene Verhalten voraus. Ist sich die Führungskraft darüber bewusst, was für sie wichtig ist und wo sie ihre Prioritäten setzt? Erfolgreiche Führungskräfte zeichnen sich dadurch aus, dass sie ihre eigenen und die Ziele des Unternehmens sehr intensiv verfolgen und sich weniger von Dingen ablenken lassen, die damit nicht unmittelbar etwas zu tun haben. Die Erreichung ihrer Ziele wird von außen wahrgenommen. Andere Führungskräfte hingegen lassen sich durch für sie selbst wichtige Dinge insofern ablenken, als diese Tätigkeit nicht unmittelbar ihre betriebliche Zielerreichung unterstützt. Beispielsweise wenn sie einen beachtlichen Teil ihrer Arbeitszeit auf die Auswahl und Bestellung ihres Dienstwagens verwenden.

Die Entscheidung über die Wichtigkeit steht in direktem Zusammenhang mit der Steuerung der Aufmerksamkeit. Umgekehrt gilt dies aber auch. Je weniger Aufmerksamkeit eine Führungskraft einer Sache gibt, desto weniger wichtig oder gar bedeutungslos wird sie. Das kann als Führungsmittel auch sehr gezielt eingesetzt werden, z. B. wenn eine Führungskraft von etwas nicht überzeugt ist. Sie kann dann dieses Thema durch die Abwendung ihrer Aufmerksamkeit bedeutungslos werden lassen. Durch diese Art von Ignoranz wird sich dieses Thema wohl auch kaum weiter entwickeln.

Leider gibt es auch einen unangenehmen Aspekt der Abwendung von Aufmerksamkeit, nämlich den Mitarbeitern gegenüber. Direkt unterstellte Mitarbeiter, die keine Aufmerksamkeit ihres Vorgesetzten erhalten – gleich aus welchem Grund – verlieren an Bedeutung. Nicht nur für die Wertschöpfung im Unternehmen, sondern auch an Bedeutung im Team. Durch die fehlende Aufmerksamkeit wird ausgedrückt, dass dieser Mitarbeiter für die Zusammenarbeit und für das Gesamtergebnis nicht besonders wichtig ist. Das bedeutet sowohl den Verlust an Potenzial für Aufgaben als auch an Selbstwertgefühl für den Mitarbeiter ([1], S. 25 ff.).

Diese Behauptung gilt nur für den Fall, dass die Führungskraft eigenständig über die Bedeutung eines Themas entscheiden kann. Also dann, wenn es allein in ihrem Verantwortungsbereich verankert ist. Wenn das Thema aber auch im Fokus anderer Kollegen oder sogar des unmittelbaren Vorgesetzten steht, kann sich fehlende Aufmerksamkeit eher problematisch entwickeln. Damit ist auch die schwierige Situation zu erklären, warum bestimmte Kennzahlen-Auswertungen, die die Führungskraft für redundant hält, aber doch immer wieder erstellt werden müssen, weil der Vorgesetzte dieser Auswertung eine besondere Wichtigkeit beimisst.

5.2 Messbarkeit von Aufmerksamkeit

Wer mit Kennzahlen führt, ist mit einem ganz sicher vertraut: mit der Messbarkeit von Prozessen, Leistungen, Ergebnissen oder Verhalten. Wie aber steht es mit der Messbarkeit von Aufmerksamkeit?

Mit dem Wort *Aufmerksamkeit* ist das heute eher ungebräuchliche Verb *aufmerken* verbunden, was so viel bedeutet wie: achtgeben, aufpassen, beachten. Wenn man also Aufmerksamkeit messen möchte, dann ist zunächst zu fragen, wie man Jemandes Aufmerksamkeit ansehen oder anmerken kann?

Die Medienwelt hat sich mit diesem Thema sehr ausführlich auseinandergesetzt. Im Bereich Marketing und Werbung kommen die unterschiedlichsten Erkenntnisse zur Anwendung. Wie kann die Aufmerksamkeit z. B. eines potenziellen Kunden oder Käufers über ein Medium gewonnen und gehalten werden? An dieser Stelle soll dieser Sachverhalt nicht weiter ausgeführt werden, denn es geht nicht um die Gewinnung von Aufmerksamkeit, sondern allein darum, wie man diese bemerken oder vielleicht sogar messen kann.

Beobachtung von Aufmerksamkeit

Bevor die Aufmerksamkeit gemessen werden kann, muss geklärt sein, wie sie zu erkennen bzw. zu beobachten ist. Aufmerksamkeit kann beobachtet werden – nicht nur beim Menschen.

Tiere, wie beispielsweise Hunde oder Pferde, spitzen die Ohren, wenn sie ein Geräusch oder eine Bewegung wahrnehmen und drehen oder halten den Kopf in diese Richtung. Solange diese Situation bedrohlich oder interessant ist oder nicht eingeschätzt werden kann, bleiben sie fest auf sie gerichtet und aufmerksam. Erst wenn sie instinktiv erkennen, ob von dieser Sache Gefahr ausgeht oder nicht, können sie entweder die Flucht antreten oder sich wieder abwenden.

Ein ähnliches Verhalten findet man grundsätzlich auch bei den Menschen. Durch die Hinwendung zu einer Sache oder die Zuwendung zu einem Menschen signalisieren wir, dass unsere Aufmerksamkeit dorthin gerichtet ist. Beim Lesen einer Nachricht auf dem Bildschirm, beim konzentrierten Führen eines Telefonates oder im persönlichen Gespräch mit einem Kollegen. In allen Fällen kann Aufmerksamkeit sozusagen beobachtet werden. Sogar von weitem, wenn zwei Personen in einer Kantine sehr konzentriert miteinander sprechen, signalisieren sie ihre intensive Aufmerksamkeit füreinander, sodass sich andere Kollegen ggf. einen anderen Platz suchen, um nicht zu stören.

Besondere Aufmerksamkeit wird durch den Blickkontakt geschaffen. Kinder fordert man auf: *Sieh mich an, wenn ich mit dir rede*, um sicher zu sein, dass man ihre volle Aufmerksamkeit hat und das Gesagte auch verstanden wird. Blickkontakt schafft Aufmerksamkeit. Umgekehrt wird der Blickkontakt in bedrohlichen Situationen vermieden, um die Aufmerksamkeit nicht auf diese Person zu lenken.

Auch wenn wir unsere Aufmerksamkeit auf andere Dinge richten wollen, kann sie doch abgelenkt werden. Ein lauter Knall eines Autounfalls nimmt automatisch die Aufmerksamkeit in Anspruch, obwohl gerade ein wichtiger Terminvorgang auf dem Schreibtisch liegt, der eigentlich keine Unterbrechung duldet.

Aufmerksamkeit wird sichtbar in der körperlichen Zu- bzw. Hinwendung. Hat die Führungskraft für etwas Aufmerksamkeit, wendet sie sich körperlich dem Mitarbeiter oder dem Blatt Papier zu, vor dem sie sitzt.

Umgekehrt kann Desinteresse oder Gleichgültigkeit durch Abwendung beobachtet werden. Es gibt Besprechungen und Sitzungen, in denen Personen den Rednern durch Weggucken oder durch desinteressierte Körpersprache signalisieren, dass sie der Person oder dem Thema bewusst oder unbewusst keine Aufmerksamkeit schenken (wollen).

Wenn Sicherheitskräfte oder Geheimdienste eine Gruppe von Menschen beobachten, werden sie immer auf diejenigen achten, die nicht in dieselbe Richtung wie die anderen sehen. Deren Aufmerksamkeit ist auf andere, für sie wichtigere Dinge gerichtet.

Die Zuwendung und der Blickkontakt sind aber nicht das einzige beobachtbare Verhalten von Aufmerksamkeit. Ein Klavierkonzert beispielsweise kann eine tiefere, innere Aufmerksamkeit verursachen, die durch das Sinnesorgan des Hörens Eingang findet. Und doch kann auch das beobachtet werden als tiefe Versunkenheit.

Wird die Aufmerksamkeit durch zu viele Sinneseindrücke strapaziert, dann nimmt sie sich den vordringendsten Impuls. Bei einem Geschäftsessen werden nahezu alle Sinne wie Sehen, Hören, Tasten, Riechen und Schmecken angesprochen. Da nicht allen Sinnen die gleiche Aufmerksamkeit geschenkt werden kann, wird selektiv wahrgenommen. Entweder steht das Gespräch mit dem Kunden, der Geschmack der Speisen, die Begleitmusik oder anderes im Vordergrund. Allem kann nicht gleichzeitig Aufmerksamkeit geschenkt werden. So ist es nicht verwunderlich, wenn es beim Geschäftsessen sehr gute Kundengespräche gab, dass aber wenig Erinnerung darüber vorhanden war, nach welchen Aromen das Essen oder der Wein schmeckte.

In einem Meeting sind Mitarbeiter sehr gut in der Lage zu beobachten, wohin die Aufmerksamkeit ihrer Führungskraft geht. Bei hoher Aufmerksamkeit seitens der Führungskraft ist sie den Mitarbeitern im Sinne eines aktiven Zuhörens zugewandt. Das ist daran zu erkennen, dass die Führungskraft nachfragt und auch durch Lächeln oder Kopfnicken ermuntert. Abgewandte Aufmerksamkeit ist an fehlendem Blickkontakt, kaum einer Nachfrage zum Gehörten und Hinweise auf Abgelenktsein wie gähnen, mit dem eigenen Handy beschäftigt sein oder auf die Uhr schauen verbunden; also dem Gegenteil von aktivem Zuhören. Selbst wenn der Blick in Richtung der Präsentation geht, lässt sich dennoch beobachten, dass die Führungskraft u. U. an ganz etwas anderes denkt. Die Abwendung von Aufmerksamkeit wird im schlechtesten Fall als Bestrafung eingesetzt ([8], S. 71 f.).

Der Blickkontakt ist für die Kommunikation von besonderer Bedeutung: Während eines Meetings oder einer Präsentation sollte ein Manager unbedingt Blickkontakt mit den Zuhörern halten. Ein offener Blick ist ein Zeichen für die eigene Offenheit, Aufrichtigkeit und Überzeugung ([3], S. 150).

Fatal ist, dass die Mitarbeiter aus der Aufmerksamkeit oder Nicht-Aufmerksamkeit ihrer Führungskraft ihre ganz eigenen Schlüsse ziehen. *Aha, er hört mir nicht zu und checkt stattdessen seine E-Mails. Also ist das, was ich sage, offensichtlich nicht von Interesse. Dann muss ich wohl in dieser Sache noch einmal von vorne anfangen.* Und durch diese Interpretation glaubt der Mitarbeiter, Informationen zu erhalten, auf deren Basis er ggf. sein Verhalten und seine Arbeitsinhalte umstellt. Schlüsse aus der Beobachtung von Aufmerksamkeit sind selten richtig zu ziehen.

▶ Die Zu- oder Abwendung von beobachtbarer Aufmerksamkeit ist eine Führungstechnik, die von der Führungskraft gezielt eingesetzt werden kann, um Personen und Vorgängen eine Bedeutung zu geben oder zu entziehen.

Zeit und Aufmerksamkeit
Hohe Aufmerksamkeit führt dazu, dass dann die Zeitdauer als besonders kurz erlebt wird. Wenn Menschen in etwas besonders vertieft sind und etwas besonders gerne tun, haben sie das individuelle Gefühl, dass die Zeit schneller vergeht. Ein zudem unbekanntes Umfeld braucht maximale Aufmerksamkeit und auch die lässt die Zeit besonders schnell verfliegen [11].

5.2 Messbarkeit von Aufmerksamkeit

Die Sichtbarkeit von Aufmerksamkeit lässt zu, dass sie messbar wird. Könnte man sie nicht beobachten, könnte sie nur sehr viel schwerer gemessen werden. Das Hauptkriterium für die Messbarkeit von Aufmerksamkeit ist die Zeit, die jemand einem Thema oder einer Person widmet. Je länger sich eine Führungskraft mit einem Thema befasst, desto mehr Aufmerksamkeit wird diesem Thema geschenkt. Und das Wort *schenken* bekommt an dieser Stelle die richtige Bedeutung.

Die Zeit einer Führungskraft ist wertvoll. Also wird sie immer entscheiden müssen, welchem Vorgang aus vielen sie die höchste Priorität und damit ihre Aufmerksamkeit schenkt. Gleichzeitig kann sie keinem anderen Vorgang geschenkt werden. Also wird sich die Führungskraft in der Regel für dasjenige Thema entscheiden, welches ihr den höchsten Nutzen, Anerkennung oder auch wieder Aufmerksamkeit bringt.

▶ Eine Führungskraft geht dann gut mit ihrer Aufmerksamkeit um, wenn sie sich darüber im Klaren ist, wie viel Zeit sie selbst einer Sache widmet und welche Signale das für die Mitarbeiter hat.

Die Länge der Zeit ist das Hauptkriterium der Messbarkeit von Aufmerksamkeit. Wie lange wird ein Meeting zu einem Thema angesetzt? Kurz oder lang oder sogar ein zweitägiger Workshop außerhalb der Firma? Wie lange ist ein Mitarbeiter im Gespräch mit seiner Führungskraft zu einem Fachthema oder in eigener Sache? Sieht sich die Führungskraft die Entscheidungsvorlage sofort an oder bleibt tagelang ein Feedback aus? Nimmt sich die Führungskraft die Zeit, tiefer in einen Vorgang einzusteigen oder will sie nur eine schnelle Draufsicht? Die Länge des Augenkontaktes einer Führungskraft auf eine Finanzauswertung lässt erkennen, welche Wichtigkeit die Führungskraft dem Thema beimisst. Auch die Schnelligkeit einer Antwort auf E-Mails oder in Entscheidungen kann darüber Aufschluss geben.

Allerdings sagt die Länge der Aufmerksamkeit noch nichts über die Qualität der Bearbeitung aus. Es macht einen Ergebnisunterschied, ob ein erfahrener Bilanzsachverständiger eine Bilanz beurteilt oder ein Mitarbeiter der Buchhaltung. Bei gleichem Zeitansatz werden aller Voraussicht nach Unterschiede in der Bewertung zu erwarten sein.

Ähnlich zu bewerten ist der Grad der Freiwilligkeit, einem Thema seine Aufmerksamkeit zu schenken. Wenn der Mitarbeiter keinen Sinn in der gestellten Aufgabe sieht, wird er dieser Tätigkeit weniger Aufmerksamkeit widmen, obwohl er in der Lage wäre, diese leicht und kompetent auszuführen. Diese Aussage basiert auf der Theorie der Selektiven Wahrnehmung, nach der ein Thema wenig Bedeutung erfährt, wenn derjenige es mit Unlust oder wenig Interesse behandelt. Das ist immer dann der Fall, wenn Führungskräfte von Mitarbeitern die Bearbeitung von Aufgaben verlangen, die ihnen nicht sinnvoll erscheinen. Wenn also Führungskräfte beispielsweise wiederholt die Aufbereitung von Kennzahlen verlangen, von der ein Mitarbeiter nicht überzeugt ist. Er wird länger dafür brauchen als notwendig, als wenn er freiwillig und überzeugt das gleiche Thema bearbeitet [7]. Dieses Führungsverhalten ist als autoritär zu bezeichnen, in dem der Mitarbeiter nur ausführt und ansonsten nicht beteiligt wird.

▶ Mitarbeiter schenken einem Thema immer dann erhöhte Aufmerksamkeit und werden es relativ schnell bearbeiten, wenn sie überzeugt davon sind und es für sich selbst in einen Sinnzusammenhang stellen können.

5.3 Aufmerksamkeit ist ein hohes Gut

Aufmerksamkeit ist ein begrenztes und unteilbares Gut
Aufmerksamkeit kann nicht geteilt werden. Sie ist singulär. Das ist eine der größten Herausforderungen für jede Führungskraft. Das Wort *Aufmerksamkeit* gibt es in diesem Kontext nicht im Plural; es sei denn es handelt sich um die Aufmerksamkeit mehrerer Menschen und auch dann ist es eher ungebräuchlich.

Jeder Mensch entscheidet völlig autonom, wie seine Aufmerksamkeit verteilt wird. Selbst am Arbeitsplatz, wo die Inhalte der Aufmerksamkeit bereits durch eine Tätigkeitsbeschreibung oder Anweisung definiert sind, entscheidet der Mitarbeiter noch, welcher Sache oder welchem Vorgang er seine Aufmerksamkeit zuerst schenkt oder wie intensiv die Aufmerksamkeit sein soll.

Führungskräfte bewältigen eine Flut an Kennzahlen, denen sie gleichzeitig ihre Aufmerksamkeit schenken müssen. Sie müssen die Projekte im Auge behalten, genauso wie die Mitarbeiter und ihre Arbeitsergebnisse. Sie müssen sich mit Kollegen beraten, den eigenen Vorgesetzten informieren und auch noch ihre eigenen Interessen verfolgen können. Diese Liste ließe sich beliebig fortsetzten. Also steht eine Führungskraft vor der täglichen Herausforderung, aus der Flut an Aufgaben und Beziehungen auszuwählen, welcher von allen die dringlichste oder intensivste Aufmerksamkeit zuteilwerden soll. Führungskräfte entscheiden fortlaufend, wem oder was sie ihre Aufmerksamkeit schenken (müssen).

Aufmerksamkeit ist gleichzeitig ein begrenztes Gut und unterliegt einem Verteilungsschlüssel, was bedeutet, dass die Führungskraft bei jedem Verhalten immer wieder neu entscheiden muss, wem oder was sie ihre Aufmerksamkeit schenkt. Wenn Aufmerksamkeit nur einmal vergeben werden kann, dann ist die (volle) Aufmerksamkeit in ihrer Menge stark beschränkt. So ziehen extravertierte Menschen beispielsweise die Aufmerksamkeit stark an. Führungskräfte sind aufgerufen, sich selber immer wieder auf die Verteilung ihrer Aufmerksamkeit hin zu überprüfen [2].

Die Menge an Aufmerksamkeit steht zur Masse der verfügbaren Informationen in keinem Verhältnis. Daher entsteht auch das subjektive Gefühl, dass durch dieses Ungleichgewicht zwischen vorhandener Information und begrenzter Aufmerksamkeit eine Unzufriedenheit entsteht. Also muss die zur Verfügung stehende Aufmerksamkeit auf die vermeintlich wichtigen Dinge im Unternehmen gerichtet werden, damit die Führungskraft einen Nutzen davon hat. Das zu entscheiden, ist schon einfacher. Eine langfristige Aufmerksamkeit kann sie aber nur halten, wenn sie nicht mit kurzfristigen Informationen bombardiert wird.

5.3 Aufmerksamkeit ist ein hohes Gut

Allerdings nimmt die Bereitschaft, der Wille und vielleicht sogar die Fähigkeit immer mehr zu, mehrere Dinge gleichzeitig zu tun und findet unter dem Schlagwort *Multitasking* zu immer stärkerer Anwendung. Multitaskingfähig zu sein, scheint heute eine Selbstverständlichkeit zu sein. Aber die gleichzeitige Tätigkeit mehrerer Dinge belastet, kostet kognitive Kapazitäten und hat einen höheren Fehlerquotienten als bei Tätigkeiten, die auf eine einzige Sache gerichtet sind.

Multitasking ist dann kein Problem, wenn einfache, wenig komplexe Dinge gleichzeitig getan werden, d. h. wenn ein oder mehrere Themen oder Aktionen wenig bis gar keine Aufmerksamkeit für die Erledigung brauchen, z. B. Radio zu hören und gleichzeitig Papiere abzuheften. Je komplexer die Dinge allerdings werden und je mehr Aufmerksamkeit sie benötigen, desto weniger können sie gleichzeitig erledigt werden. Ein Autofahrer, der sich in einer fremden Stadt ohne Navigationshilfe orientieren will, ist nur schwer in der Lage, gleichzeitig ein wichtiges Telefonat zu führen.

Multitasking frisst Aufmerksamkeit.

Alles spricht dafür, dass Multitasking Körperverletzung ist. Die Ideologie des Multitasking, eine Art digitaler Taylorismus mit sadistischer Antriebsstruktur, hat deshalb so weitreichende Wirkungen in die wirkliche Welt, weil sie voraussetzt, dass Menschen jederzeit mehrere Dinge gleichzeitig machen können. Sie ist damit das ideale Gefäß für eine Gesellschaft, in der die Gleichzeitigkeit von Informationen zur Norm und zum Arbeitsplatzprofil wird. Mehrere Dinge gleichzeitig zu tun heißt nichts anderes, als ständig abgelenkt zu werden und die Ablenkung wieder unter Kontrolle bringen zu müssen. ([9], S. 69)

Von Führungskräften wird fast schon erwartet, dass sie fähig sind, auf Reisen zu arbeiten, beim Telefonat schnell eine Unterschrift zu leisten, aktuelle Kennzahlen auf ihrem Smart-Phone jederzeit zu überprüfen – gleich ob sie beim Mittagessen oder auf dem Weg in eine Besprechung sind. Dieses mehrspurige Handeln ist heute schon zur Normalität geworden. Mitarbeiter sind auch nicht davor zu schützen. Attention Leader müssen aber das mentale Engagement von Mitarbeitern wahrnehmen, anerkennen und akzeptieren können, dass Fehler gemacht werden. Sie können die Mitarbeiter nicht davor bewahren. Aber Sie können sie dabei unterstützen, die Aufmerksamkeit auf Ziele hin zu steuern.

Die geteilte Aufmerksamkeit hat einen höheren Fehlerquotienten, denn jeder Wechsel zwischen mehreren Aufgaben und jede Mehrfachbelastung kostet mehr kognitive Kapazität als die ungeteilte Aufmerksamkeit ([5], S. 146). Also wird mit der ungeteilten Aufmerksamkeit eine viel tiefere Bearbeitungsintensität erreicht, was insbesondere für die Bearbeitung von Kennzahlen wichtig ist. Für alles eine extrem hohe Aufmerksamkeit zu haben, kreiert Stress.

Die Erfahrung lehrt, dass es Sinn machen kann, nach einer Information, die kurzfristig aufgenommen wird, noch einmal alle Aspekte dieser Nachricht zu betrachten, um dann angemessen darauf zu reagieren. Nicht schnell, oberflächlich und manchmal auch unsachlich, weil die Konzentration eigentlich gerade auf einer anderen Sache liegt.

Aufmerksamkeit ist im jeweiligen Moment unwiederbringlich. Also kann die Arbeitszeit einer Führungskraft mit der Menge an zur Verfügung stehender Aufmerksamkeit als qualitativ gleichwertig angesehen werden. Damit wird die Aufmerksamkeit zu einem so wichtigen Gut wie die Zeit – extrem kostbar für eine Führungskraft.

▶ Die effiziente Nutzung der Zeit ist mit der effizienten Verteilung an Aufmerksamkeit gleichzusetzen und gleich zu bewerten. Im optimalen Fall verteilt die Führungskraft ihre Zeit auf die Dinge, die mit der größten Aufmerksamkeit behandelt werden müssen. Dadurch erreicht sie eine hohe Leistungseffizienz und Produktivität.

Aufmerksamkeit ist eine besondere Form der Anerkennung
Aufmerksamkeit ist eines der höchsten Güter im betrieblichen Umfeld, das einer Person oder Sache geschenkt werden kann. Jemandem seine volle Aufmerksamkeit zu schenken bedeutet gleichzeitig, seine Wertschätzung der Person oder dem Thema, welches die Person vertritt, gegenüber auszudrücken. Insofern ist Aufmerksamkeit gleichzeitig eine besondere Form der Anerkennung.

Dadurch steht die Aufmerksamkeit des Vorgesetzten hoch im Kurs der Mitarbeiter. Welcher Mitarbeiter möchte nicht gerne durch seinen Vorgesetzten wahrgenommen werden? Sei es aufgrund seiner Leistung oder seiner Persönlichkeit. Aufmerksamkeit ist eine leicht zu realisierende Form der Anerkennung und Zuwendung. Dennoch wird sie kostbar durch die Menge an Zeit, die für diese Form der Wertschätzung aufgebracht wird.

Eine Führungskraft, die ihre Aufmerksamkeit nicht ausschließlich der Person widmet, mit der sie gerade im Gespräch ist, sondern gleichzeitig etwas anderes tut, wie z. B. E-Mails checken oder im Internet surfen, wird nicht nur als unaufmerksam wahrgenommen, sondern auch als unhöflich. Durch diese geteilte Aufmerksamkeit gibt die Führungskraft dem Mitarbeiter das Gefühl, dass er persönlich oder das Thema für ihn nicht die wichtigste Priorität hat. Häufig wird dies von den Mitarbeitern als persönliche Missachtung empfunden. Es bedarf starker Mitarbeiter, mit dieser Art von geteilter Aufmerksamkeit der Führungskraft umzugehen.

Wie würde es umgekehrt eine Führungskraft empfinden, wenn Mitarbeiter in einem für die Führungskraft wichtigen Meeting fortlaufend auf dem Smart-Phone E-Mails beantworten? Dass Mitarbeiter dies i.d. R nicht tun, liegt daran, dass von ihnen die volle Aufmerksamkeit erwartet wird und dass sie dem, was die Führungskraft sagt, Bedeutung beimessen. Falls sie der Führungskraft dennoch keine Aufmerksamkeit schenken, ist das ein Statement mit einem klaren Signal an die Führungskraft.

▶ Die volle und ungeteilte Aufmerksamkeit der Führungskraft einem Mitarbeiter gegenüber ist Wertschätzung und Anerkennung zugleich.

5.4 Aufmerksamkeitsfördernde Kommunikation

Neben der Menge an Aufmerksamkeit ist es vor allem auch die Art und Weise, wie miteinander kommuniziert wird, um die Aufmerksamkeit zu steigern oder um Themen für die Mitarbeiter bedeutsam zu machen.

5.4 Aufmerksamkeitsfördernde Kommunikation

Zuhören können

Eine aufmerksamkeitsfördernde Kommunikation beginnt mit der Aufforderung der Führungskraft an den Mitarbeiter, das Fachgespräch zu beginnen und den Bearbeitungsstand, Ideen, Fragen o. ä. vorzutragen. Die Aufgabe der Führungskraft ist es, Hinweise und Informationen der Mitarbeiter mit der notwendigen Ernsthaftigkeit zu vertiefen. Auch wenn die Führungskraft nicht sofort ein Feedback geben kann oder will, so kann sie es doch zum Anlass nehmen, den Sachverhalt zu überdenken und abzuwägen. Nicht immer ist eine direkte Reaktion der Führungskraft erforderlich.

Ein Fehler vieler Führungskräfte in der Kommunikation ist es, sofort den Gesprächsinhalt an sich zu reißen, die eigene Einschätzung der Lage oder die Deutung der Kennzahlen abzugeben und schließlich die Dringlichkeit der Erledigung deutlich zu machen. Mit dieser Art des Vorgehens ist bereits inhaltlich so viel vorgegeben, dass sich die Aufmerksamkeit des Mitarbeiters darauf reduziert, die Ideen der Führungskraft aufzugreifen und umzusetzen. Das ganze Potenzial der Einbringung von Mitarbeitern zum Thema wird gar nicht erst abgefragt und damit verschenkt.

Vergleichbar ist vielleicht der Publikumsjoker der Sendung *Wer wird Millionär?* Um ihn neutral nutzen zu können, können zu viele Informationen im Vorfeld die Meinung des Publikums schon auf die entsprechende (falsche) Antwort lenken. Das führt die Meinungsbildung des Publikums bereits in die Richtung der bereits diskutierten möglichen Antwort.

Das Zuhören hat den gleichen Stellenwert in der Kommunikation wie das Reden. Das Zuhören der Führungskraft fördert die Aufmerksamkeit des Mitarbeiters insofern, da dieser durch eigenes Reden die höchste Intensität der Beteiligung erreicht. Die höchste Beteiligung bedeutet aber auch gleichzeitig die höchste Aufmerksamkeit für das Thema.

Fragen stellen

Die Technik des Fragens gehört zu den besonders aufmerksamkeitsfördernden Kommunikationstechniken. Der Führungsgrundsatz *Wer fragt, leitet das Denken* ist schon älter, hat aber nichts von seiner Gültigkeit eingebüßt. Die richtige Umsetzung setzt eine kommunikationserfahrene Führungskraft voraus.

Fragen sollten insbesondere dann besonders aufmerksamkeitsfördernd eingesetzt werden, wenn die Führungskraft dem Mitarbeiter durch Fragen helfen kann, das Thema, den Prozess oder die Situation besser zu verstehen. Erst dann ist es ihr möglich, die Fragen so zu formulieren, dass sie für den Mitarbeiter auch hilfreich sind.

Werden Fragen gestellt wie: *Haben Sie sich die Kennzahlen angesehen? Und, was meinen Sie?*, kann den Rückschluss zulassen, dass sich die Führungskraft im Vorfeld des Gespräches mit dem Mitarbeiter noch gar nicht mit den Kennzahlen auseinandergesetzt hat. Sonst würde die Frage in etwa lauten: *Wir haben höhere Anschaffungskosten im Vergleich zum Vormonat. Wie viel Prozent der eingekauften Waren werden wir in den nächsten 8 Wochen wieder absetzen?* oder *Was schlagen Sie vor, um 70 % dieser eingekauften Waren in den nächsten Wochen wieder abzusetzen?*

Die Anwendung von Fragetechniken setzt voraus, dass die Führungskraft bereits die Möglichkeiten bewertet hat und durch die Einbeziehung des Mitarbeiters eine zusätzliche Meinung dazu einholt. Das drückt nicht nur die Wertschätzung aus, sondern holt auch zusätzlichen Mehrwert und Ansätze für Problemlösungen in das Gespräch. Wertschätzung drückt sich auch in der Offenheit gegenüber Widerständen, Herausforderungen und Kontroversen aus. Erst dann nutzt die Führungskraft alle Kompetenzen der Mitarbeiter, entwickelt sie und macht sie zu eigenständigen Problemlösern. Im anderen Fall degradieren Führungskräfte ihre Mitarbeiter zu Handlangern ihrer eigenen Ideen und Lösungen.

Durch die Fragetechniken geben Führungskräfte keine Handlungsempfehlungen vor, sondern erarbeiten die Lösung und Umsetzung des Problems gemeinsam mit den Mitarbeitern. Das wiederum fördert die Motivation und die Selbstverantwortung in der Problemlösung.

Handlungssprache

In Bezug auf Kennzahlen ist wichtig, dass die Führungskraft eine klare Handlungssprache spricht. Je präziser sich eine Führungskraft in Bezug auf die Ableitung von Aktionen aus einer Kennzahlenanalyse ausdrückt, desto besser das Ergebnis. *Nehmen Sie sich nochmal die Offene-Posten-Liste vor*, ist ein Satz, der einem Mitarbeiter keinen Handlungsauftrag mitgibt. Gut gemeint, aber ohne Ansatz von Führung. Dieser Arbeitsauftrag kann nur für Routineaufgaben gelten, bei denen alle Beteiligten präzise wissen, was die nächsten Schritte sind. Ein aufmunterndes *Sie schaffen das schon*, ist eher ein Führungs-Armutszeugnis und entbindet die Führungskraft nicht davon, sich selbst mit der Problemlösung auseinanderzusetzen.

▶ Indirekte Arbeitsanweisungen und Bemerkungen sind für die Führung mit Kennzahlen nicht nützlich, auch wenn sie noch so motivierend erscheinen.

Selektieren Sie bitte alle Forderungen älter als 30 Tage und versenden Sie an diese Kunden eine Mahnung bis Ende der Woche. Diese Aussage ist konkret, handlungsorientiert und hilft dem Mitarbeiter, seine Tätigkeiten zu strukturieren. Auf dieser Basis ist auch die Überprüfung der Erledigung, das Aussprechen von Lob oder sogar das Führen eines Kritikgespräches überhaupt erst möglich. Durch diese klare Aussage steigern sich darüber hinaus die Qualität der Arbeit und die Zufriedenheit aller Beteiligten. Auch die der Führungskraft.

▶ Eine positive und klare Handlungssprache drückt aus, was die konkrete Tätigkeit sein soll, was die Erwartung der Führungskraft ist und überlässt dies nicht der Deutung des Mitarbeiters.

5.4 Aufmerksamkeitsfördernde Kommunikation

Sie ersetzt Allgemeinplätze wie *Darum muss sich mal jemand kümmern*, durch eindeutige, handlungsbezogene Arbeitsaufträge. Diese steigern insofern auch die Aufmerksamkeit, da es nur dann möglich ist, diese Aufträge auch für alle Beteiligten auf dem Radar zu halten und zu überprüfen. *Darum muss sich mal jemand kümmern* oder *Sie schaffen das schon*, sind Zeit- und Aufmerksamkeitsverschwendung.

Führungskräfte, die sich einer klaren Handlungssprache bedienen, schaffen auch eine differenzierte Kommunikation. Das gleiche Thema wird anders zwischen ihrem eigenen Vorgesetzten und den eigenen Mitarbeitern kommuniziert. *Man muss die Kommunikation annähern, um ein gutes Ergebnis zu erzielen*, sagte eine Führungskraft eines Großkonzerns, die oft beobachtet hat, dass Gesprächsergebnisse mit dem Chef in gleichem Wortlaut an die Mitarbeiter weitergeben wurden. Das hat eher zu Irritation als zur Umsetzung geführt.

Rhetorische Mittel

Die erfahrene Führungskraft kann sich zur Aufmerksamkeitsförderung des Mitarbeiters auch völlig legitimer, rhetorischer Mittel bedienen. Diese sind dazu geeignet, eine bestimmte Wirkung beim Empfänger zu erzeugen, um seine Meinung zu prägen, seine Motivation zu verbessern und in diesem Zusammenhang seine Aufmerksamkeit zu steuern.

Im Wesentlichen geht es darum, *die richtigen Worte* für den jeweiligen Mitarbeiter zu finden. Herauszufinden, in welchem Kontext der Mitarbeiter sich bewegt und arbeitet und was ihm persönlich wichtig ist. So kann die Führungskraft die Bedeutung des Themas für den Mitarbeiter erhöhen.

Die Analyse der Umsatzstruktur können Sie auch auf die Analyse der anderen Geschäftsfelder übertragen und haben dadurch Zeit gespart, spricht den Mehrwert für den Mitarbeiter an, den er vielleicht noch nicht erkennen konnte.

Sie sind im Moment der einzige, der diese Art von Tätigkeit durchführen kann. Das macht Sie für mich unersetzlich, um die Motivation des Mitarbeiters zu steigern.

Wenn Sie mit den Kollegen über die neue Vertriebsstruktur sprechen, denken Sie daran, die Werbungskosten pro Segment aufzubereiten. Das wird dem Mitarbeiter die Diskussion um Kosten erleichtern, eine weitere Perspektive in die Bearbeitung bringen und ihn somit auf das Gespräch mit den Kollegen besser vorbereiten.

Es ließen sich noch viel mehr Beispiele zur Steigerung der Bedeutung für den Mitarbeiter finden. Hinter allem steht die Frage, was für den einzelnen Mitarbeiter eine höhere Bedeutung der Arbeitsaufgabe ausmacht. (siehe auch Abschn. 8.4) Für den einen Mitarbeiter gibt es eine höhere Zufriedenheit in der perfekten Erledigung der Arbeitsaufgabe, für den anderen bedeutet es die Vermeidung von Stress und für wieder andere eine weitere Trittstufe auf der Karriereleiter. Die jeweilige Bedeutung und damit die Steigerung der Aufmerksamkeit sind von der individuellen Situation des Mitarbeiters abhängig. (siehe auch Abschn. 8.1).

Literatur

1. Birkenbihl V (2002) Kommunikationstraining. Zwischenmenschliche Beziehungen erfolgreich gestalten. mvg, Landsberg
2. Cain S (2011) Still. Die Bedeutung von Introvertierten in einer lauten Welt. Riemann, München
3. Franken S (2010) Verhaltensorientierte Führung. Handeln, Lernen und Diversity in Unternehmen. Gabler, Wiesbaden
4. Hagendorf H, Krummenacher J, Müller H-J, Schubert T (2011) Wahrnehmung und Aufmerksamkeit. Allgemeine Psychologie für Bachelor. Springer, Berlin
5. Hommel B, Nattkemper D (2011) Handlungspsychologie. Planung und Kontrolle intentionalen Handelns. Springer, Berlin
6. Kilian K (2007) Multisensuales Markendesign als Basis ganzheitlicher Markenkommunikation. In: Florack A, Scarabis M, Primosch E (Hrsg) Psychologie der Markenführung. Vahlen, München, S 326–356
7. Picca M, Spisak M (2013) Psychologische Grundlagen für Führungskräfte. In: Steiger T, Lippmann E (Hrsg) Handbuch Angewandte Psychologie für Führungskräfte. Führungskompetenz und Führungswissen. Springer, Berlin, S 65–112
8. Röhner J, Schütz A (2012) Psychologie der Kommunikation. In: Kriz J (Hrsg) Basiswissen Psychologie. Springer, Wiesbaden, S 1–118
9. Schirrmacher F (2009) Payback. Warum wir im Informationszeitalter gezwungen sind zu tun, was wir nicht tun wollen, und wie wir die Kontrolle über unser Denken zurückgewinnen. Blessing, München
10. Stanovich K, West R (2000) Individual differences in reasoning: implications for the rationality debate? Behavioral and Brain Sciences 23:645–665. http://www.keithstanovich.com/Site/Research_on_Reasoning_files/bbs2000_1.pdf. Zugegriffen: 27. Mai 2014
11. Winkler I, Sedlmeier P (2011) Ist das wirklich schon wieder zehn Jahre her? Die Veränderung der Zeitwahrnehmung über die Lebensspanne. Inquisitive Mind. http://de.in-mind.org/article/ist-das-wirklich-schon-wieder-zehn-jahre-her-die-veraenderung-der-zeitwahrnehmung-ueber-die. Zugegriffen: 26. Mai 2014

Die Selbstaufmerksamkeit steuern 6

Zusammenfassung

Die Selbstaufmerksamkeit von Führungskräften wird im Tagesgeschäft regelmäßig hinter aktuelle Anforderungen, Aufgaben und Herausforderungen zurückgedrängt. Störfaktoren wie Informationsflut, der ständige Termindruck, Ablenkung und die Verschiebung von Prioritäten tragen dazu bei. Wie aber können Führungskräfte durch die Steuerung ihrer eigenen Aufmerksamkeit zu einer höheren Effizienz gelangen? Welche Faktoren fördern die Konzentration auf die Selbstaufmerksamkeit? Wie können Führungskräfte im Dschungel der Kennzahlen ihre Selbstaufmerksamkeit behalten? Wer diese Fragen für sich positiv beantworten kann, befindet sich bereits auf dem Weg zum Attention Leader. Die Aufmerksamkeit auf sich selbst zu richten, ist die wichtigste Säule der personalen Kompetenz. In Kombination mit der Willenskraft der inneren Agenda werden die Voraussetzungen für eine gelungene Umsetzung von Zielen geschaffen und die dauerhafte Erfolgsorientierung gewährleistet.

Wenn ich nicht selber fokussiert bin, wie sollen es dann meine Mitarbeiter sein, sagte mir ein Geschäftsführer im Coaching. *Nur wenn ich weiß, wohin ich selber will, kann ich alle meine Leute hinter mich bringen. Ansonsten würden sie kein Vertrauen mehr in meine Fähigkeiten als Pfadfinder haben. Das wäre für mich als Geschäftsführer eines Unternehmens mit 800 Mitarbeiter undenkbar.*

Aufmerksamkeit ist ein wichtiges Gut. Aber nicht nur in Bezug auf das menschliche Miteinander, sondern auch in Bezug auf die eigene Person – die sogenannte Selbstaufmerksamkeit. Sie kann sich auf das eigene Verhalten, die eigenen Prinzipien und Werte beziehen. Entscheidend ist, wie bewusst eine Führungskraft ihrer eigenen Aufmerksamkeit gegenüber ist und in welchem Grad sie in der Lage ist, sie zu steuern.

▶ Eine Führungskraft, die ihr eigenes Verhalten steuern kann und sich über ihre eigenen Prinzipien und Werte bewusst ist, kann Mitarbeiter erfolgreich führen.

Die Selbstaufmerksamkeit der Führungskraft wird aber gelegentlich im Tagesgeschäft hinter aktuelle Anforderungen, Aufgaben und Herausforderungen zurückgedrängt. Die Flut an Informationen steigt und gleichzeitig hat die zur Verfügung stehende Zeit das persönliche Limit erreicht. Die eigene Aufmerksamkeit liegt auf zu vielen Dingen. Es ist notwendig, sich zu fokussieren. Zudem überlagern sich Vorgänge und Anforderungen, die sich in ihrer Wichtigkeit scheinbar den Rang ablaufen. Das ist schon eine große Herausforderung für eine Führungskraft, dabei nicht nur die Aufmerksamkeit auf das Tun der Mitarbeiter zu richten, sondern auch auf das eigene Handeln und Verhalten, sodass sie sich nicht selbst als Ping-Pong-Ball innerhalb der Anforderungen empfindet, die von außen an sie herangetragen werden.

Führungskräfte, die eine gute Selbstaufmerksamkeit haben, kann man daran erkennen, dass sie trotz Hektik um sie herum ruhig bleiben und souverän wirken. Sie lassen sich nicht durch kurzfristige Ansprüche aus ihrem Konzept bringen, können Nein sagen, stöhnen öffentlich nicht über zu hohe Anforderungen. Sie verfügen über eine gute Work-Life-Balance, machen Sport und achten auf ihr eigenes Wohlbefinden.

Die eigene Aufmerksamkeit zu lenken ist eine Freiheit, die niemandem genommen werden kann. Zwar kann angeordnet werden, was jemand bearbeiten soll, aber mit welchem Grad an Aufmerksamkeit er das tut, kann nicht vorgegeben werden. Die beste Aufmerksamkeit, die jemandem oder etwas geschenkt werden kann, ist die freiwillige Aufmerksamkeit. Allerdings: Wer sich selbst gegenüber aufmerksam ist, muss es noch nicht anderen gegenüber sein.

Die Lenkung der eigenen Aufmerksamkeit hat vor allem mit Ablenkung zu tun. Eine gute Selbstaufmerksamkeit ist geprägt davon, die Konzentration auf ein Ereignis oder eine Person zu behalten, trotz vieler externer Einflüsse und scheinbarer Wichtigkeiten. Die konzentrierte Aufmerksamkeit ist unteilbar und kann nur einem Vorgang gleichzeitig geschenkt werden. Die Effizienz und damit der Erfolg der Führungskraft sind abhängig von der bestmöglichen Fokussierung der eigenen Aufmerksamkeit. Nur was Aufmerksamkeit hat, kann sich weiterentwickeln. Auch die Führungskraft selbst.

Wie aber kann eine Führungskraft ihre Aufmerksamkeit so steuern, dass sie zu einer höheren Effizienz gelangt? Welche Faktoren verhindern die Ablenkung der Aufmerksamkeit? Wie kann eine Führungskraft im Dschungel der Kennzahlen ihre Selbstaufmerksamkeit behalten?

Wer diese Fragen für sich beantworten kann, hat sich zu einem echten Attention Leader entwickelt, der in der Lage ist, seine eigene Selbstaufmerksamkeit zu steuern.

▶ Der Attention Leader ist in der Lage, sowohl seine Selbstaufmerksamkeit zu steuern als auch die seiner Mitarbeiter, seiner Kunden und Shareholder.

6.1 Wahrnehmung der eigenen Aufmerksamkeit

Nehmen Sie eigentlich Ihre eigene Aufmerksamkeit noch ausreichend wahr? Bemerken Sie, wie Sie sich verhalten, was Sie sagen? Nehmen Sie ihr Umfeld ausreichend auf und hören Sie, welche Laute Sie umgeben?

Machen Sie doch zu Beginn dieses Kapitels eine kleine Übung:

Wie bewusst nehmen Sie den Fokus Ihrer eigenen Aufmerksamkeit wahr? Beantworten Sie folgende Fragen in Tab. 6.1 wahrheitsgemäß:

Wie viele dieser Fragen konnten Sie mit Sicherheit beantworten, wie viele Antworten haben Sie aus Ihrer (verblassten) Erinnerung geholt?

Diese kleine Übung zeigt, dass viele Wahrnehmungen gar nicht den Status der Aufmerksamkeit erreichen, da sie für den Moment nicht wichtig erscheinen. Es ist nicht so, dass der Mensch nicht in der Lage wäre, sich die Sensibilität für Dinge und Menschen zu erhalten, aber sie werden durch individuell wichtigere Aspekte überlagert. Das hat viel mit der knappen Zeit, dem Anspruch an schnelles Handeln und der persönlichen Zuweisung von Wichtigkeit zu tun. Etwas nicht bewusst wahrzunehmen und dem keine Aufmerksamkeit zu schenken, ist eine Frage des Setzens von Prioritäten, da sonst die zur Verfügung stehende Zeit nicht optimal ausgenutzt werden kann.

Es ist anerkennenswert, wenn Manager in ihren Aufgaben voll aufgehen und ihrer beruflichen Tätigkeit eine der höchsten Prioritäten zuweisen. Und dennoch ist die wichtigste Säule der personalen Kompetenz, den Fokus auf sich selbst zu richten. Dabei geht es auch darum, sich selbst und anderen gegenüber den erforderlichen Grad an Aufmerksamkeit zu erhalten oder zurückzugewinnen.

Randnotiz
Die Mitglieder im Verein zur Verzögerung der Zeit verpflichten sich zum Innehalten, zur Aufforderung zum Nachdenken dort, wo blinder Aktivismus und partikulares Interesse Scheinlösungen produziert [13].

Erst wenn eine Führungskraft weiß, wie ihre Muster selektiver Wahrnehmung funktionieren, kann sie ihre Aufmerksamkeit gezielt steuern. Voraussetzung für diesen Prozess ist es, ein höheres Bewusstsein für die eigene Wahrnehmung zu entwickeln. Ein höheres Bewusstsein kann eine Führungskraft aber nur dann entwickeln, wenn sie ihrer Aufmerksamkeit zulässt, sich auf Menschen, Anforderungen und Prozesse wieder tiefer einzulassen. Mit der selektiven Wahrnehmung wird nur ein Ausschnitt der Wirklichkeit bedeutsam. Es werden diejenigen Aspekte selektiert, die für die Ausführung des Handelns und Verhaltens wichtig sind. Die Wahrnehmung ist kontextabhängig ([5], S. 7).

Obwohl der Mensch nur selektiv wahrnehmen kann, versuchen tausende von Informationen täglich die Führungskraft zu erreichen. Durch technische Möglichkeiten werden Daten von überallher zur Verfügung gestellt und die Erreichbarkeit erhöht. Um diese Datenflut zu bewältigen, kann die Führungskraft nur eines tun: die eigene Aufmerksamkeit besser wahrnehmen.

Tab. 6.1 Übung

Frage	Richtige Antwort	Ich bin mir nicht sicher	Weiß ich nicht
Was hat Ihr Mitarbeiter, den Sie heute als erstes getroffen haben, zur Begrüßung zu Ihnen gesagt?			
Welche Schuhfarbe trägt Ihre Sekretärin heute?			
Zu welcher Kennzahl haben Sie zuletzt mit Ihren Mitarbeitern Maßnahmen vereinbart?			
Welche war die erste E-Mail, die Sie heute bearbeitet bzw. gelöscht haben?			
Welches Thema haben Sie in den letzten 48 Stunden in Summe am längsten bearbeitet?			
Welcher Termin ist am Freitag der letzte in Ihrem Kalender?			
Beschreiben Sie den Sitzbezug ihres aktuellen Dienstwagens.			
Wonach hat es geduftet, als Sie heute Morgen das Haus verlassen haben?			

Was alles kann eine Führungskraft dafür tun, wieder aufmerksamer für ihr Umfeld zu werden? Die folgenden Punkte können helfen, wieder einen klaren Blick auf die wichtigen, aufmerksamkeitsrelevanten Aspekte des eigenen Tuns zu bekommen. Es folgen fünf Vorschläge:

1. Informationen sondieren
2. Bearbeitungszeiten einplanen
3. Aufmerksamkeit verteilen
4. Selbstbewusst handeln
5. Selbstkontrolle ausüben

▶ Es gibt keine richtigen oder falschen Wege zur Steuerung der Aufmerksamkeit; es gibt nur individuelle Wege.

Informationen sondieren

Informationen sind in Unternehmen jederzeit spezifisch oder unspezifisch in unglaublichen Mengen verfügbar – gefragt oder ungefragt. Das betrifft besonders die Online-Kommunikation. Aber es gilt auch für Informationen, die allgemein zur Verfügung stehen, wie Prozessbeschreibungen, Arbeitsanweisungen, Verhaltensregeln, Datenbanken. Eine Masse an Informationen versucht, die Mitarbeiter eines Unternehmens täglich zu erreichen.

6.1 Wahrnehmung der eigenen Aufmerksamkeit

So intensiv, dass allein schon die direkt adressierten Informationen ein Gefühl der Überwältigung auslösen können.

Und dies betrifft nicht nur die Informationen, die auf elektronischem Wege gesendet bzw. empfangen werden. Informationen, die durch Mitarbeiter an eine Führungskraft herangetragen werden, kommen ebenso hinzu wie Telefonate, Besprechungen oder informelle Gespräche. Informationen werden in ihrer Bedeutung dadurch ausgewählt, dass man ihnen Aufmerksamkeit schenkt. Niemand kann informiert werden, entscheiden, lernen oder reagieren, wenn der jeweiligen Information keine Aufmerksamkeit geschenkt wird.

Es werden hunderte Entscheidungen über aktuelle Vorgänge getroffen, deren Halbwertzeit immer kürzer wird. Damit nimmt auch die Bearbeitungsintensität ab. Aktuell wichtige Vorgänge werden durch in dem Moment noch wichtigere Vorgänge abgelöst und am Ende des Tages bleibt ein Gefühl zurück, *nicht richtig was geschafft zu haben*. Die Aufmerksamkeit der Führungskraft springt vom aktuell wichtigsten auf das nächst wichtige Thema und keines dieser Themen kann bis zum Ende durchdacht, reflektiert oder gelöst werden. Demnach bleibt nichts anderes übrig, als das jeweilige Thema hinten anzustellen oder einen Mitarbeiter mit der weiteren Bearbeitung zu beauftragen.

Informationen „fressen" Aufmerksamkeit. Je mehr Botschaften es gibt, desto weniger Zeit steht für die Verarbeitung zur Verfügung. Die Kapazität des Arbeitsgedächtnisses ist begrenzt, sagte bereits Herbert Simon, Ökonomie-Nobelpreisträger und Entscheidungsforscher.

What information consumes is rather obvious: it consumes the attention of its recipients. Hence a wealth of information creates a poverty of attention [12].

Was kann man tun, um die Informationen besser zu sondieren, damit man von ihnen nicht *aufgefressen* wird?

1. Kommunizieren Sie Informationen mit Inhalt

Wie man in den Wald hineinruft, so schallt es auch zurück. Ein altes Sprichwort, das auch auf den Umgang mit Informationen übertragen werden kann.

Informationen, die mit wenig Inhalt versendet oder kommuniziert werden, können die Qualität der Tätigkeit nicht steigern. Manche sind so gehaltlos, dass sie nur mit Fragezeichen zur Kenntnis genommen werden können, wie z. B. Weiterleitungskommentare zu E-Mails: *Können Sie sich mal darum kümmern? Überprüfen Sie das noch einmal* oder am schlimmsten: *fyi (for your interest)*.

Diese Kommentare erhalten keinen klaren Arbeitsauftrag und können eher ein zeitaufwendiges Rätselraten bei den Mitarbeitern auslösen als eine konkrete Handlungsanweisung. Die Krönung der uneinheitlichen Information sind nicht adressatenbezogene Rundmails, die in vielen Unternehmen heute auch schon technisch unterdrückt werden.

Informationen sondieren heißt für die Führungskraft als erstes, die Qualität der eigenen Information durch sachbezogene Kommunikation zu steigern, klare Arbeitsaufträge damit zu verbinden und auf nicht spezifische Informationen keinesfalls zu reagieren. Damit wird die Qualität der Information gesteigert und die Aufmerksamkeit auf die wichtigen Aspekte reduziert.

2. Bündeln Sie Informationen

Informationen werden über die verschiedensten Kanäle an die Führungskraft herangetragen. E-Mails, Gespräche mit Mitarbeitern, Telefonate und SMS sind zeitlich und in ihrer Form nicht einzuplanen. Immer wieder besteht die Versuchung, diese *mal eben* zu sichten, abzuarbeiten oder zu beantworten, anstatt sie thematisch zu bündeln und dann thematisch konzentriert abzuarbeiten. Das erfordert aber ein Höchstmaß an Aufmerksamkeit und Disziplin und das Wissen, dass die Zeit für die Abarbeitung noch kommen wird.

Manche Führungskraft steht jedoch in der Versuchung, alles gleich erledigen zu wollen, weil sie nicht sicher ist, dass sie die Zeit sonst noch am Tag finden wird. Informationen haben in jedem Fall mehr Aufmerksamkeit, wenn sie in einem Bearbeitungszusammenhang wahrgenommen werden, als *mal eben zwischendurch*. Denn dann werden sie in einem Kontext wahrgenommen und können so auch leichter erinnert werden.

Bei der Aufnahme von Informationen versucht das Gehirn, Zusammenhänge zwischen neuem und vorhandenem Wissen herzustellen. Je mehr Einzelinformationen miteinander verknüpft werden können, desto sicherer sind sie im Gedächtnis verankert. Isolierte Einzelinformationen dagegen werden schnell wieder vergessen [11].

In Bezug auf den Umgang mit Kennzahlen sollte auf Folgendes geachtet werden:

▶ Vermeiden Sie das Vertiefen von nur einer Information bzw. Kennzahl, sondern stellen sie diese in einen Gesamtzusammenhang.

▶ Bewerten Sie Kennzahlen immer im Hinblick auf ihren Urheber und werden Sie sich über die Absicht klar, die er mit diesen Kennzahlen erreichen will.

▶ Reduzieren Sie die zur Verfügung stehenden Informationsquellen im Hinblick auf das Ziel, das Sie erreichen wollen.

▶ Bewerten Sie nicht Einzelinformationen, sondern suchen Sie nach Mustern.

▶ Und sollten Sie sich in Informationen und Kennzahlen verloren haben, dann fangen Sie noch einmal von vorne an, indem Sie sich klarmachen, was Ihr eigentliches Ziel war.

Durch das Bündeln von Informationen kann erreicht werden, dass die Entscheidungsqualität verbessert, der Zeitaufwand und Fehleinschätzungen verringert werden.

Bearbeitungszeiten einplanen

Die Arbeitszufriedenheit wird dann gesteigert, wenn die Arbeitsergebnisse stimmen, sich Erfolg einstellt und sich die Überlagerung der Dinge, die Aufmerksamkeit verlangen, in Grenzen hält. Diese Grenze definiert jeder Mensch individuell. Für die einen ist sie niedriger, für die anderen höher angesetzt.

6.1 Wahrnehmung der eigenen Aufmerksamkeit

Für diese individuelle Grenze gilt aber, dass nur durch eine konzentrierte Bearbeitung die Möglichkeit besteht, Arbeitsaufgaben zur eigenen Zufriedenheit zu bearbeiten und für deren Ergebnis auch Verantwortung zu übernehmen. *Ich sehe gar nicht mehr, wohin meine Energie geht, sondern ich lasse zu, dass andere meine Tätigkeiten bestimmen. Dadurch verliere ich meinen Fahrplan und werde unzufrieden, weil ich das Gefühl habe, nur noch fremdgesteuert zu sein*, sagte neulich der Bereichsleiter eines Dienstleistungsunternehmens.

Die Arbeitsqualität kann nur dann dauerhaft erbracht werden, wenn sich die Führungskraft selbst für die Bearbeitung, Entscheidung und Ausführung ausreichend Zeit einplant. Die braucht sie, um sich zunächst einmal eine eigene Meinung zu bilden, eine Strategie zu erarbeiten, Personal bzw. Kompetenzen einzuplanen, Kennzahlen zur Überprüfung der Zielerreichung zu ermitteln, Plausibilitätsrechnungen durchzuführen und sich zuletzt eine Kommunikationsstrategie zurechtzulegen.

Diese Vorgehensweise erhöht die Vielfalt der Handlungsmöglichkeiten und gibt Führungskräften wie Mitarbeitern eine höhere Zufriedenheit durch das Wissen, die Aufmerksamkeit auf Wertschöpfung gerichtet zu haben.

▶ Die Qualität der Arbeit mit Kennzahlen steigt mit dem Anteil der Bearbeitungszeit der Führungskraft, entweder als tatsächliche Bearbeitungszeit oder als Vorbereitungszeit für Gespräche mit Dritten.

Aufmerksamkeit verteilen

Es geht beim Management der eigenen Aufmerksamkeit nicht um Zeitmanagement, sondern darum, die eigene Aufmerksamkeit den zielführenden Themen bewusst zuzuweisen. Das Aufgabenfeld einer Führungskraft ist außergewöhnlich komplex, vielschichtig und dynamisch. Das aktuelle Tagesgeschehen und die gesetzten Prioritäten können sich im Laufe des Tages verschieben. Es ist für eine Führungskraft also ein ständiges Abwägen der Aufgaben zwischen Wichtigkeit und Bedeutung. Diese Komplexität zeichnet das Arbeiten in Leitungsfunktionen aus.

Das Wesen der Komplexität ist es, dass sich Abläufe und Strukturen kurzfristig ändern und voneinander abhängig sind. Ende oder Zwischenziele einer Aufgabe sind nicht absehbar. Informationen oder auch Kompetenzen sind nicht gleich verfügbar.

Ich tue mein Bestes, um alle jeden Tag zufriedenzustellen. Und ich strenge mich wirklich an. Aber am Ende des Tages habe ich das Gefühl, dass ich nur Everybody's Darling gewesen bin. Ich habe gar kein eigenes Profil mehr, sagte neulich eine junge Führungskraft im Coaching.

In dieser komplexen Arbeitswelt ist es notwendig, die Aufmerksamkeit auf die erfolgversprechenden Dinge zu richten und fokussiert zu bleiben. Die tägliche Konzentration auf die Erreichung der eigenen Ziele ist das entscheidende Kriterium für die Verteilung der Aufmerksamkeit. Erfolgreiche Führungskräfte steuern sich und ihre Aufmerksamkeit und lassen darin keine Unterbrechung zu, selbst auf die Gefahr hin, dass Mitarbeiter kein unmittelbar benötigtes Feedback bekommen können. Attention Leader nehmen persönlichen Einfluss auf das Führen ihres Kalenders.

▶ Die eigenen Ziele sind formulierte Annahmen über den zukünftigen Erfolg einer Führungskraft. Sie dienen dazu, alles Handeln darauf auszurichten und die Aufmerksamkeit auf ihre Erreichung zu fokussieren.

Der Schriftsteller Mark Twain sagte: *Wer nicht weiß, wohin er will, der darf sich nicht wundern, wenn er ganz woanders herauskommt* [4]. Exzellente Führungskräfte verstehen es, ihre kurz-, mittel- und langfristigen Ziele im Blick zu behalten und sich nicht so schnell durch operative Hektik oder Zufallsthemen ablenken zu lassen. Ohne Zielorientierung läuft eine Führungskraft Gefahr, die Konzentration auf nebensächliche Aktivitäten zu lenken. *Ohne Ziele wissen wir auch nicht, was für uns wirklich wichtig ist und welche Prioritäten wir setzen sollen. Wer keine Ziele hat, gibt die Verantwortung für sein Leben ab. Erfolgreiche Menschen wissen immer, was sie wollen und setzen sich auch dafür ein. Ziele sind die Voraussetzung für Erfolg. Im Übrigen ist es gar nicht so schlimm, wenn man seine Ziele nicht immer erreicht, viel schlimmer ist es, gar keine Ziele zu haben* ([7], S. 73).

> **Beispiel**
>
> In der internen Kosten- und Ertragsrechnung schnellten in einem Monat die Reisekosten extrem nach oben. Es war schnell ermittelt, dass ein neuer Mitarbeiter für seine Dienstreise einen Business-Class-Flug nach China gebucht hatte, obwohl das in diesem Unternehmen nur Führungskräften im oberen Management vorbehalten war. In seiner vorherigen Firma war das anders. Das Unwissen des Mitarbeiters zog unendliche Kreise. Zunächst wurde der direkte Vorgesetzte zitiert, der den Reisekostenantrag unterschrieben hatte. Ihm selbst war die Buchung nicht aufgefallen. Danach wurde ein Kritikgespräch mit dem Mitarbeiter selbst geführt, der sich der Anweisung nicht bewusst war und sich reumütig zeigte. Im Anschluss wurde noch die Personalabteilung angewiesen, eine Ermahnung für diesen Mitarbeiter auszusprechen. Die musste vom direkten Vorgesetzten aber erst noch formuliert werden. Schließlich wurde der Flug kostenfrei storniert und in ein Economy Ticket umgewandelt. Die Kollegen des neuen Mitarbeiters hatten für Stunden kein anderes Gesprächsthema als diese Verfehlung. Der Mitarbeiter selbst fühlte sich danach sehr lange blockiert, da er sich die Frage stellte, ob diese Firma die richtige für ihn sei, wo mit einem Fehler auf diese Art umgegangen wird.

Der oben beschriebene Fall ist ein gutes Beispiel für eine nicht wertschöpfende Verteilung von Aufmerksamkeit. Dafür ist die Führungskraft ganz allein verantwortlich. Sie allein entscheidet, wohin sie ihre Aufmerksamkeit lenkt, welchem Problem sie welchen Grad an Aufmerksamkeit und welche Priorität schenken will. In Anlehnung an das *Eisenhower-Prinzip* könnte sie dabei den Aufgaben, die wichtig sind und eine hohe Aufmerksamkeit erfordern, eine besondere Wichtigkeit und Dringlichkeit zuweisen. Danach kann sie entscheiden, wie sie diese Aufgabe nach dem A-B-C Cluster bearbeitet ([9], S. 158 f.).

6.1 Wahrnehmung der eigenen Aufmerksamkeit

Führungskräfte, die ihre Aufmerksamkeit konzentriert auf ihre Ziele lenken und damit auf ihre wertschöpfenden Tätigkeiten, sind konzentriert, handeln zielführend, denken strategisch und übertragen Verantwortung an ihre Mitarbeiter.

Selbstbewusst handeln

Was aber passiert, wenn die Wichtigkeit einer Aufgabe nicht nur durch die Führungskraft selbst bestimmt wird, sondern durch den Vorgesetzten oder andere wichtige Personen im Unternehmen eingefordert wird. *Ich brauche die Zusammenstellung dieser Kennzahlen von Ihnen bis übermorgen.* Eine solche Aufforderung kann nicht ignoriert werden.

Es ist aber möglich, die Art der Tätigkeit und die Dringlichkeit zu hinterfragen. Oftmals werden betriebswirtschaftliche Auswertungen relativ kurzfristig eingefordert, nur damit der entsprechende Vorgesetzte noch etwa zwei Wochen Zeit hat, sich *die Zahlen in Ruhe anzusehen.* Die Führungskraft sitzt an zwei Abenden bis spät in die Nacht an der Interpretation der Kennzahlen, verzichtet auf die Geburtstagsfeier eines guten Freundes und die Zahlen liegen danach unberührt eine Woche auf dem Tisch des Vorgesetzten, nur weil dieser sich von vorneherein eine Art Zeitpuffer einbauen wollte.

Es ist zwar nicht immer möglich zu diskutieren, ob eine Tätigkeit überhaupt gemacht werden muss. Aber die Art und Tiefe der Tätigkeit kann genau hinterfragt werden. Wofür genau werden diese Kennzahlen benötigt und was will derjenige damit erreichen? Eventuell gibt es bereits Auswertungen dieser Art, die leicht modifiziert genutzt werden können oder gibt es auch andere Auswertungen, die die gleiche Aussage leisten können. Erst wenn umfassend verstanden worden ist, was das Ziel und der Zweck der Auswertungen ist, kann die Bearbeitung in der Regel viel leichter vorgenommen werden als ohne Hintergrundinformationen.

Das genaue Hinterfragen von Tätigkeiten und der Frist erzeugt einen ganz wichtigen Mehrwert bei der Führungskraft. Zu allererst ist es der Führungskraft möglich, die gestellte Aufgabe in einen Gesamtzusammenhang zu setzen. Erst wenn sie versteht, worum es dem internen oder externen Auftraggeber wirklich geht, weiß sie genau, worauf sie ihre Aufmerksamkeit zu richten hat. Dann ist das Ziel u. U. mit viel weniger Aufwand zu erreichen. Durch diese genauere Hintergrundinformation können auch noch andere Bereiche mit in die Überlegung einbezogen werden: Welche Kennzahlen stehen miteinander in einem Zusammenhang, die ebenfalls berücksichtigt werden müssen? Welche zusätzliche Berechnung oder Plausibilitätsprüfung muss dazu noch ausgeführt werden? Wenn es sich um ein größeres Projekt handelt, können den Mitarbeitern, die ebenfalls beteiligt sind, mehr Informationen gegeben werden, sodass jeder für seinen Arbeitsbereich prüfen kann, welche relevanten Tätigkeiten oder Berechnungen mit einfließen müssen. Zu guter Letzt kann das genaue Hinterfragen auch Motivation auslösen, die dann entsteht, wenn alle erkennen, zu welchem Ergebnis ihre Tätigkeit etwas beiträgt.

▶ Ein selbstbewusstes Handeln steigert das Führen mit Kennzahlen und die Qualität der Bearbeitung.

Zu selbstbewusstem Handeln tragen eine hohe Zielfokussierung, richtige Prioritäten, Erfolg, Anerkennung und Fachkompetenz bei.

Was nicht immer möglich ist und ganz großes Selbstbewusstsein braucht, ist: begründet Nein sagen können. Die Betonung liegt hier auf *begründet*. Es geht nicht darum, Arbeiten nicht ausführen zu wollen, sondern den Tätigkeiten im eigenen Arbeitsumfeld Prioritäten zuzuweisen. Wenn Argumente fundiert vorgetragen und ggf. im Austausch mit Vorgesetzten, Kollegen oder externen Partnern abgewägt werden, dann ist es u. U. auch möglich, andere Lösungen zu finden. Wenn sich die Führungskraft dennoch dafür entscheidet, diese Tätigkeit doch auszuführen, dann wird sie dafür auch gute Gründe haben, die auf den ersten Blick vielleicht nicht zu erkennen waren. Dann besteht auch eine Wichtigkeit, der Aufgabe Aufmerksamkeit zu schenken.

Selbstkontrolle stärken
Eine Grundvoraussetzung, wie die eigene Aufmerksamkeit wieder besser wahrgenommen werden kann, sind ein ausgeruhter Kopf und Körper. Führungskräfte, die erschöpft und kognitiv überlastet sind, können meistens ihre eigene Aufmerksamkeit nicht mehr steuern, da ihnen die Kraft fehlt, dafür Energie aufzubringen. Sie laufen wie ein Hamster im Rad, endlos und mit rasender Geschwindigkeit. Gleichzeitig empfinden sie eine hohe Unzufriedenheit, schlafen nicht mehr ausreichend und ernähren sich falsch.

Die Bearbeitung von Kennzahlen und insbesondere eine schwierige Gedankenführung innerhalb komplexer Aufgaben verlangt hingegen sehr viel Selbstkontrolle und Disziplin, um die erforderliche Aufmerksamkeit dafür aufbringen zu können. Doch geistige und körperliche Erschöpfung geht meist mit einem Motivationsverlust und dem Verlust an Selbstkontrolle einher.

Es geht dabei aber nicht nur um zeitliche Freiräume, um den Kopf „freizukriegen". Es geht um Entscheidungs- und Handlungsfreiräume für die Führungskräfte selbst. Nur in einem unbelasteten Arbeitsklima, wo Kritik geübt werden und auch das Scheitern an Aufgaben dazugehören darf, können bestmögliche Arbeitsergebnisse erzielt werden.

Führungskräfte, die in Arbeit untergehen, können dieses Selbstbewusstsein nicht haben. Sie sind zu Kennzahlen-Söldnern geworden, die nicht mehr nach dem Sinn fragen, sondern nur ausführen, was von ihnen verlangt wird. Sie kämpfen hart und fragen nicht nach dem Ziel des Kampfes.

Dann ist der Punkt erreicht, an dem viele Führungskräfte ihre eigene Arbeit, die ihnen normalerweise Spaß macht, hinterfragen. Nicht wenige Führungskräfte verlassen zu dem Zeitpunkt das Unternehmen und suchen nach alternativen Wegen und Beschäftigungen [2].

Selbstkontrolle kann m. E. nur wiedergewonnen werden, in dem man nicht passiv, sondern gerade aktiv wird. Sie kommt nicht von allein oder nur durch reine Willenskraft.

Es folgt eine Liste (vgl. Abb. 6.1) von Vorschlägen, die die Aufmerksamkeit darauf richten soll, mit welchen Aktivitäten ein Teil der Selbstkontrolle zurückgewonnen werden kann. Entspannung ist harte Arbeit.

Abb. 6.1 Erste Schritte zur Rückgewinnung der Selbstkontrolle

6.2 Konzentration auf die Gegenwart

Einleitung

In Kap. 3 wurde bereits beschrieben, welche Funktionen Kennzahlen zur Steuerung einer Organisation erfüllen können. Sie sind in verschiedener Hinsicht nützlich, aber sie können die Aufmerksamkeit auch ablenken. Wie wichtig die Aufmerksamkeit auf die Gegenwart ist, wird im letzten Teil dieses Unterkapitels beschrieben. Um diesen Aspekt schlüssig herzuleiten, wird zuvor auf die Behandlung der Kennzahlen und ihrer Aufmerksamkeit für die Vergangenheit und die Zukunft eingegangen.

Viele Motive verleiten dazu, immer tiefer in die Analyse der Kennzahlen einzusteigen. Das kann der Hang zum Perfektionismus sein, der Wille, etwas bis in die Tiefe verstehen zu wollen oder auch der Anspruch des eigenen Vorgesetzten, alles haarklein erklärt zu bekommen. Die vorausschauende Planung hingegen täuscht vor, auf Basis von wenig belastbarem Zahlenmaterial eine Prognose über eine zukünftige Entwicklung abzugeben. Einerseits bilden Kennzahlen rückwirkend die Vergangenheit ab und andererseits wird versucht, dem Blick in die Glaskugel in Bezug auf die Zukunft den Anstrich des Beweisbaren zu geben.

Die Gegenwart spielt bei der Behandlung der Kennzahlen und vor allem bei der Führung mit Kennzahlen in der Umsetzung von Maßnahmen eine wichtige Rolle. In der Gegenwart wird die Zukunft gestaltet. *Aber der Mensch befindet sich nur selten in der Gegenwart. Stattdessen verwendet er seine Zeit drauf, an alles andere zu denken als an das, was er gerade tut. Einen Großteil seiner Zeit verbringt er damit, entweder über die*

Vergangenheit zu sinnieren, sich die Zukunft vorzustellen oder über hypothetische Realitäten nachzudenken – also die „Was wäre gewesen wenn?"-Fragen im Geist zu beantworten [3].

Randnotiz
Die Psychologen Matthew A. Killingsworth und Daniel T. Gilbert haben mithilfe der iPhone App „Track Your Happiness" eine Studie durchgeführt, an der 2250 Freiwillige im Alter von 18 bis 88 Jahren teilgenommen haben. Die Teilnehmer wurden in zufälligen Abständen immer wieder gefragt, wie glücklich sie bei dem sind, was sie gerade tun und ob sie dabei an etwas anderes denken. Bei den Antworten konnten sie zwischen verschiedenen Aktivitäten auswählen. Knapp 47 % der Teilnehmer gaben an, ihre Gedanken schweifen zu lassen und an etwas anderes zu denken als an das, was sie gerade tun. Am zufriedensten waren sie dann, wenn sie ihre Gedanken nicht schweifen ließen. Diese sogenannten Tagträume sind damit ein besseres Anzeichen für Glück und Zufriedenheit als die tatsächliche Aktivität, die wir gerade ausführen. Wie bereits philosophische und religiöse Traditionen lehrten, wird Glück darin gefunden, den Moment zu erleben und das „Hier und Jetzt" zu genießen. Die Ergebnisse der Studie belegen diese traditionellen Sichtweisen [1].

▶ Die Konzentration auf die Gegenwart bewegt eine Organisation und Personen. Die Aufmerksamkeit auf die Vergangenheit sowie auch auf die Zukunft kann im Verhältnis viel weniger bewegen.

Vergangenheit
Um zu verstehen, was in der Organisation passiert und wie die Kennzahlen entstanden sind, muss zunächst eines sichergestellt sein: Die vorgelegten Daten müssen korrekt erfasst, gebucht und zugeordnet sein, sonst können sie als Management-Unterlage nicht verwendet werden (vgl. Abb. 6.2). Dann fehlt die Akzeptanz der betrieblichen Auswertung. Führungskräfte, deren zahlenmäßiges operatives Ergebnis nicht den Erwartungen entspricht, werden

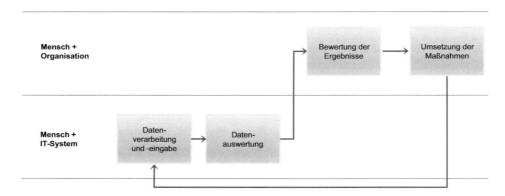

Abb. 6.2 Mensch – IT-System – Organisation

6.2 Konzentration auf die Gegenwart

zu Recht immer zuerst das System der Erfassung der Kennzahlen infrage stellen. Sie sind sehr nah am operativen Geschäft und haben nur ein Bauchgefühl, *dass mit den Zahlen etwas nicht stimmen kann.* Mit vollem Einsatz verbringen sie u. U. Tage damit, neben dem Controller zu sitzen und einen Beweis für ihr Bauchgefühl zu finden.

Wenn die betriebswirtschaftlichen Auswertungen nicht stimmen, dann kann eine endlose Kommunikation über Rechtfertigung, Begründung oder auch Schuldzuweisung beginnen. Organisationen, die auf dieser Ebene arbeiten, sind in der Abwärtsspirale ganz unten angekommen. Sie nutzen die Kennzahlen nicht mehr zur vorwärtsorientierten Strategie, sondern nur noch, um sich zu verteidigen. Wenn es dann geschafft wurde, am Ende des Monats ein gemeinsames Verständnis über den abgelaufenen Monat herzustellen, bleibt keine Zeit mehr, Maßnahmen für den zukünftigen Monat zu erarbeiten.

Die Kritik an Kennzahlen kann sich zu einer persönlichen Kritik am jeweiligen Verantwortlichen entwickeln. Nicht vorbereitet zu sein, bedeutet, die Schleusen für jegliche Art der Kritik weit aufzumachen. Ob es sich dabei um die Diskussion mit Banken, Vorgesetzten oder Management-Reviews handelt, spielt dabei keine Rolle. *Holen Sie mich mal ab zum Thema,* ist ein Satz, den viele Mitarbeiter von ihrer Führungskraft hören. Der nahezu inquisitorische Umgang mit Kennzahlen lässt den Befragten Schaden nehmen an Glaubwürdigkeit und Vertrauen. Aus dieser Defensive wieder herauszukommen, sowohl in der Betrachtung des Kritisierenden als auch in der Motivation des Kritisierten, ist ein langer Prozess, der dauert und viele weitere Gespräche über Kennzahlen nach sich zieht.

Management-Reviews größerer Unternehmen beschäftigen sich ausführlich mit der Erläuterung der Vergangenheit und verlangen schlüssige Erklärungen für den bereits abgelaufenen Geschäftszeitraum. Steht der eigene Chef vor einem solchen Review, arbeitet eine Vielzahl an Mitarbeitern daran, demjenigen so hieb- und stichfeste Argumente, erläuternde Kennzahlentabellen oder Präsentationen mit auf den Weg zu geben, dass die Konzentration auf die Gegenwart, nämlich die Steuerung des aktuellen Tagesgeschäftes, nicht durchgeführt werden kann und das gleiche Ergebnis im nächsten Monat wieder erwartet werden muss.

Fazit
Kennzahlen müssen stimmen, in ein richtiges Verhältnis zueinander gesetzt und perfekt aufbereitet worden sein. Das ist die Fachexpertise des Controllers. Dafür ist er ausgebildet. Dann können die Kennzahlen auch durch die Führungskräfte akzeptiert werden und als Grundlage unternehmerischer Entscheidungen verwendet werden. Jede rückwärtsgerichtete Erläuterung von Kennzahlen ist nicht wertschöpfend und gilt damit als Verschwendung von Zeit, Ressourcen und Chancen. Das ist der Wettbewerbsvorsprung, den man anderen Unternehmen überlässt.

Zukunft
Die Planung der Zukunft über Kennzahlen abzubilden, ist fast nicht möglich. Dennoch muss es möglich sein, eine Einschätzung der Entwicklung vorzunehmen und diese greifbar zu machen, da Kennzahlen und ihre Interpretation als Basis unternehmerischer Entscheidungen dienen.

Forecast-Planungen basieren in der Regel wieder auf den Kennzahlen der Vergangenheit. Das können Marktanteile, die Ausschöpfung von Kreditlinien oder Umsatz sein. Je präziser eine Vorplanung erstellt werden soll, desto mehr unterschiedliche Kennzahlen müssen hineinfließen und erst, wenn alle schlüssig und in keinem Widerspruch zueinander stehen, kann eine vage Annahme über die zukünftige Entwicklung gemacht werden. Je mehr Kennzahlen zur Verfügung stehen, desto fundierter kann die vorausschauende Planung sein. Aber selbst diese enthält noch einen großen Anteil an Unsicherheit, Unwissen und Unplanbarkeit.

Beispiel

Die Vorbereitung auf die Präsentation der 5-Jahresplanung wurde seit Wochen im Unternehmen durch alle Mitarbeiter vorangetrieben. Es wurden Zahlen analysiert, Vergleiche und eine außergewöhnlich ausführliche Präsentation erstellt. Immer wieder wurden die Zahlen leicht modifiziert und zuletzt noch einmal um 10 % nach unten korrigiert, um einen Puffer mit einzuplanen. Als der Tag gekommen war und der Vorstand endlich aufforderte, mit der Präsentation zu beginnen, fühlten sich alle gewappnet. Bereits nach 5 min unterbrach der Vorstand den ersten Redner und fragte: *Sagen Sie mal, glauben Sie eigentlich selbst an Ihre Zahlen?* Die Führungskraft reagierte mit den Worten: *Na ja, also...* und hatte schon verloren.

Forecast-Planungen oder Budgetplanungen sind erst dann und nur so lange gültig, wie man gemeinschaftlich an sie glaubt, denn mathematisch oder logisch bewiesen werden können sie nicht. Auch an einem Beispiel lässt sich kein Beweis führen. Dennoch werden Forecast-Planungen hergenommen, die Strategie eines gesamten Unternehmen danach auszurichten, obwohl alle Beteiligten wissen, dass die Basis der Kennzahlen nicht valide ist. Wurden früher zum Jahresende Hochrechnungen in sog. 9 + 3-Rechnungen ermittelt wurde, so sind heute 1 + 11-Rechnungen nicht ungewöhnlich. Das heißt im Januar des laufenden Jahres wird bereits eine Hochrechnung auf das gesamte Geschäftsjahr auf Basis der Januar-Zahlen errechnet. Es ist zu fragen, wie viel Zeit und Energie in diese Unsicherheit investiert werden soll, die eigentlich viel Zeit kostet und nicht für die Aufmerksamkeit im Tagesgeschäft genutzt werden kann.

Bei fast allen Kennzahlen, die für die Zukunft instrumentalisiert werden, geht es um Glaubensfragen. Wenn alle Beteiligten an den erstellten Forecast glauben, dann wird dieser auch Bestand haben und sich hoffentlich in die gewünschte Richtung entwickeln. Dann wird alle Energie auf diese Annahme ausgerichtet werden. Zwar können diese Kennzahlen keine Sicherheit geben, aber der Glaube, dass das Ziel zu schaffen ist, eint die Beteiligten. (vgl. dazu auch Abschn. 8.2)

Führungskräfte arbeiten für den zukünftigen Erfolg und den Bestand des Unternehmens, auch wenn sie nicht immer ein Bild davon haben. Daher ist es wichtig, dass sie einen Ankerplatz in einem beständigen System finden – in der Gegenwart.

6.2 Konzentration auf die Gegenwart

Gegenwart

> **Beispiel**
> Neulich wurde einer jungen deutschen Schauspielerin ein Nachwuchspreis verliehen. Als sie auf die Bühne kam, war sie sehr überrascht und in ihrer Dankesrede sagte sie: *Ich werde mich immer an diesen Moment zurückerinnern.*

Von Führungskräften wird erwartet, dass sie visionär sind oder doch wenigstens zukünftige Entwicklungen voraussehen, um Risiken zu minimieren und den unternehmerischen Erfolg zu steigern. Gestaltet aber wird die Zukunft in der Gegenwart und die verlangt im Tagesgeschäft die volle Aufmerksamkeit der Führungskraft.

Was bedeutet diese Hypothese im täglichen Verhalten der Führungskraft? Woran kann man eine Führungskraft erkennen, die mit ihren Gedanken auf die Gegenwart konzentriert ist?

Mitarbeiter, die nicht auf die Gegenwart konzentriert sind, sind mit ihren Gedanken bei Dingen, die ihnen immer wichtiger erscheinen als das, was sie gerade tun. Anders ist es z. B. nicht zu erklären, dass sie es bei wenigen Tagen Weiterbildung im Jahr nicht schaffen, konzentriert und aufmerksam teilzunehmen und nicht parallel andere Dinge tun, die vermeintlich wichtiger sind.

Gegenwartsorientierten Führungskräften ist eine besondere Eigenschaft zuzuschreiben: Achtsamkeit.

Achtsamkeit bedeutet, den einzelnen Moment wahrzunehmen und sich nicht mit den Gedanken bereits auf den kommenden Tagesordnungspunkt einzustellen. *Welche Information hat mir der Mitarbeiter gerade gegeben? Habe ich wahrgenommen, dass er mir auch Botschaften zwischen den Zeilen mitgeteilt hat? Bin ich achtsam seinen Bedenken gegenüber? Habe ich mich heute schon bei ihm bedankt?* Achtsamen Führungskräften gelingt es, genügend Feinfühligkeit für Gespräche mit ihren Mitarbeitern und andere Wahrnehmungen aufzubringen. Durch achtsames Verhalten lässt sich Vieles mehr wahrnehmen, was zunächst als bedeutungslos erscheint. Achtsame Führungskräfte sind aufmerksam und auf den Augenblick konzentriert.

Gut, sagte mir neulich ein Coachee, *ich könnte mir die Zeit schon nehmen. Aber in dieser Zeit schaffe ich dann viele andere Dinge nicht mehr. Und dann ist es mir schon lieber, ich folge meinem eigenen Kompass, als dass ich immer um mich herum wahrnehme, was so passiert. Außerdem weiß ich ja nicht, ob die Zeit des Zuhörens und der Gespräche mit den Mitarbeitern immer richtig investiert ist.*

Achtsam zu sein erhöht signifikant die Aufmerksamkeit auf die Gegenwart. Wichtige Informationen werden wahrgenommen und in den richtigen Kontext eingeordnet, Mitarbeiter erfahren Wertschätzung, Risiken werden möglicherweise frühzeitiger erkannt. Vielleicht trägt noch nicht alles gleich zu mehr Erfolg und Wertschöpfung bei, aber die Chance dazu ist deutlich höher. Ist das nicht allemal besser, als in der gegenwärtigen Situation bereits an die nächste zu denken und die aktuelle gar nicht mehr richtig wahrzunehmen? (vgl. dazu Abb. 6.3)

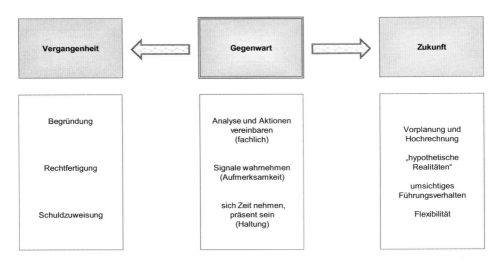

Abb. 6.3 Kennzahlen und Führungsverhalten zwischen Vergangenheit und Zukunft

▷ Die Gegenwart gestaltet die Zukunft auf der Basis der Informationen der Vergangenheit.

Führungskräfte, die eine hohe Konzentration auf die Gegenwart haben, sind aufmerksam und nehmen Signale ihres Umfeldes wahr. Sie sind präsent und nehmen sich Zeit für Mitarbeiter und thematische Aufgabenstellungen, die sie priorisieren können.

6.3 Die Willenskraft der inneren Agenda

Viele Faktoren tragen dazu bei, die eigene Aufmerksamkeit besser steuern zu können. Das Bewusstsein, sie überhaupt wahrzunehmen und die Konzentration auf die Gegenwart wurden in den vergangenen zwei Kapiteln bereits vorgestellt. Schließlich gibt es noch einen entscheidenden Faktor, der zum Erfolg einer Führungskraft beiträgt: die Willenskraft ihrer inneren Agenda.

▷ Als innere Agenda bezeichne ich die Klarheit der eigenen oder beruflichen Ziele, deren Erreichung durch eine überzeugende, authentische Strategie verfolgt wird. Das Vorhandensein der inneren Agenda ist die Voraussetzung für eine erfolgsorientierte Umsetzung der Ziele.

Die Steuerung der Aufmerksamkeit durch die innere Agenda ist nicht Sache einer besonderen Fähigkeit, sondern eine Sache des eigenen Willens und der Willenskraft (Volition = Willenskraft). Der Persönlichkeitspsychologe Julius Kuhl, der zu den führenden Volitionsforschern zählt, definiert Volition *als eine Reihe von Selbstregulationsstrategien, die dabei helfen, festgelegte Handlungsabsichten gegen konkurrierende Verhaltenstendenzen zu verteidigen* ([8], S. 63). Die Kraft des Willens hilft dabei, sich auf eine Tätigkeit zu fokussieren und sich nicht ablenken zu lassen.

Führungskräfte, die konzentriert eine Sache bearbeiten oder im Gespräch ihren Mitarbeitern gegenüber aufmerksam bleiben, wissen, warum sie etwas tun. Sie verbinden mit der jeweiligen Tätigkeit eine Absicht oder ein Ziel. Lässt die Führungskraft ihre Aufmerksamkeit hingegen durch Telefonate oder andere in dem Moment vermeintlich wichtigere Impulse ablenken, ist der innere Kompass außer Kraft gesetzt. Dessen Nadel zeigt in alle Richtungen und ist nicht auf ein Ziel hin ausgerichtet. Ablenkungsbereitschaft und Unkonzentriertheit sind sichtbare Zeichen dieses Verhaltens.

Entsprechend sprunghaft wird auch mit Kennzahlen geführt. Wenn das zu erreichende Ziel nicht ausreichend klar definiert ist, dann ist es nahezu unmöglich, die entsprechenden Kennzahlen zur Überprüfung dieser Ziele auszuwählen, aufzubereiten und zu kommunizieren. Dann schlägt die Kompassnadel ebenfalls in alle Richtungen, u. a. indem mehr Kennzahlen als nötig verwendet werden.

Aber noch kontraproduktiver in Sachen Effizienz ist es, dass mehr Kennzahlen als notwendig für die (unklare) Zielerreichung bearbeitet werden. Wenn die Ziele nicht klar sind, dann geben die Kennzahlen genug Anlass zur Diskussion sowohl innerhalb der Abteilung als auch abteilungsübergreifend. Damit läuft die Führungskraft Gefahr, dass die Kennzahlen in den Mittelpunkt der Tätigkeit geraten und nicht das eigentliche Ziel.

▶ Je mehr Aufmerksamkeit für die innere Agenda und die Willenskraft zur Erreichung vorhanden ist, desto umsetzungsstärker ist die Führungskraft.

Waldemar Pelz, Professor für Internationales Management und Marketing an der Technischen Hochschule Mittelhessen, untersuchte im Rahmen eines Forschungsprojektes im Jahr 2007 den Wettbewerbsvorsprung von Hidden Champions. In dieser Studie stellte er fest, dass die Kompetenz *Aufmerksamkeitssteuerung und Fokussierung* das Hauptunterscheidungsmerkmal von erfolgreichen zu erfolglosen Führungskräften ist und nicht etwa, wie ursprünglich angenommen, Charisma und eine herausragende Persönlichkeit [10].

▶ Das Zusammenspiel einer klaren inneren Agenda und des fortgesetzten Willens, diese auch erreichen zu wollen, ist der Garant für den Erfolg einer Führungskraft.

Je nach Arbeitgeber, der Führungsstärke und Persönlichkeit des eigenen Vorgesetzten können Führungskräfte nicht grundsätzlichen, aber dennoch gestalterischen Einfluss auf die Ziele nehmen, die mit ihnen vereinbart werden sollen. Dies ist eine Diskussion von besonderer Wichtigkeit. Wenn die innere Agenda nicht stimmt und Führungskräfte an der Art oder Erreichbarkeit ihrer Ziele zweifeln, werden sie auch nur geringere Willenskraft aufbringen, diese erreichen zu wollen, als wenn sie überzeugt sind. Das setzt sich in der

Arbeit mit den eigenen Mitarbeitern fort, die sofort merken, wenn eine Führungskraft von ihrem Tun nicht überzeugt ist.

Ziele, die im Widerspruch zu den eigenen Überzeugungen und Einstellungen stehen, haben kaum eine Chance mit Willenskraft verfolgt zu werden, weil die Führungskraft immer wieder willentlich gegen ihre eigenen Werte agieren müsste. Dauerhaft würde das kein Mensch durchhalten, ohne persönlichen Schaden zu nehmen. Aber im Ausnahmefall könnte eine Führungskraft dazu bereit sein, wenn sie wichtige, übergeordnete Ziele verfolgt und sich dafür auch zeitweise gegen die eigenen Werte stellt.

Die Steuerung des eigenen Willens scheint dann mühelos zu laufen, wenn der Führungskraft die innere Agenda bewusst ist und sie eine Strategie entwickelt hat, wie diese erreicht werden kann. Die Steuerung der Aufmerksamkeit auf diese innere Agenda hat sehr viel mit Selbstaufmerksamkeit zu tun und der ständigen Überprüfung, ob das Ziel noch im Fokus ist und die Strategien geeignet sind, diese zu erreichen. Denn nur dann kann die Ablenkung durch andere Impulse ohne Willenskraft auf ein Minimum reduziert werden.

Die Willenskraft ist ein wichtiger Schlüssel zur Selbstaufmerksamkeit. Wenn eine Führungskraft bemerkt, dass sie einer Sache gegenüber wenig Willenskraft aufbringt, dann mag das vielleicht an der Tagesform liegen. Es mag aber auch daran liegen, dass die gestellte Anforderung gegen die innere Agenda spricht oder in einem Zielkonflikt mit anderen Zielen steht. Dieser Impuls könnte Anlass dafür sein, Tätigkeit und Handeln zu hinterfragen. *Warum sträube ich mich gegen diese Tätigkeit und was missfällt mir konkret daran? Was verpasse ich, wenn ich dieses Projekt vorantreibe? Was hindert mich, dem Ergebnis meiner Mitarbeiter Aufmerksamkeit zu schenken? In welchem Widerspruch steht die Tätigkeit? Warum erachte ich dieses Vorgehen als sinnlos? Warum möchte ich an dem Termin nicht teilnehmen?*

Der amerikanische Psychologe Roy Baumeister hat in einem Experiment nachgewiesen, dass Willensanstrengungen oder Selbstkontrolle ermüdend sind. Gerade wenn man sich zu einer Handlung zwingen muss, ist man weniger gewillt oder imstande, Selbstkontrolle auszuüben, wenn sich die nächste Herausforderung stellt [6]. Also muss entweder mit der Kraft des Willens gut gehaushaltet werden oder sie durch die Aufmerksamkeit auf die innere Agenda vor Ablenkung geschützt werden.

▶ Starke Willenskraft und auch Motivation sind Zeichen für kognitive Leichtigkeit und dafür, in Einklang mit der inneren Agenda zu sein.

Obwohl Willenskraft mit individueller Anstrengung verbunden ist, ist die Motivation der inneren Agenda klar und kann Energie zurückgeben. Sie hilft der Führungskraft dabei, sich zu positionieren, sich abzugrenzen und sich gleichzeitig von neuen Ideen begeistern zu lassen, die mit ihrer inneren Agenda in Einklang stehen. Die innere Agenda steuert die Selbstaufmerksamkeit.

Literatur

1. Bradt S (2010) Wandering mind not a happy mind. Harvard Gazette. http://news.harvard.edu/gazette/story/2010/11/wandering-mind-not-a-happy-mind. Zugegriffen: 26. Mai 2014
2. Clausen S, Michler I (2013) Alles hört auf mein Kommando. Die Welt. http://www.welt.de/print/wams/wirtschaft/article119804182/Alles-hoert-auf-mein-Kommando.html. Zugegriffen: 26. Mai 2014
3. Die Welt (2013) Wie der Mensch tickt. http://www.welt.de/print/wams/wissen/article123364188/Wie-der-Mensch-tickt.html. Zugegriffen: 26. Mai 2014
4. Francazi A (2014) Zitate zum Nachdenken. http://zitatezumnachdenken.com/mark-twain/3782. Zugegriffen: 3. Juni 2014
5. Hagendorf H, Krummenacher J, Müller H-J, Schubert T (2011) Wahrnehmung und Aufmerksamkeit. Allgemeine Psychologie für Bachelor. Springer, Berlin
6. Kahneman D (2011) Schnelles Denken, Langsames Denken. Siedler, München
7. Kosel M (2012) Aktiv und konsequent führen. Gute Mitarbeiter sind kein Zufall. Springer Gabler, Wiesbaden
8. Managerseminare (2014) Wollen lernen. Schlüsselkompetenz Volition. managerSeminare – Das Weiterbildungsmagazin 190:62–65. http://management-innovation.com/download/Volition-Schluesselkompetenz-managerseminare.pdf. Zugegriffen: 26. Mai 2014
9. Negri C (2013) Persönliche Arbeitstechnik. In: Steiger T, Lippmann E (Hrsg) Handbuch Angewandte Psychologie für Führungskräfte. Führungskompetenz und Führungswissen. Springer, Berlin, S. 149–162
10. Pelz W (2012) Bericht aus dem Forschungsprojekt zur Willenskraft (Volition). http://www.willenskraft.net. Zugegriffen: 30. Mai 2014
11. Schwabe W (2013) Informationen besser aufnehmen. http://www.mental-aktiv-beruf.de/mental-aktiv-beruf/sich-besser-erinnern/informationen-besser-aufnehmen/. Zugegriffen: 27. Mai 2014
12. Tartakovsky M (2013) Pay attention! 3 Tips for finding focus every day. http://psychcentral.com/blog/archives/2013/06/19/pay-attention-3-tips-for-finding-focus-every-day/. Zugegriffen: 26. Mai 2014
13. Verein zur Verzögerung der Zeit (1990) Auszug aus den Statuen. http://www.zeitverein.com/mitgliedschaft/fs_mitgliedschaft.html. Zugegriffen: 3. Juni 2014

Die Aufmerksamkeit der Mitarbeiter steuern und Kennzahlen erfüllen

Zusammenfassung

Führung von Mitarbeitern mithilfe von Kennzahlen kann dann besonders gut gelingen, wenn Führungskräfte es verstehen, die Aufmerksamkeit ihrer Mitarbeiter zu lenken. Die Befriedigung der Individualbedürfnisse und die Darstellung der Sinnhaftigkeit spielen dabei eine wichtige Rolle. An die Erreichung gemeinsamer Ziele müssen alle Beteiligten glauben können. Das schafft Überzeugung und die Bereitschaft zur Übernahme von Verantwortung. Ziele und Kennzahlen entwickeln ein Eigenleben, wenn sich niemand zuständig fühlt. Bei minimalem Erstellungsaufwand, der Nutzung möglichst zielführender Kennzahlen und gleichzeitigem Verständnis bei den Mitarbeitern, wird sich eine Effizienzsteigerung ohne Zusatzaufwand einstellen. Zur Stabilisierung dieser erfolgreichen Vorgehensweise ist es wichtig, einen intensiven Erfahrungsaustausch aus unterschiedlichen Perspektiven dauerhaft zu implementieren. Je größer der Kreis der Beteiligten, desto größer die Chance unterschiedliche Erfahrungen zu integrieren. Wenn bei Kennzahlen Abweichungen auftreten, hat die Führungskraft die Verpflichtung, aus einer rückwärtsorientierten Kennzahl eine vorwärts gerichtete Strategie zu entwickeln. Irrtümer im Zusammenhang mit Kennzahlen müssen anerkannt werden, um sie schnell überwinden zu können.

Meine Hypothese

Ich gehe davon aus, dass Führung von Mitarbeitern mithilfe von Kennzahlen insbesondere dann gut gelingen kann, wenn Führungskräfte es verstehen, die Aufmerksamkeit ihrer Mitarbeiter zu beeinflussen. Wenn sie es schaffen, ihre eigene und die Aufmerksamkeit der Mitarbeiter auf die gleichen Themen zu lenken, wird das Arbeiten mit Kennzahlen konstruktiv und ergebnisorientiert sein. Die unterschiedlichen Perspektiven werden Ressourcen in Form von Offenheit, Beteiligung und Engagement freisetzen. Damit wird die Wertschöpfung im Unternehmen gesteigert und es besteht eine große Wahrscheinlichkeit, dass die geplanten Ziele auch erreicht werden.

Das Verhalten einer Führungskraft, die Mitarbeiter über die Steuerung ihrer Aufmerksamkeit auf die bedeutenden Themen hinzuführen, nenne ich Attention Leadership. In den folgenden Kapiteln beschreibe ich die Aspekte von Attention Leadership und gebe Hinweise, wie sie in den Praxisalltag der Führungskräfte integriert werden können, ohne erst Prozesse umzustellen oder das eigene Verhalten grundsätzlich zu verändern.

Attention Leadership umzusetzen kostet kein Geld, sondern verlangt nur eine andere Verteilung der Aufmerksamkeit. Viele Unternehmen, die ausgetüftelte Managementprogramme entwickelt und umgesetzt haben, werden vielleicht festgestellt haben, dass diese Programme als solche schon so viel Aufmerksamkeit absorbieren, dass sie eher dazu beitragen, die eigene Bürokratie zu verstärken und sie in den Regeln der Programme gefangen sind.

Steuerung der Aufmerksamkeit der Mitarbeiter
Welchen Stellenwert hat die Aufmerksamkeit der Mitarbeiter für Führungskräfte im Tagesgeschäft? Es wird wohl keine Führungskraft geben, die sich nicht wünscht, ihren Mitarbeitern mehr Aufmerksamkeit schenken zu wollen, um dadurch eine tiefere Bearbeitung von Kennzahlen oder mehr Reflexionsphasen zu ermöglichen. Aber der Erfolgsdruck, Terminstress und operative Hektik tragen dazu bei, dass Führungskräfte schon so viel Anstrengung aufbringen müssen, um ihren Fokus an Aufmerksamkeit überhaupt erst einmal auf ihren eigenen Themen zu behalten.

Wann immer eine Führungskraft einem Vorgang oder einem Mitarbeiter seine Aufmerksamkeit schenkt, bewegt sich etwas oder wird Motivation geschaffen. Verliert sie die Aufmerksamkeit, entwickeln die Dinge ein Eigenleben, das nicht mehr gelenkt und gesteuert werden kann. Im besten Fall kann die Führungskraft die Aufmerksamkeit der Mitarbeiter auf Kennzahlen so steuern, dass sie die Veränderung zu ihrem eigenen Aufgabenbereich machen können. *When an individual has created something, the person feels a natural sense of ownership and belonging. We are biologically predisposed to pay attention to our own products* ([1], S. 147).

Die Steuerung dieser Aufmerksamkeit von Mitarbeitern wird über zahlreiche Indikatoren im Unternehmen angelegt. Die Aufmerksamkeit des täglichen Handelns der Mitarbeiter geben der Arbeitsvertrag und die Stellenbeschreibung vor. Operative Vereinbarungen, Aufgaben in Projekten, Arbeitsanweisungen, Schichtpläne, Prozessbeschreibungen wirken dann so auf den Mitarbeiter ein, dass deren Aufmerksamkeit in Verhalten und Tätigkeiten grundsätzlich geregelt ist.

Dennoch entscheidet der Mensch völlig autonom, wie er seine Aufmerksamkeit verteilt. Selbst am Arbeitsplatz, wo alles geregelt scheint, entscheidet der Mitarbeiter noch, welcher Sache oder welchem Vorgang er seine Aufmerksamkeit zuerst schenkt oder wie intensiv die Aufmerksamkeit sein soll.

Wenn eine Führungskraft bestimmen will, auf wen oder was der Mitarbeiter seine Aufmerksamkeit richten soll, kann das nur bedingt beeinflusst werden. Selbst wenn der Mitarbeiter konzentriert an einer Aufgabe zu arbeiten scheint, kann eine Führungskraft von außen nicht beurteilen, ob er dieser Aufgabe tatsächlich Aufmerksamkeit schenkt.

Den Grad der Aufmerksamkeit und damit ggf. auch die Qualität des Arbeitsergebnisses kann eine Führungskraft letztlich nicht bis ins Letzte beeinflussen.

Es gibt beispielsweise Mitarbeiter, die ihre Aufmerksamkeit zunächst auf ihr Arbeitsumfeld legen, bevor sie überhaupt mit dem Arbeiten anfangen können. Die Begrüßung der Kollegen, die Funktionalität des Rechners, der gekochte Tee auf dem Schreibtisch haben die ganze Aufmerksamkeit als Grundvoraussetzung dafür, überhaupt mit dem Arbeiten beginnen zu können. Jeder Mensch braucht seine individuelle Aufmerksamkeit und nimmt sich die Freiheit, sie seiner Persönlichkeit entsprechend zu lenken.

Natürlich kann ein Unternehmen anordnen, was im Fokus der Mitarbeiter stehen soll, wie etwa die Erreichung eines Ziels, die Abwicklung eines Auftrages oder die Durchführung einer bestimmten Anzahl von Verkaufsgesprächen. Die Tätigkeit ist vorgegeben, aber nicht der Grad der Konzentration, das Engagement oder die Qualität der Ausführung.

Aber wie schafft es ein Vorgang am Arbeitsplatz, in den Fokus der Aufmerksamkeit des jeweiligen Mitarbeiters zu gelangen. Und zwar so, dass die Aufmerksamkeit des Mitarbeiters freiwillig, motiviert und mit bestem Engagement erfolgt. Ist das eine Frage der Führung, Prozesssteuerung oder Anordnung? Wie kann ein Mitarbeiter wissen, was in der Skala der Aufmerksamkeit des Vorgesetzten gerade ganz oben rangiert? Wie kann er sein eigenes Interesse auf Vorgänge konzentrieren? Wie werden Kennzahlen für den Mitarbeiter bedeutsam, ohne dass sie aktiv in seinen Fokus gerückt werden müssen?

Im Folgenden sind sechs Ansätze von Attention Leadership beschrieben, die es einer Führungskraft erleichtern können, die Aufmerksamkeit ihrer Mitarbeiter freiwillig und motiviert auf Kennzahlen zu lenken und zu halten. Wählen Sie für sich aus, welche Ihnen gefallen und für Ihre Person, Ihre Mitarbeiter und Ihre Arbeitssituation umsetzbar erscheinen.

7.1 Erhöhen Sie die Bedeutung

Ein Mensch weist seiner Wahrnehmung immer zuerst seine eigene Bedeutung und Aufmerksamkeit zu. Das gehört zu der Freiheit des Menschen, die ihm nicht zu nehmen und auch nicht zu bewerten ist. Die Aufmerksamkeit ist immer dann besonders intensiv, wenn die individuelle Motivation und das Interesse hoch sind.

Angenommen es kursiert in der Organisation ein Ordner mit der Aufschrift *Personalplanung 2015 – Einstellungen und Entlassungen*. Mit Sicherheit kann davon ausgegangen werden, dass dieser Ordner höchste Aufmerksamkeit genießt, ohne dass eine Führungskraft je angeordnet hat, sich damit zu beschäftigen. D. h. es gibt eine Form besonders hoher Aufmerksamkeit, die von Anweisungen, Prozessen, Zielvereinbarungen usw. völlig unabhängig ist. Die Aufmerksamkeit ist immer dann besonders hoch, wenn intensive Gefühle erzeugt werden, z. B. ein großer Schreck, Freude, Glück, Wut, Überraschung, Angst oder Neugierde, wie in diesem Beispiel.

Wie also kann eine Führungskraft diese besonderen Formen von anziehender Aufmerksamkeit auslösen, sodass sich ein Mitarbeiter freiwillig mit den Aufmerksamkeitsthemen der Führungskraft beschäftigt?

Die Ausstrahlung der Aufmerksamkeit durch die Führungskraft	Informationen attraktiv machen	Kommunikation über Kennzahlen	Die individuelle Aufmerksamkeit beeinflussen
	Personalisieren Sie Ihre Information Wecken Sie Gefühle Schreiben Sie vom Laptop oder Rechner Fordern Sie am Ende Aktivität ein	Kernaussage an den Anfang Daten aufbereiten und diskutieren Stellungnahme der Mitarbeiter abfragen	Es muss ein individuelles Bedürfnis befriedigt werden Es muss einen Sinn machen Es muss Anerkennung in Aussicht gestellt werden

Abb. 7.1 Bedeutung erhöhen

Wenn eine Führungskraft verstanden hat, was für den Mitarbeiter von Bedeutung ist, hat sie einen leichten Zugang sowohl zur Person als auch zum Thema. Dann muss sie auch nicht mit schillernden Präsentationen, gewichtigen Formulierungen oder besonderen Bonuszahlungen als Anreiz künstlich die Bedeutung hochschrauben. Also bleibt die Frage, wie sonst die Bedeutung auf eine natürliche Weise geschaffen werden kann.

Es gibt vier Bereiche (vgl. Abb. 7.1) deren sich eine Führungskraft bewusst sein muss, wie das Interesse und die Bedeutung von Mitarbeitern geweckt werden kann.

7.1.1 Aufmerksamkeit ausstrahlen

Die Aufmerksamkeitsthemen der Führungskraft sind immer von besonderer Bedeutung für die Mitarbeiter. Womit ist der Chef gerade beschäftigt? Was ist gerade *angesagt*? Warum war der Vorstand neulich zu Besuch? Weswegen haben wir neulich die xy-Listen noch mal für ihn bearbeiten müssen? Mitarbeiter haben i.d. R immer Interesse an dem, was die Führungskraft gerade tut, sagt oder entscheidet, weil ihr Verhalten Einfluss auf ihre eigene Tätigkeit hat oder haben kann. Diese Motivation kann die Führungskraft für sich nutzen. Je mehr die Führungskraft kommuniziert, was gerade in ihrem Aufmerksamkeitsfokus steht, desto mehr wissen die Mitarbeiter dies für ihre eigene Tätigkeit zu nutzen.

Haben Sie schon einmal überprüft, ob die Themen, denen Sie gerade ihre besondere Aufmerksamkeit schenken, auch die prioritären Themen ihrer Mitarbeiter sind? Eine gute Überschneidung der Themen wird eine fließende Kommunikation zwischen Ihnen und Ihren Mitarbeitern garantieren. Der Kern gemeinsamer konstruktiver Gespräche und Diskussionen wird sich innerhalb dieser Schnittmenge bewegen. In kleineren Organisationseinheiten ist dies sicher einfacher zu erkennen, als in Bereichen mit zahlreichen Mitarbeitern, aber der Aufwand lohnt sich.

Die Aufmerksamkeit auf Themen, die eine Führungskraft dank ihrer Position einfach hat, kann sie sehr leicht nutzen. Ihre Aufgabe ist es, die jeweiligen Themen zu kommunizieren und dabei deutlich zu machen, was deren Ziel ist. Welchen Einfluss hat dieses Thema auf die Abteilung, auf den Erfolg oder auch auf persönliche Weiterentwicklung? Effektive Führungskräfte stellen immer sicher, dass ihre Mitarbeiter wissen, worauf sie selbst ihre Aufmerksamkeit gelegt haben oder worauf sie sie zukünftig legen werden. Das betrifft die Inhalte genauso wie die Bearbeitungsweise und die Einhaltung von Prozessschritten.

Wir erarbeiten noch die Wertberichtigungen für den Monat. Darauf legt der Chef immer besonderen Wert. Andernfalls gibt er uns die Auswertung gleich wieder zurück. Dies ist nur ein ganz kleines Beispiel, wie die Steuerung der Aufmerksamkeit funktioniert. Insbesondere Themen von größerer Wichtigkeit sollten daher immer ausreichend deutlich kommuniziert werden, damit die Mitarbeiter die Themen kennen und in anderen Zusammenhängen wieder wahrnehmen können. Regelmäßige Meetings sollten zum Austausch von Informationen und des Bearbeitungsstandes durchgeführt werden.

Aber die Aufmerksamkeit kann auch in eine falsche Richtung geführt werden. Führungskräfte, die dazu neigen, emotional und unsachlich zu reagieren, sich über die Leistung von Mitarbeitern öffentlich aufzuregen, sollten sich darüber im Klaren sein, dass sie ihrer eigenen Unsachlichkeit eine Bedeutung in den Augen der Mitarbeiter geben. Dieses problemorientierte Verhalten schafft schnell ein Klima, in dem die Mitarbeiter von ihrer Führungskraft eher die neuesten Gerüchte als inhaltsreiche Information erfahren wollen. Insbesondere im Umgang mit Kennzahlen ist dieses Aufmerksamkeitsverhalten schädlich, denn Kennzahlen können genug Anlass zur unsachlichen Diskussionen geben; besonders dann, wenn sie vom Plan abweichen.

▶ Führungskräfte führen dann besonders effizient, wenn sie sich ihrer Botschaften und der Kommunikation über Kernthemen besonders bewusst sind. Damit können sie ohne zeitlichen Mehraufwand Richtung und Ziel im Fokus der Mitarbeiter halten.

7.1.2 Informationen attraktiv machen

Wie viel Zeit verwenden Sie täglich auf die Bearbeitung der Informationen, die Sie unaufgefordert erreichen? Haben Sie ein Gefühl dafür oder wissen Sie es tatsächlich? Die meisten Führungskräfte haben den subjektiven Eindruck, als seien sie nur noch damit beschäftigt, E-Mails zu beantworten oder Informationen entgegen zu nehmen und weiterzuleiten. Die vollständige Verarbeitung der täglichen Informationen ist kaum noch möglich. Allein die Beantwortung aller E-Mails am gleichen Tag stellt eine immense Belastung dar. Forscher haben Angestellte von ihrem Mail-Account abgeschnitten und es stellte sich heraus, dass sie in dieser Zeit fokussierter und produktiver arbeiteten. Ihre Herzfrequenz war natürlicher und ihr Multitaskingverhalten reduzierte sich. Insgesamt fühlten sie sich weniger gestresst [7].

Es gibt also zu viele Informationen, die quasi als Störung wahrgenommen werden. Wie muss eine Führungskraft dann selbst ihre eigenen Informationen gestalten, dass sie eine Chance hat, unmittelbar die Aufmerksamkeit anderer zu bekommen und bearbeitet zu werden?

Das ist nicht immer einfach, werden Sie als Führungskraft jetzt denken. Hauptsache die Nachricht erreicht den Empfänger schnell und einfach, sodass eine Weiterbearbeitung ebenfalls schnell und einfach erfolgen kann.

Die schnelle technische Kommunikation verleitet dazu, Botschaften in Halbsätzen zu versenden; Hauptsache die Informationen können zeitnah weitergeleitet werden. Oftmals sind die schnellen Informationen dann noch mit unklaren Arbeitsaufträgen verbunden, die der Mitarbeiter dann auch nicht bearbeitet, weil er gar nicht weiß, was konkret er jetzt tun soll. Führungskräfte gehen oftmals davon aus, dass E-Mails, die von ihnen versendet werden, ohnehin in der Priorität der Bearbeitung der Mitarbeiter ziemlich weit oben stehen; schon allein kraft ihrer Funktion. Das Ungleichgewicht zwischen Informationsflut und Aufmerksamkeit ist inzwischen in allen Organisationen ein großes Problem geworden und es wird immer schwieriger, die wichtigen von den unwichtigen Informationen zu unterscheiden.

Das liegt aber u. a. daran, dass alle Informationen in der gleichen Art und Weise versendet werden. Schriftlich verfasste Botschaften von Führungskräften an ihre Mitarbeiter sollten folgende Kriterien erfüllen, um in der Aufmerksamkeitsagenda ganz nach vorne zu springen:

1. Personalisieren Sie Ihre Information

Hi, kannst du mir noch mal die Liste schicken, ist kein guter Anfang einer E-Mail. Wenn man jemanden bitten möchte, etwas zu tun, erhöht die persönliche Ansprache die Bereitschaft. Soviel Zeit muss sein: *Liebe Katrin, kannst Du heute…*

2. Wecken Sie Gefühle

Hallo Julia, dein Plan ist aufgegangen. Anbei schicke ich dir… gibt einen positiven Einstieg in das Thema und schafft Motivation, weiterzulesen.

3. Schreiben Sie vom Laptop oder Rechner

Von meinem iPhone versendet. Sehen Sie den Absender dieser Nachricht nicht auch am Bahnsteig oder Flughafen schnell mal eine E-Mail versenden? Wo bleibt die Wertschätzung für den Mitarbeiter, dass man sich die Ruhe nimmt und Informationen übermittelt.

4. Fordern Sie am Ende zu Aktivität auf

Wenn Du die Bearbeitung bis heute Abend abgeschlossen hast, dann leite die Unterlagen doch auch bitte an Michael weiter. Eine Aktivität schließt einen Vorgang ab und sorgt für die Vernetzung im Unternehmen. Gleichzeitig haben Sie ein gutes Instrument, dass nicht nur Sie als Führungskraft auf die Bearbeitung sehen, sondern auch andere.

Die Art der Sprache macht eine Information attraktiv, sodass sich der Empfänger damit beschäftigen will. Sprache soll positiv sein und Emotionen auslösen. Damit schafft sie eine gute Grundvoraussetzung zum Willen, sich mit einem Thema zu beschäftigen. Eine Sprache, in der Probleme formuliert werden, ist negativ gefärbt und auf die Vergangenheit ausgerichtet. Während eine positive Sprache auf Lösungen ausgerichtet und in die Zukunft orientiert ist. Über Probleme zu reden schafft Probleme, über Lösungen zu reden schafft Lösungen. Dieser von Steve de Shazer ausgeführte Leitsatz trifft auch in Bezug auf die Steuerung der Aufmerksamkeit zu. Wenn die Aufmerksamkeit auf Problemen, statt auf Lösungen liegt, wird sie negativ verstärkt ([15], S. 24 ff.).

Voraussetzung für ein erfolgreiches Führungsverhalten ist aber nicht nur die Sprache, sondern das zielorientierte Denken und Handeln. Aber erst wenn es durch zielgruppengerechte Kommunikation unterstützt wird, kann sich eine Führungskultur entwickeln, die auf Teilhabe und Engagement der Mitarbeiter basiert. Schriftliche und mündliche Nachrichten müssen die Mitarbeiter nicht nur erreichen, sondern durch die Führungskraft so gestaltet sein, dass der Mitarbeiter sie als wichtig und für ihn bedeutsam wahrnimmt.

7.1.3 Sprechen Sie über Kennzahlen

Eine komplexere Bearbeitung von Kennzahlen mit den Mitarbeitern sollte vorzugsweise immer in einem persönlichen Gespräch erfolgen, statt über E-Mail. Kennzahlen schriftlich zu bearbeiten oder Informationen einzuholen bietet sich nur dann an, wenn es sich um einfache, eindeutige und lineare Prozesse, Reaktionen und Antworten handelt. Sobald eine Erläuterung stattfinden muss, widerspricht sich die schriftliche Bearbeitung. Es sei denn, sie wird als Führungsmittel gezielt eingesetzt, z. B. dann, wenn die Schriftform als pädagogisches Mittel eingesetzt werden soll. Das kann der Fall sein, wenn sich ein Mitarbeiter über einen bestimmten Sachverhalt klar werden soll, indem er ihn niederschreibt.

Im Folgenden ist ein Prozess der Herangehensweise beschrieben, wie die Aufmerksamkeit der Mitarbeiter im persönlichen Gespräch gesteigert werden kann. Sie sind mit einfachen Beispielen verdeutlicht.

1. Kernaussage an den Anfang

Orientierung und Bedeutung wird von Anfang an geschaffen, indem die Führungskraft die Kernaussage des Themas unmittelbar an den Anfang der Ausführungen stellt. Das lenkt die Aufmerksamkeit der Mitarbeiter von Beginn an auf das richtige Thema und schafft damit Konzentration.

Wir wollen uns den Verlauf der Forderungszeiten in den letzten 12 Monaten ansehen und erarbeiten, welche unserer vergangenen Aktionen am wirkungsvollsten gewesen sind. Danach möchte ich mit Ihnen eine neue Aktion vereinbaren, die wir bis Ende des Jahres durchführen.

Voraussetzung für dieses Führungsverhalten ist es, dass sich die Führungskraft selbst bereits eine klare Struktur des Themas und auch des Besprechungsziels überlegt hat. Dann ist es den Mitarbeitern möglich, alle nun folgenden Informationen auf dieses Ziel hin zu bewerten und noch im Laufe des Informationsaustausches bereits kreative Lösungen anzudenken.

2. Daten aufbereiten und diskutieren

Nachdem die Kernaussage bzw. das Ziel klar kommuniziert ist, wird Bezug auf die entsprechenden Kennzahlen genommen. Es können Einzeldaten oder auch eine kumulierte Auswertung von Daten sein. Führungskräfte erhalten dann besondere Aufmerksamkeit für das Thema, wenn sie gleichzeitig auch ihren gedanklichen Prozess erläutern, der zu dieser Auswahl oder dieser Auswertung von Kennzahlen geführt hat. Dann werden die Rahmenbedingungen und Entscheidungen verständlich und nachvollziehbar. Das wiederum ist notwendig, um für die Mitarbeiter einen Bearbeitungskontext zu schaffen.

Ich habe mich deswegen für die letzten 12 Monate entschieden, weil wir dort drei Aktionen hatten, die besonderen Einfluss auf die Forderungstage hatten. Die aktuellen Forderungstage habe ich bereinigt um die Forderungen, die bereits durch unseren Anwalt gerichtlich vertreten werden und die des Kunden xy, weil wir mit dem eine Sondervereinbarung getroffen haben.

3. Stellungnahme der Mitarbeiter abfragen

Im Anschluss an die Diskussion und Erarbeitung sollte die Meinung der Mitarbeiter nachgefragt werden. Wie ist ihre Einstellung zu den erarbeiteten Maßnahmen? Gibt es Gründe, diese jetzt nicht umzusetzen oder Bedenken, die noch nicht ausreichend gewürdigt wurden?

Die Bewertung des Themas durch die Mitarbeiter ist insofern wichtig, als sie die Umsetzungswahrscheinlichkeit dadurch stark erhöht. Die Mitarbeiter wurden in das Ergebnis durch aktive Teilnahme miteinbezogen. Dadurch haben sie ihr Einverständnis zur Umsetzung abgegeben und ihre Bereitschaft bekundet, dabei mitzuwirken. Damit hat die Führungskraft dieses Thema auch zum Thema der Mitarbeiter gemacht und Ihnen Sicherheit für den Prozess gegeben.

Gibt es noch Gründe, die gegen die gerade entwickelte Aktion sprechen? Woran würden wir erkennen, dass unsere Aktion ein Erfolg ist? Wenn Sie jetzt alle Informationen haben, können wir uns dann darauf verständigen, dass wir ab Montag mit der Aktion starten?

Wenn dieses unmittelbare Feedback regelmäßig eingeholt wird, dann werden die Mitarbeiter in den kommenden Sitzungen bereits erwarten, dass sie ihr Einverständnis abgeben müssen und an den kommenden Diskussionen bereits mit einem anderen Selbstverständnis teilnehmen. *Meine Meinung ist wichtig und am Ende werde ich mich dazu stellen müssen – positiv wie negativ.*

7.1.4 Kontrollieren Sie Kennzahlen

Was kontrolliert wird, findet Beachtung. Mitarbeiter empfinden die Kontrolle einer Führungskraft dabei sehr unterschiedlich. Für die einen ist es ein willkommener Anlass zu zeigen, dass sie ihr Ziel erreicht haben und für die anderen ist es eine lästige Aktivität, die für die eigene Tätigkeit oder Bestätigung als nicht notwendig empfunden wird. Auf jeden Fall schenken die Mitarbeiter dem zu kontrollierenden Ergebnis Aufmerksamkeit.

Von der Führungskraft hängt es ab, in welcher Qualität sie die Kontrolle ausübt. Dem Wort *Kontrolle* haftet bereits etwas Negatives an, was so viel bedeutet wie: Die Erledigung der Aufgabe wird auf Richtigkeit überprüft, eine Kommunikation oder Erläuterung ist nicht mehr notwendig. Die Tätigkeit des Mitarbeiters wird überwacht und sanktioniert, falls die Kontrolle negativ ausfällt. Kein erwachsener Mensch lässt sich gerne auf diese Art und Weise kontrollieren. Das kommt einem autoritären Führungsstil gleich.

So lassen sich Mitarbeiter heute nicht mehr führen. Dennoch ist es wichtig, dass Kontrollen durchgeführt werden und über Kennzahlen die Zielerreichung gemessen werden kann. Durch den Wunsch der Mitarbeiter, ihr Ergebnis erläutern oder besprechen zu wollen, ist der Prozess der Kontrolle immer auch mit Kommunikation verbunden und zwar nicht erst zum Zeitpunkt der Kontrolle, sondern bereits im Vorfeld.

▶ Je weniger Kommunikation zu einem Zielvereinbarungsprozess durchgeführt wird, desto öfter muss kontrolliert werden.

Klassisches Beispiel dafür ist die Führung von Mitarbeitern an anderen Standorten, mit denen man nicht regelmäßig im Gespräch sein kann. Hier dienen Kennzahlen der Kontrolle der Tätigkeit des Mitarbeiters oder des Teams. *Wurde die vereinbarte Anzahl an Kundenbesuchen durchgeführt? Sind die Umsatzziele im jeweiligen Monat erreicht worden? Ist der Krankenstand in der Filiale auffällig?* So kann sich die Führungskraft über Kennzahlen ein ganz gutes, wenn auch eingeschränktes Bild über die Erfüllung der vereinbarten Ziele machen.

Ein intensiver Austausch über den Projektstand oder die Zielerreichung braucht hingegen nur ein Mindestmaß an Kontrolle für die Führungskraft, da sie sich ein eigenes Bild über den Verlauf machen kann. Dann dient der Blick auf die Kennzahlen nur noch einer Bestätigung der aktuellen Situation. Der Mitarbeiter erhält die Möglichkeit, seine Themen mit der Führungskraft zu diskutieren, Abweichungen zu besprechen und sich ggf. Rat einzuholen.

Wenn dieser Austausch im Vorfeld der Erstellung von Kennzahlen nicht durchgeführt wird, muss er nach der Kontrolle der Kennzahlen durchgeführt werden. Dann hat das

Gespräch aber eine andere Ausrichtung. In diesem Fall wird der Mitarbeiter der Führungskraft gegenüber sofort in eine Rechtfertigungsposition gedrängt. Begründung der Abweichung, Erläuterung der Entwicklungen oder auch Rechtfertigung, warum etwas nicht passiert ist.

Das Gespräch kann insbesondere deswegen einen negativen Touch erhalten, da rückwirkend ja keine Veränderungen mehr eingeleitet werden können. Die Kontrolle bezieht sich auf etwas, was nicht mehr zu ändern ist, während im ersten Fall noch alle Steuerungsaktivitäten mobilisiert werden können.

Daher gehen viele Führungskräfte jetzt dazu über, sich Kennzahlen nahezu in Echtzeit abbilden zu lassen, in sogenannten *Nowcasts*. Dieser Ausdruck stammt ursprünglich aus der Meteorologie und bezeichnet die nahezu zeitidentische Abbildung von Daten, um unmittelbar darauf reagieren zu können.

Der Begriff Nowcast stammt ursprünglich aus der Meteorologie und bezeichnet kurzfristige Prognosen des Wetters. In der Ökonomie wird der Begriff verwendet, um Konjunkturprognosen abzugeben, indem Informationen und Daten der Gegenwart durch wöchentliche Erhebungen in Echtzeit erfasst und analysiert werden. Anhand der laufend neu eintreffenden Nachrichten kann die wirtschaftliche Lage schnell abgeschätzt werden und kurzfristige Aussichten prognostiziert werden. Problematisch ist hierbei, dass solche Prognosen auch auf Basis der Vergangenheit gemacht werden und Daten für bestimmte Perioden häufig mit erheblicher zeitlicher Verzögerung erscheinen [6].

Die Informationsverarbeitung und Berichterstattung in Echtzeit ist als Kontrollinstrument dann sinnvoll nutzbar, wenn die Daten geeignet sind, auch in Echtzeit darauf reagieren zu können. Die Reaktionen von Kursschwankungen an den Börsen und das ausgelöste Kaufen oder Verkaufen ist ein exzellentes Beispiel für Nowcasts.

Im Tagesgeschäft von produzierenden oder handelnden Unternehmen sind Nowcast-Informationen sicher nice-to-have, werden aber nicht unmittelbar zum Anlass genommen, das operative Geschäft daraufhin anzupassen.

Der amerikanische Hypothekenfinanzierer Quicken Loans allerdings hat ein Nowcast-Instrument für seine Mitarbeiter entwickelt, welches ihnen ein kontinuierliches, aktualisiertes Leistungsfeedback anzeigt. Es misst und belohnt die Leistung der Mitarbeiter auf regelmäßiger Basis.

Der Ticker hat mehrere Anzeigen, auf denen neben Messgrößen für Gruppen und Einzelpersonen auch die Wahrscheinlichkeit angezeigt wird, mit der ein Mitarbeiter seine Tagesziele erreicht. Die Mitarbeiter reagieren auf die Werte und Ziele und sind dadurch den ganzen Tag über informiert und strengen sich an. Sie stehen im Wettbewerb mit ihren eigenen Zahlen ([16], S. 32).

Wenn die Führungskraft mit dem Mitarbeiter über die aktuelle Zielerreichung im regelmäßigen Gespräch bleibt und ihm als Sparringspartner dienen kann, dann ist eine Form der wertschätzenden Kommunikation erreicht, bei der die Kontrolle auf ein Minimum reduziert werden kann.

7.1.5 Beeinflussen Sie die individuelle Aufmerksamkeit

Bislang wurde nur von der Steuerung der kollektiven Bedeutung und Aufmerksamkeit in einem Bearbeitungsprozess gesprochen. Diese zu leiten ist fast einfacher, als der individuellen Aufmerksamkeit eines Mitarbeiters eine Bedeutung zu geben. Um Teams steuern zu können, wird das Ziel in den Mittelpunkt gestellt und eine entsprechende Führungstechnik angewendet, dieses auch zu erreichen. Soll ein einzelner Mitarbeiter in dieser Hinsicht geführt werden, sind die individuellen Motive zu finden und anzusprechen. Welche Motivation und Augenmerke hat jeder einzelne Mitarbeiter? Wie können diese Motive zur Lenkung seiner Aufmerksamkeit angesprochen werden?

Attention is awareness with meaning, führen Davenport und Beck aus. ([1], S. 141) Wenn eine Führungskraft also in der Lage ist herauszufinden, welche Bedeutung der Mitarbeiter der jeweiligen Aufgabe zuordnet, wird sich automatisch seine Aufmerksamkeit und damit auch die Wertschöpfung erhöhen.

Die individuelle Aufmerksamkeit kann durch drei Methoden verstärkt werden.

1. Es muss ein Individualbedürfnis befriedigt werden

Die menschlichen Bedürfnisse sind durch A.H. Maslow in der Bedürfnispyramide richtungsweisend beschrieben worden. [11] Maslow geht von der Grundannahme aus, dass jeder Mensch durch das Streben nach Befriedigung spezifischer Bedürfnisse motiviert wird. Um diese Idee nutzen zu können, reicht aber allein die Einstufung auf die fünf Stufen der Bedürfnisse noch nicht aus. Dieses einfache Modell ist zur Steuerung der Aufmerksamkeit tatsächlich noch viel differenzierter nutzbar.

In einem beruflichen Umfeld ist davon auszugehen, dass die Grundbedürfnisse nach Essen, Schlafen, Sicherheit etc. meistens erfüllt sind. Individuelle Bedürfnisse und das Bedürfnis nach Selbstverwirklichung sind voraussichtlich die beiden Stufen, nach denen Mitarbeiter streben.

Manche starken Bedürfnisse, wie die Grundbedürfnisse oder der Wille nach Selbstverwirklichung, können durch den Menschen aus eigener Kraft und eigenem Antrieb erfüllt werden. Andere Bedürfnisse, wie Wertschätzung und Anerkennung, können nur von außen erfüllt werden. Also sollte eine Führungskraft darauf achten, diese Bedürfnisse den Mitarbeitern gegenüber zu erfüllen. Das sollte ihr dann auch besonders gut gelingen, wenn sie selbst die Bestätigung und Anerkennung aus anderer Quelle zurückerhält.

Aber welche dieser konkreten Bedürfnisse erfüllen tatsächlich die Wünsche eines einzelnen Mitarbeiters? Führungskräfte, die sich darüber Gedanken machen, und ihr Führungsverhalten auf die Bedürfnisbefriedigung ihrer Mitarbeiter und die Zielerreichung gleichermaßen ausrichten, sind in der Top-Liga der Führung angekommen. Aber woran erkennt eine Führungskraft, welche Bedürfnisse ein Mitarbeiter erfüllt haben möchte? Die Führungskraft erkennt es an der Beobachtung des Verhaltens seines Mitarbeiters.

Verhaltensbeobachtung bedeutet in dem Zusammenhang die zielgerichtete Wahrnehmung des Mitarbeiters, um etwas für die *Persönlichkeit Charakteristisches* herauszufinden, ohne dabei zu werten. *Der zweite Aspekt umfasst die Art und Weise, wie ein Mensch sich gibt, wie er in Aktion tritt, was an ihm zur Kennzeichnung seiner Persönlichkeit wesentlich ist, und zwar jeweils ganz unmittelbar auf typische Verhaltenssituationen bezogen.* ([5], S. 8)

Hierzu einige Fragen, die dabei helfen können, etwas Charakteristisches der Persönlichkeit herauszufinden:

- Wie lässt sich der Mitarbeiter immer wieder begeistern?
- Worauf legt der Mitarbeiter bei seiner Tätigkeit besonderen Wert?
- Welche Stärken und Schwächen würde der Mitarbeiter von sich selbst benennen?
- Bei welchen Tätigkeiten hat der Mitarbeiter in der Vergangenheit Zufriedenheit ausgestrahlt?
- Was empfindet der Mitarbeiter als Störung?
- Wofür möchte der Mitarbeiter Anerkennung (Verhalten, eigene Leistung, Teamleistung usw.)?
- Welche optimalen Rahmenbedingungen des Arbeitens stellt sich der Mitarbeiter vor?

Mit diesen Erkenntnissen kann die Führungskraft die Aufgaben und den Umgang mit Kennzahlen so gestalten, dass der Mitarbeiter darin die Erfüllung seiner Bedürfnisse erkennen kann. Dann haben Führungskräfte eine große Chance, dass er den Themen seine volle Aufmerksamkeit schenken wird.

Menschen, die beispielsweise eine außerordentliche Befriedigung darin sehen, Kennzahlen datentechnisch bis ins Detail zu klären und perfekt aufzubereiten, werden einer kniffeligen Herausforderung höchste Aufmerksamkeit schenken. Wenn sie hingegen mit Gesprächen beauftragt werden, abteilungsübergreifende Prozesse als Zuarbeit von Kennzahlen zu optimieren, werden sie voraussichtlich nicht den vollen Einsatz und volle Aufmerksamkeit einbringen.

Menschen, die verkaufs- und abschlussorientiert sind, werden keine Befriedigung daraus ziehen, an der Klärung von Buchhaltungskonten ihrer Kunden mitzuarbeiten; auch wenn es sie unmittelbar betrifft und der Kunde nur durch sie noch einmal angesprochen werden kann, beispielsweise wenn die vereinbarte Anzahlung zum Kaufvertrag noch nicht eingegangen ist.

Menschen, die mehr an einer ausgewogenen Work-Life-Balance interessiert sind, wird man nur bedingt ständig mit fordernden Zielen und Projekten begeistern können.

> **Beispiel**
>
> Eine ältere Mitarbeiterin hat viele Jahre im Kundenempfang gearbeitet. Dort hat sie sich ausgesprochen wohl gefühlt und ein gutes Verhältnis insbesondere zur älteren Kundschaft gehabt. Mit ihren beiden gleichaltrigen Kolleginnen verstand sie sich sehr gut. Als eine junge Mitarbeiterin aus der Elternzeit zurückkam, musste sie aber den Arbeitsplatz wieder verlassen und arbeitete seit diesem Zeitpunkt in der Buchhaltung.
>
> Zum Zeitpunkt des Wechsels hatte sie keine Ausbildung in der Buchhaltung und wurde nur angelernt. Sie ist mit einfachen, immer wiederkehrenden Buchungen

7.1 Erhöhen Sie die Bedeutung

betraut worden. Diese Buchungen macht sie scheinbar fehlerfrei, denn bislang hat sie die Teamleiterin nie wegen eines diesbezüglichen Problems angesprochen. Ohnehin hat sie nicht viel Kontakt zu den weitaus jüngeren Kolleginnen gesucht; sie verbrachte ihre Mittagspause mit den Kolleginnen der *alten* Abteilung. Zum Geburtstags-Frühstück einer Buchhaltungskollegin hat sie sich abgemeldet, mit der Begründung, vor dem Wochenende unbedingt noch ihre Arbeit erledigen zu wollen.

Als eine neue Buchhaltungssoftware eingeführt werden sollte, hat sie schon in den Informationsvorgesprächen signalisiert, dass das alte System doch noch sehr gut sei und sie doch in jedem Fall ihre Buchungen weiter in dem alten System machen könne. Es bliebe ja ohnehin noch eine Zeit lang in Verwendung.

Am Tag der Umstellung und Neuinbetriebnahme war sie schon sehr früh an ihrem Arbeitsplatz in einem Einzelbüro. Die Tür stand offen, aber sie kam nicht heraus und blieb an ihrem Arbeitsplatz sitzen. Die Teamleiterin und die Software-Firma riefen alle Mitarbeiter zu einem kurzen Briefing zusammen. Keiner holte sie dazu.

Als der Geschäftsführer ins Büro kam, ging er wie jeden Morgen in jedes Büro, um alle zu begrüßen. So kam er auch in das Büro der Dame und fand sie dort völlig aufgelöst und weinend. *Ich werde hier nicht mal zu Sitzungen dazugeholt. Ich bin extra früher gekommen und jetzt sitze ich hier und man lässt mich völlig links liegen.*

Dieses Beispiel zeigt, dass es manchmal nicht so leicht ist, die Bedürfnisse von Mitarbeitern zu erkennen. Insbesondere dann nicht, wenn sie eine eher aversive Aufmerksamkeit auf sich ziehen. Voraussetzung für eine hohe Ich-Befriedigung und damit auch für eine hohe Aufmerksamkeit ist es, für eine Übereinstimmung der Stärken und der Tätigkeit zu sorgen. Dann werden eine hohe Aufmerksamkeit und gleichzeitig eine hohe Zufriedenheit erzeugt.

Durch Attention Leadership können Führungskräfte es schaffen, Stärken der einzelnen Mitarbeiter leichter wahrzunehmen und sie optimal zur Erreichung der Ziele einzusetzen. Dann entstehen auch große Chancen, dass der Mitarbeiter zeitweise in einen *Flow* gerät, der die Motivation beflügelt und die Zeit vergessen macht. *The key to great leadership is to recognize the particular motivations within yourself and develop the skills which are compatible to them* ([13], S. 20 f.).

2. Es muss einen Sinn machen

Informationen und Tätigkeiten müssen in einen Sinnzusammenhang für den Mitarbeiter gestellt werden, damit eine Bedeutung erzeugt werden kann. Ein einfaches Beispiel: Der Mitarbeiter erhält von seinem Chef eine E-Mail, mit der er nichts anzufangen weiß. Er kann sie weder in Bezug zu seinem Projekt setzen, noch anders einordnen. Dieser Information wird nach kurzem Rätselraten keine weitere Aufmerksamkeit mehr geschenkt.

Häufig werden von Führungskraft aus den unterschiedlichsten Gründen den Mitarbeitern mehr Kennzahlen als nötig zur Verfügung gestellt:

- als Vertrauenssignal (*du kannst Zugang zu allen Kennzahlen haben, ich vertraue dir*)
- aus Zeitmangel (*ich kann doch jetzt nicht noch alle Kennzahlen pro Verkaufssegment runterbrechen*)
- aus Unkenntnis heraus, nicht zu wissen, welche die passenden Kennzahlen überhaupt sind.

Umgekehrt gilt es auch, dem Mitarbeiter ein Minimum an für ihn sinnvollen Kennzahlen zur Verfügung zu stellen, damit sie zur vernünftigen Beurteilung der eigenen Leistungsfähigkeit oder des Teams überhaupt taugen können. Wenn Kennzahlen keinen Sinn machen, weil sie nicht nachvollziehbar sind oder auf einer unklaren Datenerhebung basieren, werden sie vom Mitarbeiter von Anfang an nicht als legitimes Steuerungs- und Bewertungsinstrument akzeptiert werden können.

Der Mensch verschenkt nur dann seine volle Aufmerksamkeit, wenn für ihn ein inhaltlicher Gedanken- oder Sinnzusammenhang in seinem individuellen Bezugsrahmen besteht. Dann ist ein bedeutungsvoller Kontext hergestellt, der die Aufmerksamkeit erhöht. Beispielsweise wenn Kennzahlen für seinen Arbeitsbereich speziell ausgewählt und auf das Wesentliche reduziert wurden. Dann kann er mithilfe dieser Kennzahlen sehr genau seine Performance überprüfen. Der Vergleich mit Kollegen, anderen Abteilungen, dem Benchmark und dem Jahresziel ist dabei hilfreich, nicht aber Kennzahlen, die mit dem eigenen Bereich nichts zu tun haben.

Kennzahlen, die in einem Kontext, d. h. in einem sachlichen oder situativen Zusammenhang bearbeitet werden, sind geeignet, die Aufmerksamkeit von Mitarbeitern zu fördern. Denn nur dann können Kennzahlen dazu beitragen, dass der Mitarbeiter durch sie

- Hilfestellung bei einer Problemlösung erhält,
- Ziele erreichen bzw. die Zielerreichung überprüfen kann (sowohl die eigenen als auch die betrieblichen) und dadurch
- Umsetzungsaktivitäten beurteilen kann.

▶ Aufgabe der Führungskraft ist es, Kennzahlen-Informationen so auszuwählen, dass Mitarbeiter sie in einen kontextualen Zusammenhang stellen können und sich daraus ein Sinn für sie ergibt.

3. Es muss Anerkennung in Aussicht gestellt werden

Die individuelle Aufmerksamkeit kann auch dadurch beeinflusst werden, indem für den Mitarbeiter Lob und Anerkennung erwartet werden können. Anerkennung ist ein starker Motivator, der richtig eingesetzt eine hohe aufmerksamkeitsfördernde Wirkung hat.

Wenn Sie das schaffen, dann ziehe ich den Hut vor Ihnen. Mit dieser Ergänzung zum Arbeitsauftrag sollte wohl jeder Mitarbeiter einen hohen Ansporn erfahren.

Nun ist es kein Allheilmittel mit ständiger Anerkennung von Leistung und wahllosem Lob die Wahrnehmung der Mitarbeiter zu schärfen. Diese Form der Führung sollte dosiert eingesetzt werden, um einen guten Effekt zu erzielen. Außerdem tut sich nicht jede Führungskraft leicht mit Lob und Anerkennung. Viele stehen auf dem Standpunkt, dass eine gut getane Arbeit nicht besonders anzuerkennen ist und Worte persönlicher Anerkennung überbewertet werden.

Ob der Umgang mit Anerkennung nun eine Philosophie, eine Einstellung oder ein Bedürfnis ist, braucht nicht diskutiert zu werden. Im Fall von Attention Leadership geht es einzig um ein Führungsverhalten, welches auf Zielerreichung fokussiert ist und alle Techniken dazu einsetzt, dass dies gelingt. In diesem Sinne dient die Anerkennung der zusätzlichen Lenkung der Aufmerksamkeit auf Ziele und Themen, die die Führungskraft bearbeitet wissen möchte.

Mitarbeiter brauchen Aufmerksamkeit, Anerkennung und Bestätigung, damit sie ihre volle Leistungskraft auf die priorisierten Themen der Führungskraft richten können. Dabei geht es nicht einfach um das Loben an sich, sondern um das gezielte Einsetzen, welches auf Tätigkeiten des Mitarbeiters gerichtet ist. Gezielt wird Lob dann eingesetzt, wenn es die Wünsche der Anerkennung des Mitarbeiters individuell trifft. Ein Mitarbeiter, der den Anspruch der Perfektion an sich stellt, wird ein Lob für die schnelle Erledigung einer Aufgabe nicht so sehr schätzen, als wenn sich dieses Lob auf die Genauigkeit der Durchführung beziehen würde.

Eine exzellente Führungskraft weiß genau, für welche Tätigkeiten der individuelle Mitarbeiter anerkannt werden möchte. Danach delegiert sie die Aufgaben oder Projekte und danach wird sie auch die entsprechende Anerkennung formulieren. Dann trifft die Anerkennung ins Herz und motiviert, dieses Verhalten zu verstärken.

Wie in Kap. 6 bereits ausgeführt, ist die Aufmerksamkeit, die auf den Mitarbeiter und seine Tätigkeit ausgerichtet ist, an sich schon eine Form der Anerkennung. Wenn diese dann noch verbal verstärkt wird, wirkt sie sich motivationsfördernd und antriebsstark auf den Mitarbeiter aus.

▶ Kennzahlen erhalten durch Aufmerksamkeit besondere Bedeutung, aber sie verändern sich dadurch nicht. Veränderung tritt erst dann ein, wenn aus der Aufmerksamkeit Gespräche entstehen, die auf Veränderung abzielen.

7.2 Glauben Sie kollektiv an Ziele

Es gibt wahrscheinlich nur wenige Führungskräfte, die nicht von der Wichtigkeit von Zielen für eine Organisation und für Mitarbeiter überzeugt sind. Ziele und Zielvereinbarungen gehören seit vielen Jahren zu den wichtigsten Führungstechniken, die erstmals als *Management-by-Objectives* [14] formuliert wurden.

Und dennoch gibt es kaum ein Managementinstrument, das so ambivalent behandelt wird, in dem der formulierte Anspruch und die gelebte Wirklichkeit so weit auseinanderklaffen. Führungskräfte tun sich schwer, Ziele zu vereinbaren und Mitarbeiter sind von ihren Zielen nicht überzeugt. Dabei können über Ziele die Zukunft geplant und wünschenswerte Zustände entworfen werden. Das Gegenteil wäre lediglich ein reaktives Bewältigen eines bereits eingetretenen Zustandes, der in einer Abweichungsanalyse abgelesen werden kann. Zielvereinbarungen sind *das* Managementinstrument überhaupt, besonders für Attention Leadership. Wenn ein Ziel Aufmerksamkeit hat, dann hat es eine Bedeutung.

Der Zielerstellungs- und Zielvereinbarungsprozess ist ausgesprochen anspruchsvoll. Dennoch lohnt sich der Aufwand und die Mühe, da dieser Prozess die Wahrscheinlichkeit erhöht, dass Mitarbeiter für Ziele Verantwortung übernehmen und ihnen mehr Aufmerksamkeit schenken. Dann bleiben Ziele im Tagesgeschäft präsent und werden verfolgt.

Die Gründe sind vielfältig, warum Ziele nicht mit Mitarbeitern vereinbart, sondern vorgegeben werden. Führungskräfte, die Ziele einfach nur vorgegeben haben, tun das nicht aus Boshaftigkeit den Mitarbeitern gegenüber, sondern weil sie überzeugt davon sind, dass es *wichtigere Ziele* gibt als ein mitarbeiterorientiertes und –beteiligendes Führungsverhalten. Zugunsten der Fortentwicklung des Unternehmens, der Rendite oder des Marktanteils müssen die top-down angesagten Ziele erfüllt werden, da sonst möglicherweise existenzgefährdende Situationen eintreten könnten. Dann werden Ziele den Mitarbeitern gegenüber angesagt, nicht diskutiert oder verhandelt. Dass damit ein großes Motivations- und Beteiligungspotenzial verlorengeht, ist der Führungskraft meist bewusst. Sie nimmt es aber aus Gründen einer höheren Priorität in Kauf.

Was macht die Zielvereinbarung mit Mitarbeitern so herausfordernd? Die Formulierung von Zielen nach den SMART-Kriterien gehört zu einer der anspruchsvollen, kognitiven Leistung einer Führungskraft. Ziele sollen S-spezifisch, M-messbar, A-anspornend, R-realistisch und T-terminiert sein. ([8], S. 75 ff.) Als Beispiel möchte ich hier nur die Messbarkeit auswählen:

Der Grad der Zielerreichung und damit auch das Endziel sollen messbar sein. Die Masse der zur Verfügung stehenden Kennzahlen stellt meistens kein Problem dar. Aber welche der Kennzahlen wird letztlich ausgewählt und passt zum Ziel? Welche kann vom Mitarbeiter direkt selbst beeinflusst werden? Welche Kennzahl lässt eine Aussage über den Bearbeitungsstand zu? Welche Frequenz ihres Updates ist sinnvoll? Über welche Kennzahl wird Motivation für den Mitarbeiter geschaffen? Das sind schon komplexe Anforderungen, die *nicht mal eben formuliert* werden können.

Ziele zu definieren und zu vereinbaren, ist eine mühevolle Arbeit für die Führungskraft. Um diesen Auftrag gut bewältigen zu können, sollten Voraussetzungen erfüllt sein, die diesen Prozess besser oder überhaupt erst gelingen lassen (vgl. Abb. 7.2).

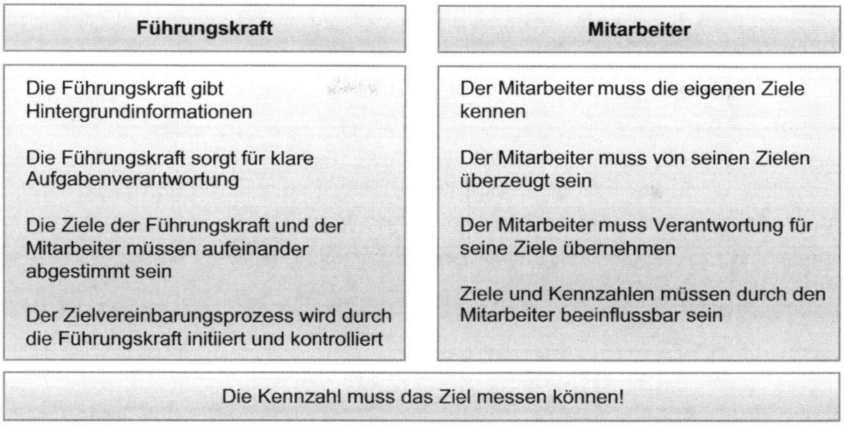

7.2 Glauben Sie kollektiv an Ziele

Führungskraft	Mitarbeiter
Die Führungskraft gibt Hintergrundinformationen	Der Mitarbeiter muss die eigenen Ziele kennen
Die Führungskraft sorgt für klare Aufgabenverantwortung	Der Mitarbeiter muss von seinen Zielen überzeugt sein
Die Ziele der Führungskraft und der Mitarbeiter müssen aufeinander abgestimmt sein	Der Mitarbeiter muss Verantwortung für seine Ziele übernehmen
Der Zielvereinbarungsprozess wird durch die Führungskraft initiiert und kontrolliert	Ziele und Kennzahlen müssen durch den Mitarbeiter beeinflussbar sein

Die Kennzahl muss das Ziel messen können!

Abb. 7.2 Kollektiv an Ziele glauben

7.2.1 Die eigenen Ziele kennen

Beispiel

Welche Ziele haben Sie für dieses Jahr?, fragte ich einen Produktionsleiter eines mittelständischen Unternehmens im Coaching. Nach langem Schweigen sagte er: *Ja, das ist jetzt eine gute Frage. Ich glaube, ich kenne keine.* Welche Ziele stehen denn in ihrer Bonusvereinbarung? *Da müsste ich mal nachgucken. Ich weiß, dass ich was unterschrieben habe, aber was genau, kann ich jetzt aus dem Stand nicht sagen.*

Woran liegt es, dass sogar Führungskräfte, wie in diesem Beispiel, ihre Ziele nicht kennen? Ist es nicht absurd, dass Manager in der Lage sind, ihre Kennzahlen bis ins Detail zu interpretieren, aber ihre eigenen Ziele nicht kennen?

Ziele zu vereinbaren gehört zu einer Routineaufgabe leitender Mitarbeiter. Meist werden sie in den Jahresgesprächen mit den Mitarbeitern festgelegt und ggf. auch bonifiziert. Der Grund, diese Ziele ggf. aus den Augen zu verlieren, liegt aber an der Führungskraft selbst. Denn mit der Vereinbarung und dem einmaligen Gespräch am Jahresanfang über diese Ziele ist man ihnen noch keinen Schritt näher gekommen. Sie müssen Gegenstand der regelmäßigen Gespräche zwischen Führungskraft und Mitarbeiter bleiben.

Problematischer in der Zielerreichung sind die Ziele, die nicht explizit aufgeschrieben oder kommuniziert werden. Ziele, von denen in einer Organisation angenommen wird, dass es diejenigen sind, die erreicht werden sollen. Entweder, weil niemand eine klare Vorstellung davon hat, was genau erzielt werden soll (*Wir müssen immer besser als der Wettbewerb sein*), oder, weil das Ziel nicht verstanden wird (*Wir wollen 1 % mehr Deckungsbeitrag III erzielen*).

Das Gesamtziel des Unternehmens, und sei es noch so präzise formuliert, kann keine Bedeutung für den einzelnen Mitarbeiter haben. Ziele und Kennzahlen sind an sich schon sehr abstrakt. Je weiter sie hierarchisch heruntergebrochen werden, desto konkreter werden sie und desto besser werden sie auch verstanden. Ein Ziel, welches erreicht werden soll, muss individuell vereinbart und durch den jeweiligen Mitarbeiter beeinflussbar sein.

▶ Wenn Mitarbeitern ihre Ziele nicht bekannt oder nicht bewusst sind, werden sie aller Wahrscheinlichkeit nach auch nicht erreicht werden können.

7.2.2 Ziele aufeinander abstimmen

Dahinter steht eine ganz einfache Forderung, auf die eine Führungskraft achten sollte. Die eigenen Ziele der Führungskräfte müssen den gleichen Anspruch erfüllen, wie die Ziele, die Führungskräfte dann in der Folge mit ihren Mitarbeitern vereinbaren.

Dabei liegt das Hauptaugenmerk der Zielvereinbarung in der Beteiligung der Mitarbeiter an Herausforderungen der Organisation. Denn Kennzahlen bilden Probleme im Unternehmen nur ab – sie lösen sie aber nicht. Um Probleme lösen zu können, müssen Mitarbeiter beteiligt werden. *Menschen können viel mehr beitragen, wenn sie verstehen, wie ihr Arbeit in die Mission und Strategie des Unternehmens passt.* ([16], S. 28) Sie garantieren einen unterschiedlichen Blick auf das Problem und können aus dieser Perspektive Lösungsansätze erarbeiten.

Wenn ein Konzern das Ziel stellt: *Steigerung der Kundenzufriedenheit um 2,3 %*, was bedeutet das dann für die Bereichsdirektoren, die für unterschiedliche Kundengruppen verantwortlich sind? In einem Bereich ist die Kennzahl bereits zu Jahresanfang erreicht. Dieser Bereichsdirektor wird diesem Ziel vielleicht überhaupt keine Aufmerksamkeit schenken, da es nur noch darum geht, den Status Quo zu halten – obwohl er vielleicht die größten Chancen von allen hätte, das Ziel noch weiter zu steigern und damit zum Gesamtergebnis beizutragen. Strategische, übergeordnete Ziele müssen für jeden Bereich, Standort oder jede Filiale so klar vereinbart werden, dass die Führungskraft eine gute Basis hat, dieses wiederum für den einzelnen Mitarbeiter oder das Team herunterzubrechen. Wenn die Führungskraft selbst kein eindeutiges Ziel hat, kann sie es kaum weiter top-down vereinbaren. (siehe auch Abschn. 3.2)

Glauben Sie, dass ich auch nur ansatzweise die Chance habe, mit meinem Vorstand qualitativ oder quantitativ über Ziele zu sprechen, die er mir ins Gebetbuch schreibt? Der hat ja selber auch keine andere Chance. Wenn ich anfangen würde zu diskutieren, dann kann ich bei uns nichts mehr werden, sagte ein Bereichsleiter eines produzierenden Unternehmens.

Angenommen, Ziele können nicht diskutiert werden, es sind keine Informationen über die Zielentstehung und –hintergründe zu bekommen und es erfolgt keine Abstimmung mit den Kollegen auf gleicher Hierarchieebene, die dieses Ziel gleichermaßen betrifft. Was kann eine Führungskraft dann noch tun, um für sich selbst und für ihre

Mitarbeiter Ziele zu schaffen, die dennoch alle *smart(en)* Kriterien erfüllen und auf den jeweiligen Bereich zugeschnitten und motivierend sind?

Zielvereinbarung startet mit Selbstaufmerksamkeit. Welche Bedeutung hat dieses Ziel für den Verantwortungsbereich der Führungskraft? Mit welchen der Aktivitäten, für die die Führungskraft zuständig ist, kann das Ziel überhaupt verändert werden? Welche Bereiche bzw. welche Mitarbeiter können aktiv zum Ziel etwas beitragen? Wie muss das Ziel abteilungsintern formuliert werden, um zum übergeordneten Ziel etwas beitragen zu können. Aus strategischen Zielen operative Ziele zu benennen, die nicht *nur der kleine Bruder des großen sind*, verlangt Mut, Rückgrat und harte Arbeit der Führungskraft. Denn die strategischen Ziele bleiben nach wie vor im Fokus der Führungskraft, die an deren Zielerreichung auch gemessen wird.

▶ Wenn Ziele nicht formuliert werden können, dann besteht auch keine Klarheit über das Ziel.

7.2.3 Die Kennzahl muss das Ziel messen können

Diese Behauptung scheint auf den ersten Blick absolut trivial, ist aber in der Realität nicht immer so einfach umsetzbar. Es gibt viele Branchen, denen beispielsweise keine expliziten Kennzahlen über den Marktanteil eines bestimmten Produktsegmentes zur Verfügung stehen. Wenn das Ziel die Steigerung des Marktanteils für dieses Produkt um 6 % ist, was genau wird dann gemessen? Also werden ganze Produktsegmente gemessen, die nur einen Näherungswert für das Produkt bestimmen können und auf Verkaufszahlen des Einzelhandels beruhen.

Um das Ziel genau messen zu können, müssten eigentlich die Kennzahlen auf kleinere Segmente heruntergebrochen werden, da sonst die Kennzahlen ein falsches Bild geben oder nicht aussagefähig sind. Da diese nicht zur Verfügung stehen, werden also Verkaufszahlen größerer Verkaufseinheiten herangezogen. Dort ist dann die Abweichung nicht so hoch, aber das Ergebnis ungenauer und fast nicht mehr nutzbar. Und trotz dieser Ungenauigkeit werden die Mitarbeiter in ihrer Leistung ganz explizit an diesen Zahlen gemessen und es wird angenommen, dass dies die für diesen Verkaufsbereich gültigen, realen Zahlen sind; ganz einfach, weil keine anderen Zahlen verfügbar sind.

Die Vorgehensweise ist verständlich und vielleicht auch nicht anders bewertbar. Dennoch bestimmt der Umgang mit den Kennzahlen die Akzeptanz durch die Mitarbeiter. Man könnte den Mitarbeitern einen Abweichungsquotienten mitteilen oder andere Kennzahlen, die helfen können, die aktuelle Kennzahl besser einzuschätzen. Damit könnte der Unschärfe der Beurteilung Rechnung getragen werden. Individuelle Bonuszahlungen könnten diese Ungenauigkeit berücksichtigen. Dann würden die Mitarbeiter diese Ziele mehr als Orientierung und Ansporn nehmen können, denn als Ungerechtigkeit, Last und Druck. Sie würden an ihre Ziele glauben können, weil sie die Unschärfe ihrer Messbarkeit kennen und diese nicht zu ihrem persönlichen Nachteil ausgelegt würde.

7.2.4 Ziele und Kennzahlen müssen beeinflussbar sein

Dies ist eine ebenso trivial erscheinende Forderung, die aber den Führungskräften in der Praxis viel Mühe macht. Wie können Führungskräfte Ziele so mit den Mitarbeitern vereinbaren, dass sie in der Folge für die Erreichung verantwortlich gemacht werden können? Haftung kann nur jemand übernehmen, der die (alleinige) Verantwortung für etwas übernimmt. Kann ein Mitarbeiter Verantwortung für die Leistung seines internen oder externen Kunden übernehmen, z. B. als Berater? Kann ein Mitarbeiter Verantwortung für die Lagerdauer von Produkten übernehmen, wenn er im Vertrieb tätig ist? Kann ein Mitarbeiter Verantwortung für eine steigende Rendite des Gesamtunternehmens übernehmen, wenn er im Call Center des Unternehmens arbeitet? Wenn sich der Mitarbeiter nicht in der direkten Verantwortung für dieses Ziel sieht, nicht erkennt, wie es durch ihn beeinflusst werden kann, dann wird er es auch mit höchster Willensanstrengung nicht schaffen.

Der Mitarbeiter muss von den Zielen überzeugt sein
Niemand ist ein besserer Experte an seinem eigenen Arbeitsplatz als der Mitarbeiter selbst. Wenn die Führungskraft dieses Statement anerkennt und zu nutzen weiß, dann kann sie gemeinsam mit dem Mitarbeiter viel bewegen. Dann bekommt die Zielfindung auch nicht den Charakter des Feilschens auf einem Basar, sondern ist ein Prozess des partnerschaftlichen Austausches. Das ist die Voraussetzung dafür, Projekte qualitativ zu diskutieren, Kundenstrukturen zu analysieren, Potenziale zu ermitteln und Trends zu besprechen.

Das setzt aber auch die Bereitschaft der Führungskraft voraus, sich auf das Erfahrungswissen der Mitarbeiter einzulassen und dieses auch zum Gegenstand der Zielvereinbarung zu machen oder mit zu berücksichtigen. Sollte die Erfahrung des Mitarbeiters dennoch nicht berücksichtigt werden können, muss die Führungskraft den Mitarbeiter darüber informieren und den Hintergrund erläutern.

Ein gutes Beispiel für diesen Prozess ist die Zielvereinbarung an sich.

> **Beispiel**
>
> Die Filiale eines Großhandels hatte in aufwendiger Arbeit die Zielverhandlung mit dem Headquarter vorbereitet. Es wurden Kennzahlen zusammengetragen, Märkte in Segmenten analysiert, nochmals die Produkte des Wettbewerbs ins Verhältnis zu den eigenen gesetzt. Am Ende waren alle Beteiligten hoch zufrieden ein begründetes Ziel von 810 Mio. € Umsatz p. a. erreichen zu können.
>
> Die Vertreter des Headquarters sahen sich die Präsentation gar nicht erst an, sondern riefen eine Zielgröße von 1 Mrd. € aus. Alle erarbeiteten Begründungen wären eigentlich nicht notwendig gewesen.
>
> Nachdem sich die Standortmitarbeiter von diesem emotionalen Tiefschlag wieder erholt hatten, gaben sie sich keine Mühe mehr, auf ihrer Berechnung zu bestehen. Wenn die Haltung des Headquarters so festgefahren sei, dann hätte man sich die Mühe des Kommens nicht machen müssen. Man solle das Ziel jetzt einfach in die Vereinbarung schreiben und die Diskussion beenden.

Als die Vertreter des Headquarters fühlten, dass die Zielansage die Motivation aller Mitarbeiter und Führungskräfte kosten würde, lenkten sie ein. Nach langer Diskussion einigte man sich schließlich auf 910 Mio. € Zielumsatz.

Wenn eine Zielvereinbarung optimal läuft, dann steht am Ende ein Diskussionsergebnis fest, zu dem die unterschiedlichen Sichtweisen ausgetauscht worden sind und zu dem *nur noch* das Ziel formuliert werden braucht. Führungskräfte und Mitarbeiter sind überzeugt und zu den Zielen existiert bereits eine Strategie, wie sie erreicht werden können. Je überzeugter ein Mitarbeiter von seinen Zielen ist, desto höher ist die Aufmerksamkeit und desto besser können sie erreicht werden.

▶ Ziele, von denen Mitarbeiter nicht überzeugt sind, fordern mehr negative Aufmerksamkeit als die Energie ihrer Umsetzung.

7.2.5 Verantwortung für Ziele übernehmen

Vorausgesetzt, die Ziele wurden mit den Mitarbeitern vereinbart und die Mitarbeiter sind von der Sinnhaftigkeit der Ziele überzeugt: Wie kann es eine Führungskraft schaffen, dass Mitarbeiter für ihre Ziele dauerhafte Verantwortung übernehmen? Mit dem Willen der intensiven Verfolgung und so lange, bis das Ziel erreicht ist. Wie kann eine Führungskraft diese hohe Selbstverpflichtung sicherstellen?

Was nach Freiwilligkeit und innerem Antrieb klingt, stellt sich in der Praxis anders dar. Da wird die Verantwortung für Ziele nicht immer mit der nötigen Aufmerksamkeit verfolgt. Führungskräfte investieren viel Zeit und Energie, die Ziele auf der Agenda der Mitarbeiter zu halten, abgesehen von der selbstverpflichtenden Verantwortung. Daher nutzen viele Führungskräfte die Methode, sich die Zielvereinbarung durch den Mitarbeiter unterzeichnen zu lassen und glauben, damit eine höhere Verantwortung herstellen zu können. Aber selbst wenn die Zielerreichung mit einer Bonusausschüttung für den Mitarbeiter verbunden ist, kann er sie dennoch aus den Augen verlieren. Eine höhere Verbindlichkeit verbessert noch nicht die Bereitschaft zur Verantwortung und Mitarbeiter glauben auch nicht mehr an die Zielerreichung oder arbeiten noch härter daran.

Grundvoraussetzung für eine dynamische Fortentwicklung ist es, dass jedes Ziel durch einen Verantwortlichen vertreten sein muss. Nur über Kennzahlen ist es möglich, den Fortschritt der Zielerreichung zu messen und mit dem Mitarbeiter darüber im Gespräch zu bleiben. Für die Übernahme von Verantwortung für Ziele müssen nicht nur die Ziele selbst eindeutig einem oder mehreren Mitarbeitern zugeordnet sein, sondern auch die entsprechenden Kennzahlen verantwortet werden.

▶ Jedes Ziel und jede Kennzahl, mit der ein Ziel überprüft werden kann, braucht einen Verantwortlichen im Unternehmen. Ziele und Kennzahlen, für die sich niemand zuständig fühlt, entwickeln ein Eigenleben.

> **Beispiel**
> Aus Kostengründen wurde vor drei Jahren ein Einkäufer eingespart. Der Leiter des Einkaufsteams aus den verbleibenden drei Mitarbeitern versicherte, dass man die Arbeit dieses Mitarbeiters auffangen könne. Man teilte seine Aufgaben unter den anderen auf. Ziel war es, im Geschäftsjahr die Kosten um noch einmal 8 % zu senken. Man verhandelte mit den Zulieferern, die glaubwürdig versicherten, dass sie die Preise nicht weiter senken könnten, sparte in vielen Bereichen des Unternehmens und legte die Kosten für die Berufskleidung dann noch teilweise auf die Mitarbeiter um.
>
> Als dann die Telefonanlage zusammenbrach und man die Leistungen der Wartungsfirma im Vertrag nachsehen wollte, fand man ihn zunächst gar nicht. Nein, hieß es, dafür sei der IT-Verantwortliche zuständig. Der wiederum verließ sich im Einkauf immer auf den entlassenen Mitarbeiter. An seinem alten Arbeitsplatz fand man schließlich den Vertrag und stellte fest, dass sich der Wartungsvertrag bereits vor zwei Jahren automatisch verlängert hatte, aber zu den nahezu doppelten Wartungsgebühren. Die Garantie war ebenfalls abgelaufen. Mit der frühzeitigen Erneuerung des Vertrages und der Anlage wäre das Ziel der Kostensenkung in dem Geschäftsjahr bereits erfüllt gewesen.

Das Beispiel zeigt anschaulich, dass Ziele wie Teamziele immer von Personen verantwortet werden müssen. In diesem Fall reichte das Ziel der 8-prozentigen Senkung von Kosten zwar als Oberziel aus, aber nicht, um die Aufmerksamkeit der Mitarbeiter präzise zu fokussieren. Dann hätte eines der Unterziele lauten müssen: Erstellung einer Übersicht aller jährlichen Wartungskosten aus laufenden Verträgen, oder: Einholung von Angeboten für alle Verträge mit Kündigungsdaten unter 6 Monaten bis zum Ende des Quartals. Mit wem dieses Ziel vereinbart wird, der hat eine klare Verantwortung, glaubt an die Machbarkeit und kann alle Aktivitäten auf dieses Ziel fokussieren.

Tritt der Fall ein, dass das Ziel nicht erreicht werden kann, kann der Glaube eines einzelnen Mitarbeiters nicht dadurch wiederhergestellt werden, dass die Zielvorgabe gesenkt wird. Zielsenkungen sind nur im Ausnahmefall legitim, wenn Umstände eingetreten sind, die es dauerhaft verhindern, dass das jeweilige Ziel noch erreicht werden kann. Dann erwarten Mitarbeiter sogar eine Zielsenkung, da sie diesem Ziel ansonsten keine Beachtung mehr schenken würden.

Mitarbeiter übernehmen gerne die Verantwortung für Ziele, wenn sie mit einem klaren Arbeitsauftrag verbunden sind und sie aktiv auf das Ziel Einfluss nehmen können. Dann ist auch die Messung mit Kennzahlen ein willkommenes Mittel der Standortbestimmung.

7.3 Steigern Sie die Effizienz

Die Bearbeitung von Kennzahlen frisst Zeit und Energie. Diese Zeit fehlt in der Steuerung des operativen Geschäftes, der Steigerung der Kundenzufriedenheit und in vielen Bereichen mehr. Führungskräfte, die unter hohem Zeitdruck stehen, nutzen eher die Gelegenheit, sich schnell in den Kennzahlen zu orientieren als Rücksprache mit den Mitarbeitern

7.3 Steigern Sie die Effizienz

1. Nutzen Sie ausschließlich zielführende Kennzahlen
2. Reduzieren Sie den Aufwand der Erstellung
3. Blockieren Sie nicht Wertschöpfungspartner
4. Erklären Sie Kennzahlen
5. Bearbeiten Sie Strukturen, nicht Einzelfälle
6. Reduzieren Sie die Komplexität

Abb. 7.3 Effizienz steigern

zu halten. Dabei merken sie oft nicht, dass sie dann viel mehr Zeit investieren, um die Plausibilität der Kennzahlen herzustellen, als wenn sie direkt das Gespräch mit den Mitarbeitern suchen.

Wie also kann die Effizienz in der Arbeit mit Kennzahlen gesteigert werden? Wie können Sie mit so wenig Aufwand wie möglich genutzt werden? Was eine Führungskraft alles dafür tun kann, um sich diesem Idealfall anzunähern, soll im folgenden Kapitel beschrieben werden.

Zuvor ein kurzes, allgemeines Verständnis zum Thema Effizienz. *Effizienz wird als ein internes Leistungsmaß zur Beurteilung der Zielerreichung angesehen, das als Input-Output-Relation von Maßnahmen, Produktionsalternativen etc. abgebildet wird.* ([9], S. 22) M.E. sind dies auch Beurteilungskriterien dafür, ob Führungs- und Bearbeitungsmethoden geeignet sind, ein vorgegebenes Ziel zu erreichen. Die Beurteilungskriterien können Kennzahlen, Prozesse, Meilensteine oder auch Fachkompetenzen sein. Letztlich geht es um Wirksamkeit, Wirtschaftlichkeit und, im Umkehrschluss, auch um die Vermeidung von Verschwendung.

In Abschn. 4.1 ist bereits ausgeführt worden, dass Verzetteln mit Kennzahlen in komplexen Führungssituationen eine große Versuchung sein kann. Es ist ausgesprochen schwierig, in dem Umfang der zur Verfügung stehenden Zahlen das Ziel im Auge zu behalten und die Aufmerksamkeit auf das Wesentliche zu richten. Was machen Führungskräfte, die exzellent mit Kennzahlen umgehen, anders und wie gestalten sie den Umgang mit Kennzahlen und Mitarbeitern? Im Folgenden (vgl. dazu Abb. 7.3) finden Sie einige Empfehlungen, die sich im Laufe der Jahre aus eigener Praxis, Beratungs- und Coachingsituationen entwickelt haben.

7.3.1 Nutzen Sie ausschließlich zielführende Kennzahlen

In der Regel sind in einer Organisation mehr Kennzahlen verfügbar, als für die Überprüfung der Zielerreichung notwendig sind. Kennzahlen sind dann hilfreich, wenn sie den

Status quo der Zielerreichung abbilden. Also handelt es sich eigentlich um zwei Kennzahlen-Werte: die aktuelle und die Planzahl, die gleichzeitig die Zielerreichung darstellt; beispielsweise der Zielumsatz, die Quote der Bettenauslastung oder eine Verhältniszahl im Kostenbereich.

Dabei sind outputorientierte Kennzahlen höher als inputorientierte Kennzahlen für die Mitarbeiterführung zu bewerten. Inputorientierte Kennzahlen sind z. B. die Anzahl der Kundenkontakte pro Verkäufer/Monat, während die outputorientierten Zahlen an den aus den Kontakten resultierenden Verkäufen gemessen werden. Mitarbeiter sind über die outputorientierten Kennzahlen besser zu motivieren, weil sie bereits das Ergebnis beschreiben und nicht die Parameter, die geleistet werden müssen, um diese zu erreichen. Darüber hinaus bedeutet die Erhöhung der inputorientierten Kennzahlen nicht zwangsläufig, dass sie immer zu einer Steigerung der outputorientierten Kennzahlen führen. Dann beispielsweise, wenn die Anzahl der Kundenkontakte pro Tag erhöht wird, aber durch diese Erhöhung die Qualität der Kontakte leidet. Dann sind zwar mehr Kundenkontakte gemacht, die aber nicht zu mehr Verkäufen führen.

Führung mit Kennzahlen heißt aber in jedem Fall: Reduzierung auf das Wesentliche. Das bedeutet:

1. Präzise Zieldefinition insbesondere ihrer Messbarkeit
2. Erarbeitung der Teilziele und Bestimmung der relevanten Kennzahlen aus dem operativen Bereich
3. Erarbeitung der Strategien zur Erreichung des Ziels und der Veränderung in Teilschritten mit messbaren Kennzahlen (z. B. monatlich)

So simpel die drei Schritte zunächst wirken, so komplex sind sie in der Umsetzung. Kennzahlen und Ziele sind als eine Einheit zu betrachten. Bei der Erstellung von Kennzahlen-Auswertungen ist immer zu hinterfragen, welches konkrete Ziel damit gemessen werden soll. Sonst wird die aufwendige Bearbeitung von Kennzahlen zum Selbstzweck. Für eine zielgenaue Messung von Veränderungen sind u. U. nur einige wenige Kennzahlen erforderlich und nicht die ganze Vielfalt an Auswertungsmöglichkeiten.

Diese Kennzahlen sind den betreffenden Mitarbeitern bekannt, werden von allen akzeptiert und selbständig von ihnen überprüft. Zusätzliche oder immer wieder neu abgeleitete betriebswirtschaftliche Auswertungen und Kennzahlen sind oft nicht notwendig. Die Diskussion über Kennzahlen tritt zurück zugunsten von Gesprächen mit Experten und der Entwicklung von Prozesskorrekturen im Fall der Abweichung. Mitarbeiter arbeiten nicht an Kennzahlen, sondern an der Zielerreichung und sind damit am Wertschöpfungsprozess beteiligt.

7.3.2 Reduzieren Sie den Aufwand der Erstellung

Daten werden nach dem Gesetz ordnungsgemäßer Buchführung nur einmal in einer bestimmten Buchhaltungslogik erfasst. Management-Informationssysteme, die auf diesen

Daten basieren, können nach unterschiedlichen Anforderungen und zu unterschiedlichen Zwecken Auswertungen produzieren. Je nach Perspektive und Auswertungsbedarf werden Kennzahlen also unterschiedlich bearbeitet und aufbereitet: für den operativen Geschäftsbetrieb anders als für das Finanz- und Rechnungswesen und wieder anders für die Gesellschafter. So kann es sein, dass die gleiche Kennzahl in unterschiedlichen Kontexten aufbereitet und interpretiert wird. Das kostet Zeit und Aufwand.

Führungskräfte, die große Bereiche verantworten und die entsprechend kumulierte Auswertungen benötigen, warten daher lange auf die Erstellung dieser Management-Auswertungen. Sie generieren sich aus den operativen Bereichen und werden auf einem übergeordneten Level interpretiert. Daher führen manche Führungskräfte oder ihre Mitarbeiter aus Gründen von Schnelligkeit, Einfachheit oder Übersicht auch noch selbst erstellte Übersichten, deren Daten in ein Office-Programm importiert werden. Sind die Daten erst kumuliert erstellt, müssen die Führungskräfte zum vollen Verständnis die Daten doch wieder auf ein kleineres Niveau zurückführen, um detailliert Aspekte klären zu können.

Rechnet man den Zeitaufwand aller Abstimmung hinzu, vergeht relativ viel Zeit mit der Erstellung der Management-Auswertungen, die aber nach ihrer Fertigstellung letztlich niemandem mehr als aussagekräftiges Instrument dienen können. Es beinhaltet zu viele Perspektiven und ist geprägt von unterschiedlichen Anforderungen. Wenn sie endlich fertiggestellt sind, sind die Werte bereits überholt und damit nicht mehr nutzbar.

Es wird vorausgesetzt, dass alle Abteilungen und Bereiche ihre definierten Ziele verfolgen. Dann ist in Bezug auf die Kennzahlen fortlaufend zu überprüfen:

1. Welche Ziele werden mit welchen Kennzahlen gemessen?
2. In welchem Management-Informationssystem sind diese Kennzahlen ersichtlich oder muss es dafür eine gesonderte Auswertung geben, die ohne zusätzliche Bearbeitung nicht direkt aus dem Buchhaltungssystem erstellt werden kann?
3. Gibt es zu dieser gesonderten Auswertung einen Auftraggeber, der diese aktuell verwendet und vor welchem Hintergrund wurde sie angefordert?
4. An wen wird über die Veränderung berichtet und welche Maßnahmen sind für die weitere Veränderung vereinbart worden bzw. welches unternehmerische Teilziel steht hinter der Auswertung?
5. Welche Gründe gibt es für die Erstellung weiterer Auswertungen?
6. Werden alle restlichen Auswertungen konsequent unterbunden?

Alle Listen, die nicht auf diese oder ähnliche Weise *legitimiert* sind, scheinen redundant zu sein und kosten die Organisation Aufwand, ohne einen echten Nutzen davon zu haben. Das ist selbstverständlich im Einzelfall zu prüfen. Vielen Führungskräften ist an dieser Stelle Mut zu machen, konsequent auch diejenigen Aktivitäten ihrer Mitarbeiter zu blockieren, die nicht der Zielerreichung dienen. Aufmerksamkeit steuern bedeutet auch, sie zu den wichtigen Aktivitäten zu führen und damit zur Effizienz beizutragen.

7.3.3 Blockieren Sie nicht Wertschöpfungspartner

Mitarbeiter im operativen Geschäft beherrschen ihre Abläufe, sind fachkompetent, kennen ihre Kennzahlen und sind nah am Kunden und am Prozess. Sie sind maßgeblich an der Wertschöpfung in der Organisation beteiligt. Sie erbringen Leistungen, für die der Kunde bereit ist, zu zahlen.

Unter Wertschöpfung werden alle Aktivitäten bezeichnet, die den Wert eines Produktes oder einer Dienstleistung für den Kundennutzen mit den Haupteinflussfaktoren Zeit, Kosten und Qualität erzeugen ([2], S. 46 f.).

Fachlich kompetente Mitarbeiter sind prädestiniert, ihren Vorgesetzten, dem Finanz- und Rechnungswesen, Geschäftsführern oder Gesellschaftern zusätzliche Auswertungen zur Kosten- und Ertragsrechnung oder sonstige Hintergrundinformationen aufzubereiten, da diese nur aus dem operativen Bereich heraus mit Fach- und Prozesskenntnis erstellt werden können. Durch diese Fachkompetenz steigt die Qualität der Bearbeitung.

Bearbeitet jedoch ein Mitarbeiter Kennzahlen, kann er nicht gleichzeitig Umsatz generieren, also etwas Wertschöpfendes beitragen. Es muss ein fundiertes, zielführendes Anliegen der Kennzahlenbearbeitung vorliegen, wenn ein Mitarbeiter oder eine Führungskraft mit der Kennzahlenbearbeitung beauftragt wird, weil diese Tätigkeit negativen Einfluss auf die Rendite hat. Vor jeder Bearbeitung von Kennzahlen ist daher die Frage zu stellen: bringt diese Tätigkeit kurz- bis mittelfristig mehr Erlöse als Kosten? Falls diese Frage mit Nein beantwortet werden muss, ist der operativ tätige Mitarbeiter, dessen Hauptaufgabengebiet nicht die Kennzahlenerstellung oder –bearbeitung ist, im Sinne der Effizienz möglichst von diesen Aufgaben frei zu halten.

▶ Jede Kennzahlenbearbeitung muss unter einem Aufwand-Nutzen-Verhältnis beurteilt werden. Steht der Aufwand der Bearbeitung in keinem Verhältnis zur daraus folgenden Wertschöpfung, schmälert das die Effizienz.

Andererseits gibt es natürlich auch ein berechtigtes Interesse der Geschäftsführer und Gesellschafter an Information. In diesen Fällen ist alles dafür zu tun, dass einerseits die Kennzahlenerstellung und –bearbeitung, so gut es geht, in immer wiederkehrenden Routinen abläuft, sodass nicht jedes Mal *das Rad neu erfunden werden muss*. Andererseits müssen Mitarbeiter des Finanz- und Rechnungswesens, Controllings etc. soweit in die fachliche Materie des Tagesgeschäftes eingearbeitet werden, dass ihnen eigenständige Rückschlüsse und Bewertungen möglich sind. In jedem Fall müssen Mitarbeiter der wertschöpfenden Bereiche weitestgehend ihre Tätigkeit ausüben dürfen und nicht mit *Sonderaufgaben der Kennzahlenbearbeitung* von der Wertschöpfung abgehalten werden.

7.3.4 Erklären Sie Kennzahlen

Kennzahlen sind zur Führung von Mitarbeitern hervorragend geeignet. Das setzt aber eine elementare Bedingung voraus: Sie müssen von den Mitarbeitern auch verstanden werden. Das betrifft gewerbliche Mitarbeiter in der Produktion genauso wie Führungskräfte auf Top-Managementlevel. Wenn ein Mitarbeiter nicht weiß oder einschätzen kann, mit welchen Maßstäben er selbst oder sein Arbeitsbereich gemessen werden kann, hat das unmittelbaren Einfluss auf seine Effizienz.

Ein Mitarbeiter, der die Kennzahlen zur eigenen Leistungsmessung nicht versteht, wird diese nicht akzeptieren und ihnen in der Folge keine Aufmerksamkeit mehr schenken. Er wird nicht wissen, wie er diese Zahlen durch seine Leistung beeinflussen kann, fühlt sich nicht gerecht beurteilt und letztlich wird der Glaube an diese Zahlen schwinden. Es tritt eine Kennzahlen-Lähmung ein. Die Unzufriedenheit wird steigen, weil er letztlich nicht weiß, was von ihm erwartet wird.

Wer mit sich unzufrieden ist, ist fortwährend bereit, sich dafür zu rächen: wir anderen werden seine Opfer sein, und sei es auch nur darin, dass wir immer seinen hässlichen Anblick zu ertragen haben ([12], S. 443).

Macht- und Hilflosigkeit lösen nicht nur Unzufriedenheit aus, sondern kosten auch Produktivität. Aufgabe der Führungskraft ist es, Kennzahlen zu erklären und transparent zu machen. Hilfreich sind möglicherweise auch Vergleichskennzahlen auf einer kleineren Ebene, die Mitarbeiter anspornen können (z. B. Vergleich von Kennzahlen im ähnlichen Arbeitsbereich in unterschiedlichen Arbeitsschichten).

Führungskräfte kennen ihre operativen Kennzahlen. Aber sie kennen oftmals nicht den Bearbeitungsschlüssel, mit dem ihre Kennzahlen auf Veranlassung der Geschäftsführung verändert worden sind. Dieser wird erst durch die Bearbeitung im Finanzwesen angewendet, wo noch Umlagen, Abschreibungen, Auflösungen von Wertberichtigungen oder sonstige Buchungen vorgenommen werden, die mit dem unmittelbaren operativen Geschäft nichts direkt zu tun haben. Wenn den Führungskräften diese buchhalterischen Tätigkeiten nicht bekannt sind, wie können sie dann das Management-Informationssystem zur Mitarbeiterführung nutzen? Dann beginnen sie *ihre eigenen Listen zu erstellen und zu führen*, die den passenden Überblick über ihre erbrachten Leistungen abbilden. Das wäre nicht nötig, wenn alle Informationen der Kennzahlenbearbeitung im Vorfeld übermittelt worden wären.

Kurios wird es, wenn auf dieser Basis der bearbeiteten Kennzahlen Entscheidungen durch die Geschäftsführung für den operativen Bereich getroffen werden, die für die Führungskraft bindend sind, ihr aber nicht einleuchten (können). Oder wenn die Führungskraft für die bearbeiteten Zahlen Rechenschaft ablegen muss, die sie selber nicht versteht.

> **Beispiel**
>
> Eine Gruppe von Führungskräften in einem Krankenhaus bekam in einem Management-Review den Auftrag, den EBIT (engl. earnings before interest and taxes; wörtlich übersetzt *Gewinn vor Zinsen und Steuern*) zu steigern. Das sei jetzt dringend notwendig, das würde doch sicher jeder verstehen. Keiner von den Führungskräften wusste genau, was der EBIT überhaupt ist und erst recht nicht, wie er sich beeinflussen ließ. So blieb es bei der allgemeinen Order, die von niemandem verfolgt werden

konnte. Zurück blieben nur ein ungutes Gefühl, eine unklare Anweisung und ein zielloses Unternehmen.

▶ Führungskräfte stellen Transparenz über die Kennzahlen her und sorgen damit für mehr Effizienz und Aufmerksamkeit. Kennzahlen, die nicht verstanden werden, stehen nicht im Fokus der Mitarbeiter.

7.3.5 Bearbeiten Sie Strukturen, nicht Einzelfälle

Meistens ist es zunächst nur eine einzelne Kennzahl, die auf eine negative Abweichung zur Planung hindeutet: eine Kostenposition, Umsatz in einem Segment oder eine Bestandsgröße.

Ist diese Veränderung nicht auf einen einmaligen Einfluss zurückzuführen, muss zeitnah reagiert werden. Entweder wird das Problem auf seine Ursache zurückgeführt und dort gelöst oder es wird durch eine einzelne Aktion kurzfristig kuriert.

> **Beispiel**
> Ein angestellter Geschäftsführer eines Autohauses musste sich seinen Gesellschaftern gegenüber wegen seines überhöhten Gebrauchtwagenbestandes verantworten. Die Kennzahl *durchschnittliche Standzeit < 65 Tage* stand in jedem Review im Fokus. Um dieser Diskussion im nächsten Monat auszuweichen, kaufte er kurzerhand noch so viele weitere Gebrauchtwagen zu, dass die durchschnittliche Standzeit auf unter 48 Tage fiel. Das Symptom war verschwunden, tauchte aber im übernächsten Monat wieder auf.

Der Einzelfall ist behandelt und die Kennzahlen lassen den Schluss zu, dass es kein Problem mehr gibt. Dennoch fehlt die Lösung und die nächste Abweichung ist vorprogrammiert. Führungskräfte sehen aufgrund des Ergebnisdrucks keine andere Möglichkeit, als den Einzelfall schnell *zu kurieren*. Die Chancen, Prozesse zu hinterfragen, Mitarbeiter zu beteiligen oder strukturelle Probleme aufzudecken, bleiben damit ungenutzt. Die Beteiligung an der Problemlösung ist aber eine sehr wichtige aufmerksamkeitsfördernde Verhaltensweise von Führungskräften. Die Führungskraft lenkt die Aufmerksamkeit der Mitarbeiter in erster Linie dadurch, indem sie sie an der Problemlösung beteiligt. Sie fordert sie auf, ihre Sichtweisen zum Sachverhalt beizutragen und neue Denkansätze einzubringen. Sie erlaubt den Mitarbeitern Hypothesen und fragt explizit nach neuen, kreativen oder ungewöhnlichen Lösungsansätzen. Das ist der Garant dafür, dass deren Aufmerksamkeit auf die Lösung gerichtet bleibt, weil es ein Teil ihrer eigenen Lösung und damit von Interesse ist.

Manche Führungskräfte stehen derartig unter Druck, dass sie es nicht schaffen, sich ausreichend Zeit zu nehmen, den Fehler bis in die Tiefe zu verfolgen. Ein erwartetes

Ergebnis weicht ab und die Behandlung des Symptoms ist schnell und oberflächlich bearbeitet. Schnell deswegen, weil dringender Handlungsbedarf erforderlich ist und oberflächlich, weil die Zeit zu knapp erscheint, grundlegende Veränderungen einzuleiten. Die Bearbeitung ist allerdings nur eine Verschiebung des nicht gelösten Problems, dass früher oder später voraussichtlich als größeres Problem wieder auftaucht. Das ist der Anfang der Abwärtsspirale, wenn es nicht nur ein Symptom, sondern mehrere betrifft.

Letztlich ist der Aufwand höher, Einzelfälle zu bearbeiten, die immer wieder auftauchen, weil sie nicht final gelöst worden sind, als das Wesen der nicht stimmigen Strukturen aufzudecken. Das kostet Arbeitseffizienz und viel Aufmerksamkeit an den falschen Stellen.

7.3.6 Reduzieren Sie die Komplexität

Kennzahlen sind an sich schon sehr abstrakt, da hinter jeder einzelnen Kennzahl ein Ziel, ein Produkt, ein Prozess oder auch die Leistung eines Mitarbeiters steht. Kumulieren sie sich in einer betriebswirtschaftlichen Auswertung, ist die Komplexität, also die Abhängigkeit verschiedener o. g. Merkmale kaum noch zu begreifen.

Jede Ziel-Kennzahl hat mehrere untergeordnete Kennzahlen oder Daten, die in der Ziel-Kennzahl aufgehen, beispielsweise geordnet nach Filialen, nach Segmenten, Produkten usw. Je homogener die Ziel-Kennzahl sich aus ihren Unterkennzahlen zusammensetzt, desto leichter ist ihre Steuerung. Es können die gleichen Methoden und Maßnahmen angewendet werden, die dann auf die jeweilige Situation angepasst werden können. Geht es beispielsweise um die Umsatzsteigerung zwar verschiedener, aber gleichartiger Bereiche (Filialen), wäre es denkbar, ein entsprechendes Maßnahmen-Portfolio zu erarbeiten, an dem sich jede für den Einzelbereich zuständige Führungskraft zumindest orientieren könnte.

Je komplexer die Ziel-Kennzahl ist, desto unterschiedlicher sind die Kennzahlen, die in diese Ziel-Kennzahl hineinfließen und desto differenzierter muss auch geführt werden. Beispielsweise sind in einer Ziel-Kennzahl *Umsatz* alle Umsatzbereiche eines Unternehmens kumuliert, die sich nicht nur aus dem Verkauf der Produkte, sondern auch aus Einnahmen aus Immobilienbesitz, Versicherungsprovisionen oder Fremdverleih von Personal zusammensetzen. Um diese Ziel-Kennzahl bewerten zu können, sind weitere unterschiedliche Kennzahlen heranzuziehen, die wiederum erst eine Bewertung der Ziel-Kennzahl zulassen. Einer einzelnen Person ist es kaum noch möglich, eine vielschichtige Organisation auf diese Art zu bewerten.

Das heißt, die Fähigkeiten des logisch rationalen Denkens, die Fähigkeit, ‚frei‘, bewusst nachzudenken und Neues zu überlegen, haben ihre Grenzen in den gespeicherten Erfahrungen, welche eine Bewertung des neu Überlegten vornehmen. Es ist schwer, die Erfahrungen zu überlisten und zu etwas wirklich Neuem zu gelangen ([17], S. 86).

Die Komplexität der Kennzahlen kann das Denkvermögen eines einzelnen Menschen übersteigen. *Herr Meyer, ehrlich, so weit kann ich nicht mehr denken*, sagte eine hervorragende Bilanzbuchhalterin zu ihrem Geschäftsführer, als es um die Fusion eines Unternehmens ging.

Wie muss also ein Vorgesetzter seine Führungsaufgabe wahrnehmen, dass die Komplexität und damit auch das Risiko beherrschbar bleiben und der Mitarbeiter nicht davor kapituliert?

Komplexität ist nur durch Teilung beherrschbar, nach dem Motto divide et impera (lateinisch für teile und herrsche) (Niccolò Machiavelli (1469–1527) in seinem Buch *Der Fürst* [10]). Im übertragenen Sinn gilt für die Bearbeitung der Komplexität von Kennzahlen: Attention Leadership ist darauf ausgerichtet, den zu bearbeitenden Bereich so genau zu definieren, dass er durch Mitarbeiter gesteuert werden kann. Grundvoraussetzung sind die vier folgenden Punkte:

1. Jeder Bereichsverantwortliche hat Kompetenzen und versteht den Hintergrund sowohl für den operativen Bereich als auch die Bewertung seiner Kennzahlen.
2. Jeder Bereichsverantwortliche ist voll verantwortlich und hat alle Entscheidungsbefugnisse, seinen Bereich zu steuern.
3. Jeder Bereichsverantwortliche hat ein oder mehrere Ziele mit entsprechenden Kennzahlen, die auf die unternehmerischen Gesamtziele einzahlen.
4. Jeder Bereichsverantwortliche ist im Informations- und Kommunikationsfluss mit seinem Bereich vernetzt.

Unter diesen Voraussetzungen ist es überhaupt erst möglich, dass eine Führungskraft die ihr unterstellten Bereiche bewerten und verantworten kann. Dann wird jeder Mitarbeiter mit seinem Aufgaben- und Verantwortungsbereich bottom-up seinen Beitrag zur Wertschöpfung erbringen können. Dadurch wird Komplexität in Zielen und Kennzahlen reduziert.

Je unterschiedlicher die Merkmale sind und je höher damit die Komplexität ist, desto schwieriger wird das Führen über Kennzahlen. Es ist nicht einfach, in einem komplexen System die Aufmerksamkeit der Mitarbeiter auf die richtigen Dinge zu steuern, weil hierin nicht mehr zwischen Prioritäten unterschieden werden kann.

Grundsätzlich richtet sich die Aufmerksamkeit zunächst auf das Neue. Andere Arbeitsaufträge oder Projekte können nicht abgeschlossen werden, weil die Ziele zu hoch oder zu komplex waren. Diese Aufträge liegen aber immer noch auf den Tischen der Mitarbeiter und werden täglich aktiv ignoriert, bis sie aus dem Sichtfeld verschwinden. Es bleibt das Gefühl, etwas nicht zu Ende gebracht zu haben. Sind Mitarbeiter aber in der Lage, Aufmerksamkeitsprioritäten zu setzen, führt das zu einer gemeinsamen Orientierung und Kultur der Zusammenarbeit.

▶ Attention Leadership hilft, Komplexität zu reduzieren und Transparenz zu schaffen.

7.4 Wechseln Sie die Perspektive

Führungskräfte haben Routine darin, sich aus allen vorliegenden Informationen ihr eigenes Bild eines bestimmten Sachverhaltes zu schaffen und dann eine Entscheidung zu treffen. Nur basieren die Informationen, die eine Führungskraft im Tagesgeschäft erreichen, nicht immer auf einer objektiven Auswahl. Botschaften von Sender und Empfänger unterliegen einer großen Subjektivität, insbesondere in Bezug auf Kennzahlen. Mit der Kommunikation über Kennzahlen werden Einstellung, Haltungen, Ängste und Erfahrungshintergründe immer mit gesendet.

Dennoch ist eine Kommunikation über Kennzahlen notwendig, denn nur so können Bewertungen stattfinden und Bedeutsames von nicht Bedeutsamem unterschieden werden. Die Kommunikation über Kennzahlen erweitert ihre Bedeutung. Je mehr Personen daran beteiligt sind, desto mehr Perspektiven und Erfahrungen können integriert und desto mehr Ressourcen können genutzt werden.

Beispiel

In einem mittelständischen, inhabergeführten Handelsunternehmen soll in Kürze in eine neue Software für Warenwirtschaft investiert werden. Mit den Führungskraft und der IT-Abteilung wurde bereits ein Lastenheft erstellt, das aber in erster Linie die Probleme der aktuellen Software beschreibt, als das, was die neue Software können sollte. Der IT-Abteilungsleiter ist noch nicht so lange im Unternehmen beschäftigt. Er war vorher in einem Halbleiter produzierenden Unternehmen tätig. Bisher hat er drei Angebote eingeholt, die sich im Preis erheblich unterscheiden. So gut er es vermag, macht er eine Gegenüberstellung der einzelnen Funktionen der Software und stellt Zusatzinvestitionen auf, die zu dieser Software getätigt werden müssen, um die alte Software funktional vollständig zu ersetzen.

Die Abteilungsleiter empfinden trotz eines hohen Leidensdrucks durch die aktuelle Software die Diskussion um die neue Software als lästig. Sie gehen davon aus, dass der IT-Fachmann in der Lage sein sollte, die Entscheidung allein zu treffen. So tief in die Funktionalität wollen sie ohnehin nicht einsteigen. Gegen die Umlage der Anschaffungskosten auf ihre Abteilung wehren sie sich gemeinschaftlich.

Der IT-Fachmann sendet verschiedene E-Mails an die Abteilungsleiter mit der Bitte um zügige Antwort, die er für die Investitionsentscheidung benötigt. Leider bleibt die Qualität der Antworten hinter den Erwartungen und dem, was der IT-Verantwortliche braucht, um eine gute Entscheidung zu treffen, weit zurück. Schließlich ergänzt er die Investitionsrechnung noch um die jährlichen Wartungs- und Updatekosten und legt sie dem Geschäftsführer zur Entscheidung vor.

Die schlüssige Übersicht und ein kurzes Gespräch helfen ihm, dann eine schnelle Entscheidung zu treffen. Das stellte sich im Nachgang als fatale Fehlentscheidung heraus, da die neue Software nicht mit der des angeschlossenen Logistikunternehmens korrespondierte. Dieser Abteilungsleiter war auch befragt worden, hatte sich aber gar nicht zurückgemeldet, da das Thema in seinem Aufmerksamkeitsranking zu weit unten platziert war.

Indem man die Perspektive anderer mit einbezieht und sie aktiv an Prozessen und Lösungen beteiligt, erweitert man seine Ressourcen. Die eigene Aufmerksamkeit für Situationen und der individuelle Horizont kann mithilfe des Perspektivwechsels geschärft werden. So können Aspekte, die bisher nicht bedacht worden sind, die Qualität der Lösung steigern. Die subjektive Sichtweise kann durch die Perspektive anderer neue Impulse bekommen. Jeder Mensch hat seine eigene Sicht auf Themen und Prozesse. Die Aktivierung bedeutet, verschiedene dieser *Wirklichkeiten* sichtbar und nutzbar zu machen. Dadurch können verschiedene Aspekte in eine Gesamtbeurteilung integriert werden.

Das Bitten um die Meinung eines anderen ist eine der am meisten zugewandten Haltungen, die Menschen einander gegenüber einnehmen können. Sie ist in hohem Maße anerkennend und wertschätzend und wird im beruflichen Umfeld von Mitarbeitern als extrem motivierend empfunden. Wem schmeichelt es nicht zu hören: *Ihre Meinung ist mir wichtig.*

Aber nicht nur die Motivation der Mitarbeiter ist wichtig; der Nutzen für die Führungskraft ist entscheidend. Die Führungskraft erhält mehr Informationen zu ein und demselben Thema und kann so ihrem Auftrag einer umsichtigen Führung viel besser gerecht werden. Insbesondere Geschäftsführer und Top-Manager werden sich umfassend informieren und eine Plausibilitätsprüfung durchführen, wo eigene Fachkenntnisse ggf. fehlen sollten.

Insofern stellt die Bereitschaft und die Fähigkeit zum Perspektivwechsel ein äußerst effizientes und gezieltes Orientierungs- und Informationsbeschaffungsmittel dar. Die Führungskraft ist nicht mehr nur abhängig von den Informationen, die ihr zugetragen werden, sondern beschafft sie sich aktiv und zu ihrem eigenen Nutzen zur Problemlösung.

▶ Perspektivwechsel bedeutet die Bereitschaft, einander zuzuhören, die Argumente des anderen zu ergründen und sie zur Erweiterung der eigenen Perspektive nutzbar zu machen.

7.4.1 Haltung der Führungskraft zum Perspektivwechsel

Welche Haltung und Einstellung braucht eine Führungskraft, um den Perspektivwechsel als Führungstechnik einsetzen zu können? Um es gleich vorweg zu nehmen: Perspektivwechsel hat nichts mit Empathie zu tun, also der Fähigkeit und Bereitschaft, sich in Gedanken, Motive oder Emotionen einer anderen Person hineinzuversetzen. Zwar erleichtern empathische Fähigkeiten, Wertschätzung und ehrliches Interesse den Perspektivwechsel, sind aber keine Voraussetzung.

Eine notwendige Voraussetzung für den Perspektivwechsel hingegen ist die Bereitschaft zu Offenheit, Vertrauen und Kritik. Wenn eine Führungskraft von der Leistung der eigenen Mitarbeiter nicht überzeugt ist und ihnen kein Vertrauen schenkt, wird sie erst gar nicht zum Perspektivwechsel bereit sein. Wenn die Führungskraft nicht davon überzeugt ist, dass die Meinung des Mitarbeiters sie in irgendeiner Weise in der thematischen Aufgabenstellung weiterbringt, wird sie nicht um dessen Meinung bitten. Das könnte ein Anlass sein, die Qualität der Zusammenarbeit, der Verantwortung oder Kompetenzen grundsätzlich einmal zu hinterfragen.

Kritikfähigkeit bedeutet in diesem Zusammenhang nicht, persönliche Kritik an der Führungskraft zu üben, sondern auf laufender Basis offen dafür zu sein, Prozesse zu hinterfragen, Ergebnisse zu diskutieren und vielleicht auch das eigene Verhalten zu beurteilen. Dafür muss Kritik immer sachlich und ohne Schuldzuweisung auf Personen erfolgen. Das ist aber im Zusammenhang mit Kennzahlen nicht immer ganz leicht, denn schnell werden andere für die eigenen (schlechten) Kennzahlen verantwortlich gemacht. Je höher der Druck in einer Organisation, desto mehr Verteidigungshaltung ist spürbar.

Hilfreich für den Perspektivwechsel ist es für eine Führungskraft, wenn sie sich zum Thema bereits selbst eine Perspektive, eine Position oder Meinung gebildet hat. Das ermöglicht eine Beurteilung der ausgetauschten Meinungen und eine gezieltere Fragestellung, die es erlaubt, noch tiefer in das jeweilige Thema einzusteigen. Die Führungskraft tut gut daran, die eigene Meinung nicht gleich vorwegzunehmen, um das Gespräch nicht in genau diese Richtung zu lenken. Ansonsten wird die Meinungsbildung der eigenen Mitarbeiter eingeschränkt durch die Vorgabe und Denkrichtung der Führungskraft.

Die eigene Meinung zu bilden setzt voraus, dass sich die Führungskraft bereits intensiv mit dem jeweiligen Thema, der betriebswirtschaftlichen Auswertung oder der Kennzahlen-Analyse auseinandergesetzt hat. Ein Perspektivwechsel setzt voraus, dass bereits eine eigene Positionierung und Bearbeitung eines Themas vorhanden ist. Es ist nicht nur ein schlechter Stil, unvorbereitet in die Gespräche mit den Mitarbeitern zu gehen, sondern auch ein schlechtes Führungsverhalten. Und ein solches Verhalten verschwendet eher Ressourcen, auch wenn es der Führungskraft kurzfristig einen Zeitgewinn verschafft. Darüber hinaus ist die Wirkung auf die Mitarbeiter fatal und voraussichtlich wird die Qualität der Besprechungen abnehmen.

Attention Leadership bedeutet auch die Fähigkeit zum Perspektivwechsel. Sie wird nicht nur Einfluss auf die Denkweise der Führungskraft und der Mitarbeiter haben, sondern auch die gesamte Organisation positiv verändern.

7.4.2 Nutzen des Perspektivwechsels

Im Gegensatz zur Empathie erfordert der Perspektivwechsel keine gesonderte Kompetenz, aber viel Neugier an der Meinung anderer und die Bereitschaft, die Mitarbeiter als gleichwertige Partner zu akzeptieren. Aus der unterschiedlichen Aufmerksamkeit und den unterschiedlichen Blickwinkeln auf diese betrieblichen Kennzahlen entstehen neue, weiterführende Informationen und damit Wertschöpfung. Der Mitarbeiter wird zum *Wertschöpfungspartner*. Diese Rolle kann er aufgrund seiner hervorragenden Ausbildung und Fachkompetenz auch wahrnehmen.

Die Fähigkeit zum Perspektivwechsel ist nicht angeboren, sondern wird erlernt bzw. durch Aufmerksamkeit erworben. Je mehr Perspektiven eine Führungskraft einholt, desto umsichtiger kann sie handeln. Eine umsichtige Entscheidung und Behandlung eines Themas schließt automatisch mit ein, dass sich viele Beteiligte im Verhalten und den Entscheidungen einer Führungskraft wiederfinden können. Auch wenn sie ihren Ansatz oder ihre Meinung nicht berücksichtigt sehen, so wird eine umsichtige Führungskraft dafür sorgen, dass diese Mitarbeiter immer eine begründete Information dafür erhalten. So werden sie auch den Entscheidungen und Themen Aufmerksamkeit schenken, in denen ihre Perspektive nicht berücksichtigt werden konnte und sie verstehen, warum das so ist. Das erhält auch in diesen Fällen die Motivation.

Bei der Diskussion, welche konkreten Maßnahmen aus den Kennzahlen abgeleitet werden sollen, kann es hilfreich sein, den Perspektivwechsel unterschiedlicher Teilnehmer zu nutzen. Was passiert, wenn eine Entscheidung auf der Basis von Kennzahlen getroffen wird? Liegen hinreichend viele Perspektiven vor, wie sich diese Entscheidung auf verschiedene Unternehmensbereiche oder -abteilungen auswirken wird? (Beispiel Investition, Kündigung von Verträgen, Schließung einer Produktionshalle – wir wirkt sich das auf verschiedene Unternehmensteile aus?) Der Nutzen des Perspektivwechsels ist es, der Führungskraft ein umsichtiges Führungsverhalten zu ermöglichen.

▶ Attention Leader sind in der Lage, ihre Verhaltensweisen und Entscheidungen bis in nahezu letzter Konsequenz zu durchdenken, die Auswirkungen auch auf nicht verantwortete Bereiche zu sehen und diese vorausschauend zu berücksichtigen.

Umsicht bezieht sich aber nicht nur darauf, Mitarbeiter aktiv durch den Perspektivwechsel zu beteiligen, sondern auch vorausschauend Bedürfnisse und Anliegen eines einzelnen Mitarbeiters oder eines Teams in Bezug auf die Bearbeitung eines Themas zu erkennen. Dafür muss sich die Führungskraft nicht in die Perspektive der Mitarbeiter, sondern in Prozesse eindenken. Der Perspektivwechsel trägt dazu bei, Denkgewohnheiten und vertraute Wahrnehmungsmuster aufzubrechen und erweitert damit den Blickwinkel. Das kann im besten Fall zu einer neuen Definition des Problems und damit zu neuen Ansätzen führen.

Der Perspektivwechsel unterstützt die antizipative Steuerung und vermeidet damit Konfusionen, Konflikte oder auch Verschwendung von Zeit und Ressourcen. Somit kann Attention Leadership dazu beitragen, über den Perspektivwechsel kritischen Situationen vorzubeugen und schneller zu erkennen, worin das Problem liegt. Das hilft auch, Konfliktsituationen zu vermeiden.

7.4.3 Techniken des Perspektivwechsels

Beim Perspektivwechsel geht es darum, unterschiedliche Bedeutungen ein und desselben Themas durch einen veränderten Betrachtungswinkel zu erkennen, um dann umsichtig

7.4 Wechseln Sie die Perspektive

darauf reagieren zu können. Als Coachingmethode kennen wir den Perspektivwechsel unter dem Begriff *Reframing*, bei dem es darum geht, Handlungen anderer besser verstehen zu können.

Reframing ist die Veränderung einer Bedeutung durch einen veränderten Betrachtungswinkel(-rahmen) und dient somit dem Perspektivenwechsel ([18], S. 190).

Liegt eine Kennzahlenanalyse vor, geht es in der Folge darum, diese zu bewerten und daraus entsprechende Maßnahmen abzuleiten. Die Vielfalt der unterschiedlichen Meinungen wird durch den Hintergrund jedes Beteiligten bestimmt. Der jeweilige Erfahrungshintergrund und die Sichtweise auf das Thema bestimmen den Kontext, in dem diese Maßnahmen zu bewerten sind. Redensartlich bedeutet es, *über den Tellerrand hinauszusehen*.

Die neue Karstadt-Chefin Eva-Lotta Sjöstedt tat für eine Vorstandsvorsitzende etwas sehr Ungewöhnliches. Sie wechselte in die Perspektive ihrer Kunden: *Wir sind zu einer gigantischen Ausstellung von einer Million Produkten geworden. Diese Art Geschäft wird schnell seine Relevanz für die Kunden verlieren. Wenn wir nicht aufpassen, wird sehr wenig übrig bleiben. Dies wird vielleicht nicht morgen passieren, aber früher, als wir denken. Es geht nicht vorrangig darum, dass wir etwas verkaufen, sondern, dass unsere Kunden kaufen. Es ist eine Frage der Perspektivänderung* [4].

Es gibt unterschiedliche Wege, über die man zu Informationen aus dem Perspektivwechsel kommen kann. Voraussetzung ist immer die Neugierde und Offenheit an der Meinung anderer. Vielleicht ist es auch insgesamt gut, den Perspektivwechsel anstatt auf die Risiken und Probleme, auf die Chancen zu richten. Ein lösungsorientierter Perspektivwechsel gibt mehr Energie als ein problemorientierter Ansatz.

1. Fragen Sie Ihre Mitarbeiter

Die Aufmerksamkeit von Mitarbeitern kann gesteuert werden, indem man sie zum Thema befragt und sich ihre Ansicht und Perspektive dazu schildern lässt. Das fördert eine respekt- und vertrauensvolle Beziehung, nicht nur, um gemeinsame Ziele erreichen zu können, sondern auch die Probleme auf dem Weg dahin zu beseitigen.

1. Es ist einfach, mit der Beschreibung der Symptome und der Ursache zu beginnen. Was hat dazu geführt, dass wir heute über dieses Thema reden müssen? Dabei muss achtsam damit umgegangen werden, dass die Erläuterung der Mitarbeiter nicht auf eine Beschwerde über andere hinausläuft, sondern auf eine sachliche Beurteilung der gegebenen Situation. Ein vertieftes Wühlen in Gründen, warum die Situation so ist, kann nicht zielführend sein. Was also ist konkret das Problem bzw. der Anlass?
2. Die Eingrenzung der Fehlerquellen kann sich kurz anschließen. Was ist in der Vergangenheit falsch gemacht worden, was kurzfristig verändert werden muss? Die Kernaussage sollte auch hier auf der Veränderung liegen und weniger auf der Ursachenforschung. Das Aufhalten mit langer Rückschau ist nicht wertvoll. Die notwendigen Veränderungen sind zu definieren und umzusetzen, sodass sie nicht noch einmal auftauchen.

3. Im Anschluss ist der Fehlerweg zu verfolgen. An welcher Stelle im Prozess oder im System ist der Fehler entstanden? Damit kann sichergestellt werden, dass das Problem an der Wurzel erfasst ist. Häufig gibt es eine Wurzel, die sich dann auf viele Äste der Organisation hin ausstreckt.

Diese Ursachenanalyse, aus der der Perspektivwechsel entsteht, hat zwei Funktionen. Erstens erweitert sie den Betrachtungshorizont sowohl der Führungskraft als auch der Mitarbeiter. Zweitens schafft sie Motivation für die Mitarbeiter, weil sie durch die Beteiligung an der Entwicklung eine höhere Verantwortung spüren und dadurch diesen Themen mehr Aufmerksamkeit schenken.

Diese kognitive Empathie, die durch den Perspektivwechsel entsteht, setzt aber etwas Wesentliches voraus: der Mitarbeiter kann nur dann eine fundierte Aussage zu einem Thema machen, wenn er ein abgeschlossenes Aufgabengebiet betreut, das er vollständig überblicken kann. Sonst beruhen seine Aussagen möglicherweise nur auf einem Halbwissen und er gibt nur wieder, was auf Annahmen beruht.

Sicherlich kann die Technik des Perspektivwechsels, der durch Fragen der Mitarbeiter oder anderer Personen entsteht, auch als Führungsschwäche ausgelegt werden. Bundeskanzlerin Angela Merkel beispielsweise bemüht sich dieser Technik sehr häufig, was ihr zuweilen als unsicheres Führungsverhalten ausgelegt wird. Dennoch ist nicht von der Hand zu weisen, dass die Erweiterung der Perspektive dabei hilft, Sicherheit in Entscheidungen zu erzeugen. Der qualitative Unterschied besteht in der Qualität der Kommunikation und der zugewandten Haltung der Führungskraft. Demokratie ist nicht immer eine Sache von einsamen Entscheidungen, sondern in der Regel ein Geschäft der Meinungsbildung vieler, so Angela Merkel [3].

2. Antizipieren Sie die Perspektiven anderer

Diese Fähigkeit gehört zur hohen Schule von Führung und Strategie. Sich in andere hineinzudenken und erkennen zu können, welche Ziele, Motive und Bedürfnisse derjenige hat, setzt voraus, dass die Führungskraft für diese Überlegungen zunächst die eigene Perspektive und Haltung zum Thema zurückstellen kann. Das bedeutet aber auch, immer offen für neue Aspekte zu sein und sie in der eigenen Gedankenwelt zuzulassen.

Wenn wir zum Thema verhandeln, was wird der Leiter der Produktionsabteilung vom Ergebnis erwarten? Mit welchen Reaktionen muss gerechnet werden, wenn es zur Umsetzung kommt? Wie wird der Einkauf reagieren, wenn die Kosten noch weiter reduziert werden sollen?

Die Kunst besteht darin, bereits im Vorfeld viele Aspekte zu durchdenken, die für die Erreichung des eigenen Zieles hilfreich sein könnten. Denn nur wenn die Führungskraft auf viele dieser Aspekte mit Argumenten oder sogar Lösungen vorbereitet ist, kann sie ihr eigenes Ziel bzw. das Unternehmensziel einfacher und mit mehr Zustimmung aller Beteiligten erreichen.

7.4 Wechseln Sie die Perspektive

Diese Vorgehensweise setzt aber wiederum voraus, dass die Führungskraft selbst ein profundes Verständnis von der Arbeitssituation ihrer Gesprächspartner oder Mitarbeiter hat oder Mittel und Wege findet, sich diese im Vorfeld anzueignen, zu beschaffen oder sich darauf einzulassen.

Hilfreich ist dafür folgendes Vorgehen:

1. Zunächst ist der Sachverhalt genau zu klären. Das ist oftmals nicht ganz einfach, da nicht immer klar ist, worum es eigentlich geht. *Was ist das Anliegen, das die Beteiligten zu dem Thema zusammenführt? Worum geht es?*
2. *Welche Auswirkungen hat das Thema auf die Bereiche, die durch die unterschiedlichen Personen vertreten werden? Wird irgendjemand im negativen wie im positiven Sinne betroffen sein?* Sobald dies der Fall ist, sind die Konsequenzen für die einzelnen Betroffenen zu analysieren und zu durchdenken und bereits Problemlösungen zu antizipieren. Das hilft Konfliktsituationen zu vermeiden und erhält die Offenheit im Gespräch.
3. Wer es dann noch schafft, das Netz von Abhängigkeiten aufzuzeigen, ist fast am Ziel angekommen. *Welche Auswirkungen wird die heutige Entscheidung auf Dritte oder andere Bereiche haben? Wovon ist die Entscheidung oder der erstellte Maßnahmenplan weiterhin abhängig, sodass die Zielerreichung nicht gefährdet wird?*
4. Was dann noch folgt ist die Quantifizierung der Abhängigkeiten. An dieser Stelle kommen erstmals wieder Kennzahlen ins Spiel. *Wie wirkt sich die Entscheidung bzw. das Verhalten auf die unterschiedlichen Bereiche aus und wie lässt sich das in Kennzahlen quantifizieren?*

Attention Leadership besteht u. a. darin, sich mit der Aufmerksamkeitsagenda der Verhandlungspartner zu beschäftigen. Je besser es eine Führungskraft schafft, den bedeutenden Themen der Partner Aufmerksamkeit zu schenken, desto mehr werden sie ihrerseits bereit sein, sich auf die Themen der jeweils anderen einzulassen. Wenn die Gesprächspartner, ob Mitarbeiter, Kollegen oder Vorgesetzte, ihre bedeutsamen Themen nicht berücksichtigt sehen, werden sie auch wenig geneigt sein, sich auf die Themen der anderen einzulassen.

Die Bereitschaft zum Perspektivwechsel und die Entwicklung der entsprechenden Fähigkeiten sind höchst effizient, aber auch sehr herausfordernd. Durch die unterschiedlichen Perspektiven wird die Komplexität von Vorgängen nochmal deutlich erhöht. Zum Management dieser Komplexität muss eine Führungskraft erst einmal in der Lage sein. Das verlangt die Fähigkeit, verschiedene Aspekte gleichzeitig zu durchdenken und auch Widersprüche aushalten zu können.

Dennoch darf die Führungskraft die Notwendigkeit der Entscheidungsfindung nicht verschieben, denn dazu kann eine hohe Komplexität verleiten. Es wird möglicherweise ein Punkt erreicht, zu dem so viele Aspekte benannt sind, dass eine Entscheidung kaum mehr möglich ist, ohne nicht einen der wichtigen Punkte zu verletzen. Auch das muss eine Führungskraft aushalten können und dennoch entscheidungsfähig bleiben. Jede neue Perspektive macht das Problem oder Thema u. U. noch größer, aber es gewinnt auch an Qualität der Betrachtung und Entscheidung. Das gilt als umsichtiges Führungsverhalten eines Attention Leaders.

Gerade wenn man glaubt etwas ganz sicher zu wissen, muss man sich um eine andere Perspektive bemühen.[1]

7.5 Akzeptieren Sie Irrtümer

Die größte Ressource, die eine Organisation hat, sind die eigenen Mitarbeiter. Die Werte und die Persönlichkeit der Menschen geben dem Unternehmen Energie und Dynamik. Stellen Sie sich ein Unternehmen vor, in dem nur frustrierte, müde und antriebslose Mitarbeiter tätig wären. Der Energielevel wäre nahezu auf dem Nullpunkt und der gesamte Unternehmensauftritt kraftlos.

Was kann eine Führungskraft tun oder sollte sie lassen, um den Energielevel hoch zu halten und alle Mitarbeiter im Hinblick auf Ziele zu aktivieren? Der Umgang mit Kennzahlen ist per se energiefressend, weil eine hohe Konzentration erforderlich ist und viele komplexe Überlegungen und Gespräche zu bewältigen sind. Diese Abstraktion und kognitive Schwerstarbeit kann nur durch positive Energie und Leichtigkeit kompensiert werden. Sie gibt die Ressourcen frei, die man für einen hohen Grad an Aufmerksamkeit braucht.

Wie kann die Aufmerksamkeit also so ausgerichtet werden, dass Energie und Dynamik einen Antrieb verursachen und nicht eine Verpuffung? Im Folgenden sind zwei Ansätze beschrieben, die für mehr Antrieb sorgen können.

7.5.1 Akzeptieren Sie Mitarbeiter, bevor Sie Irrtümer akzeptieren

Normalerweise gibt es einen Zeitpunkt im Rahmen einer personellen Einstellung oder Versetzung, zu dem sich die Führungskraft für die Zusammenarbeit mit einem Mitarbeiter entscheidet. Wäre sie nicht von seinen Kompetenzen, Qualitäten oder seinem Verhalten überzeugt, würde sie die Zusammenarbeit mit dem Mitarbeiter wahrscheinlich nicht eingehen.

Die Leistung des Mitarbeiters und sein Verhalten stehen dann in den meisten Unternehmen mindestens einmal pro Jahr im Rahmen des Jahresgespräches in der rückwärtsorientierten Beurteilung. Wenn eine Führungskraft ein Verhalten oder eine Leistung oder auch die Persönlichkeit des Mitarbeiters nicht akzeptieren kann, wird sie aller Voraussicht nach eine Lösung dafür suchen, indem sie Weiterbildung oder Coaching anbietet. Ist die Zusammenarbeit für beide Seiten nicht fruchtbar, muss die Lösung vielleicht sogar ganz andere Formen annehmen.

---

[1]Zitat aus dem Film ‚Der Club der toten Dichter' (1989) http://www.systemisches-institut.de/zitate.html. Zugegriffen: 3. Juni 2014.

7.5 Akzeptieren Sie Irrtümer

Akzeptanz des Mitarbeiters heißt zunächst einmal, seine Persönlichkeit zu akzeptieren und dort, wo es beruflich gestaltbar ist, mit allen Maßnahmen der Personalentwicklung darauf zu reagieren. Danach aber ist zu fragen: Ist die Führungskraft dann in der Lage und willens, den einzelnen Mitarbeiter und seine Leistungen in seinem Verantwortungsbereich grundsätzlich anzuerkennen? Das bedeutet nicht, anschließend keinen Einfluss mehr auf den Mitarbeiter und seine Entwicklung zu nehmen, aber die Grundakzeptanz muss als notwendige Voraussetzung zur Zusammenarbeit gegeben sein. Es bedeutet aber auch, Mitarbeiter wahrzunehmen, die nicht leistungsorientiert sind oder sein können. Diese Mitarbeiter müssen ebenso, aber auf eine andere Art und Weise Aufmerksamkeit haben. Ihre Aufmerksamkeit richtet sich weniger auf Leistung als auf die Beseitigung ihrer individuellen Störfaktoren.

Welche Signale kann die Führungskraft dann senden, aus denen die Mitarbeiter schließen können, dass sie Akzeptanz erfahren. Sicherlich durch die Form und den Grad der Aufmerksamkeit durch die Führungskraft. Woran kann man das i.S. der Akzeptanz erkennen? Können Sie als Führungskraft folgende Fragen alle mit JA beantworten?

- Ich gehöre zu den Führungskräften, die ihre wöchentlichen Termine mit ihren Mitarbeitern regelmäßig einhalten, auch wenn ich scheinbar wichtigere Menschen treffen sollte.
- Ich gehöre zu den Führungskräften, die ihren Mitarbeitern aufmerksam zuhören, auch wenn ich mir bereits eine Meinung gebildet habe.
- Ich gehöre zu den Führungskräften, die sich zu gegebenem Anlass auch bei ihren Mitarbeitern bedanken.
- Ich gehöre zu den Führungskräften, die Leistung und Verhalten ihrer Mitarbeiter anerkennen können.

Soweit können die genannten Aussagen sicherlich von vielen Führungskräften unterschrieben werden. Aber wie sieht es mit den folgenden Aussagen aus, die innere und äußere Anzeichen von Akzeptanz sind:

- Ich akzeptiere den regelmäßigen Gesprächsbedarf meiner Mitarbeiter und erkenne die Notwendigkeit an.
- Ich akzeptiere die Bedenken meiner Mitarbeiter, die sie zu meinen gewünschten hohen und ambitionierten Zielen äußern.
- Ich akzeptiere die niedrige Frustrationstoleranz meiner Mitarbeiter bei schwierigen Kennzahlenthemen.
- Ich akzeptiere die Länge der Diskussion, wenn über Maßnahmen auf der Basis von Kennzahlen diskutiert wird.
- Ich akzeptiere die fehlende Fachkompetenz meiner Mitarbeiter in einer gegebenen Situation.
- Ich akzeptiere meine Mitarbeiter als Projektpartner bei gemeinsamen Aufgaben.

Ist diese Beschreibung nur *schöne, heile Welt* oder gibt es eine legitimierte Berechtigung für diese Art von Akzeptanz? Kostet es nur unnötig Zeit oder sind die Erwartungen an eine Führungskraft zu hoch, so auf die Mitarbeiter einzugehen?

Durch die grundsätzlich akzeptierende Haltung empfindet sich der Mitarbeiter als bedeutsam und erfährt Aufmerksamkeit für seine Person und für sein Handeln; auch in Problemsituationen. In diesem Klima, in dem sich Mitarbeiter als wichtige Teile eines Ganzen sehen können und nicht als Befehlsempfänger oder Zielumsetzer, entsteht Sicherheit und Verlässlichkeit in der Zusammenarbeit. Es beginnt das, was sich viele Führungskräfte von ihren Mitarbeitern wünschen: Sie fangen an, mitzudenken und sich zu beteiligen.

Wenn die grundlegende Akzeptanz der Führungskraft den Mitarbeitern gegenüber vorhanden ist, wird deren Selbstwertgefühl gestärkt, weil sie sich angenommen und wichtig fühlen. Das wiederum macht es möglich, dass schwierige Aufgaben gelöst werden können, einfach weil die Mitarbeiter mit einer Haltung an die Aufgabe gehen, dass sie diese bewältigen können. Wenn die Reaktion des Attention Leaders auffordernd, bestätigend und konstruktiv ausfällt, ist auch die Kommunikation besonders über schwierige Themen einfach.

▶ Die spürbare Akzeptanz der Mitarbeiter führt unmittelbar zu einer höheren Beteiligung und zu einem besseren Selbstwertgefühl.

7.5.2 Freuen Sie sich über Abweichungen

Was ist der Nutzen davon, Irrtümer zu akzeptieren? Irrtümer kosten Zeit, Geld, Ressourcen und oftmals auch Nerven. Zudem irrt sich kein Mensch gerne oder absichtlich oder sieht nur den positiven Aspekt im Irrtum. Dennoch gibt es im Umgang mit Kennzahlen oft keine andere Wahl.

Jede Art von Entscheidung wird auf der Basis von Informationen und des Erfahrungswissens getroffen. Je mehr Informationen und Erfahrungen eine Führungskraft zur Verfügung hat, desto mehr Aspekte ein und desselben Themas können dabei berücksichtigt werden. Letztlich trägt dies zu einem umsichtigen Führungsverhalten bei. Eine Führungskraft wird sich immer dann bei Entscheidungen schwer tun, wenn sie sich nicht ausreichend informiert oder unsicher fühlt. Dann werden Entscheidungen entweder hinausgezögert oder müssen mit weiteren Gesprächen und Informationen untermauert werden.

Kennzahlen haben die Aufgabe, diese Informationen zu liefern. Mit der Analyse und dem Gespräch über aussagekräftige Zahlen werden Zusammenhänge bedeutsam und über das Verstehen kann es dann zu einer Lösung kommen. Mit dem Austausch über Zahlen werden unterschiedliche Einschätzungen deutlich gemacht, funktionale Bezüge oder das Erfahrungswissen der Beteiligten. Jeder Mensch hat seine eigene Wirklichkeit und sein eigenes Verständnis von einer Situation und kann diese als neue Information einbringen.

Die Diskussion über Kennzahlen ist komplex und oft auch eine Diskussion über Fehler und Abweichungen, besonders bei vergleichenden Darstellungen wie Soll-Ist, Ist-Ist,

7.5 Akzeptieren Sie Irrtümer

> 1. Sammeln Sie Fakten
> 2. Stellen Sie Hypothesen auf
> 3. Validieren Sie Ihre Hypothesen
> 4. Legen Sie den Veränderungsrahmen fest
> 5. Erarbeiten Sie Maßnahmen
> 6. Schaffen Sie Konsens mit den Beteiligten

Abb. 7.4 Akzeptieren Sie Irrtümer

Plan-Ist usw. Gespräche um diese Vergleiche können zu Konflikten, Rechtfertigungsdruck und Schuldzuweisungen führen, die in keiner Weise mehr produktiv sind. Dabei könnte genau diese Kommunikation den Unterschied ausmachen, die eine exzellente Zusammenarbeit von einer zerstörenden unterscheidet. Chancen im Problem sehen, Entwicklungspotenziale gezielt herausarbeiten und vorhandene Erfolgsfaktoren auf die aktuellen Herausforderungen transferieren. Dafür muss man sich als erstes entscheiden.

Genau diese vergleichenden Abweichungen und Unterschiede liefern die Informationen, die zu einer Problemlösung benötigt werden. Abweichungen bei Kennzahlen geben Hinweise auf die Notwendigkeit zur Steuerung und zur Veränderung. Je schneller, desto besser. Welche strukturellen Abweichungen geben Anlass zum Wandel?

Eine Führungskraft muss aus den rückwärtsorientierten Kennzahlen eine vorwärtsorientierte Strategie entwickeln. Die Abweichung der Kennzahlen ist ein Indikator, die vorwärtsorientierte Strategie zu modifizieren und ggf. neu zu überdenken. Abweichungen sind Impulse der Veränderung und insofern normal. Kennen Sie ein Unternehmen, welches zu 100 % die Planzahlen erreicht?

Wenn Führungskräfte in der Lage sind, Irrtümer zu akzeptieren, dann haben sie eine reelle Chance, Abweichungen von der Planung wahrzunehmen. Das wird ihnen helfen, ihren Arbeitsbereich und ihre Mitarbeiter langfristig zu entwickeln und feinmaschig auf die äußeren Umstände zu reagieren.

Um auf Abweichungen durch Korrekturen reagieren zu können, ist es notwendig, sechs lösungsorientierte Schritte für das Attention Leadership einzuhalten (vgl. dazu Abb. 7.4).

1. Sammeln Sie alle Fakten, die ein Gesamtbild der aktuellen Situation entstehen lassen. Klären Sie die Rahmenbedingungen und den Kontext, in dem die abweichenden Kennzahlen entstanden sind. Was hat zur aktuellen Situation geführt? Ist die Situation tatsächlich so, wie sie sich anhand der Kennzahlen darstellt?

2. Stellen Sie Hypothesen auf, was zur aktuellen Abweichung geführt hat. Arbeiten Sie mit Annahmen und Diagnosen, die Ihnen helfen, die aktuelle Situation zu verstehen.
3. Validieren Sie ihre Annahmen und Hypothesen. Finden Sie Daten und Fakten, führen Sie ausreichend Gespräche mit den Personen, in deren Arbeitsbereich die Abweichung entstanden ist und haben Sie auch den Mut, eine Hypothese wieder zu verwerfen, wenn sie haltlos ist. Haben Sie aber auch den Mut, eine Hypothese so tief zu verfolgen, dass Sie daraus zu neuen Erkenntnissen kommen. Auch wenn die Tiefe der Investigation für Sie selbst und für andere nicht immer bequem ist.
4. Stecken Sie Ihren Veränderungsrahmen fest. Je kleiner der Bereich der Veränderung, desto schneller können die Veränderungen eingeleitet, umgesetzt und überprüft werden. Vermeiden Sie, mit Kanonen auf Spatzen zu schießen.
5. Erarbeiten Sie auf Basis der Abweichungen Maßnahmen der Justierung zum immer noch gleichen Ziel. Vermeiden Sie eine Zielanpassung nach unten und verkleinern Sie nicht Ihr Anspruchsniveau. Das würde nur eine Behandlung der Symptome bedeuten, nicht aber der Strukturen.
6. Schaffen Sie Konsens mit allen Beteiligten. Die Zustimmung aller wird darüber entscheiden, ob die Maßnahmen zur Abweichung akzeptiert und mit neuer Kraft verfolgt werden können.

Wenn auf diese Art und Weise mit Abweichungen umgegangen wird, dann wird sich eine Arbeitskultur entwickeln, in der Irrtümer und Scheitern erlaubt sind, wenn auch nicht erwünscht.

In allen schwierigen Situationen des Umgangs mit Kennzahlen müssen Mitarbeiter das Gefühl haben, sich auch irren zu dürfen. Eine Diskussion über Abweichungen bei Kennzahlen ist Normalität und keine Ausnahme, die es zu rügen gilt. Wenn die Akzeptanz des Irrtums nicht da ist, werden Mitarbeiter vertuschen, der Diskussion aus dem Weg gehen oder die Schuld auf andere schieben. Das kann für niemanden hilfreich sein. Gerade im Umgang mit Kennzahlen muss es eine Toleranz in der Organisation geben und müssen Ambivalenzen ausgehalten werden. Das ist die Chance zur Weiterentwicklung.

7.6 Machen Sie Mitarbeiter verantwortlich

Verantwortung zu übernehmen ist ein schwieriges Thema in Unternehmen und besonders im Zusammenhang mit Kennzahlen. Im ersten Schritt täuschen Kennzahlen eine gewisse Objektivität vor, die aber, wenn es um Messbarkeit und Übernahme von Verantwortung geht, plötzlich verloren geht. Im Falle der Verantwortung müssen viele Führungskräfte feststellen, wie biegsam die Verantwortung in Bezug auf Kennzahlen sein kann.

Für das Ergebnis von Kennzahlen verantwortlich zu sein, bedeutet oft auch *den Kopf hinhalten müssen*. Selbstbewusste und starke Führungskräfte sind immer bereit, die Verantwortung für das Ergebnis der Kennzahlen zu übernehmen. Meistens erfahren sie dafür viel Anerkennung und Bewunderung von Kollegen oder Mitarbeitern. Sind Führungskräfte nicht bereit, Verantwortung zu übernehmen, entsteht genereller Zweifel an der Erreichbarkeit des Ziels.

Meine Hypothese ist, dass Mitarbeiter noch viel intensiver für das Ergebnis von Kennzahlen verantwortlich gemacht werden sollten. Auf dieser Basis kann das Arbeitsergebnis quantitativ wie qualitativ gesteigert werden. Positive wie negative Konsequenzen sollten von den Mitarbeitern getragen werden. Die volle Aufmerksamkeit der Mitarbeiter muss auf den von ihnen verantworteten Kennzahlen liegen und diese dürfen zu keinem Moment aus den Augen gelassen werden.

Jetzt ist es allein mit der Erhöhung der Verantwortung oder der Konsequenz daraus nicht getan, wenn man dauerhaft eine höhere Verpflichtung der Mitarbeiter erzeugen will. Das könnte auch durch einen autoritären Führungsstil erreicht werden. In Kap. 5 wurde bereits hergeleitet, dass die neue Generation junger Potenzialträger sich voraussichtlich nicht dauerhaft auf diese Art von Führungsstil einlassen wird. Es muss noch andere wirkungsvolle Verhaltensweisen einer Führungskraft und Voraussetzungen geben, um Mitarbeiter umfassend verantwortlich machen zu können.

Attention Leadership setzt voraus, dass zunächst das Aufgabengebiet, für das der Mitarbeiter verantwortlich gemacht werden soll, präzise beschrieben wird. Oftmals besteht in Unternehmen hier schon ein großer Klärungsbedarf. Was soll und darf der Mitarbeiter genau in Bezug auf seinen Arbeitsbereich tun und was nicht? Wie sind die Schnittstellen zu anderen Mitarbeitern oder Abteilungen abgegrenzt? Ist es eine Teamleistung oder eine Einzelleistung, die bewertet wird? Die Klarheit der Prozesse, die Genauigkeit der Beschreibung der Arbeitsaufgabe und die Klarheit ihrer Übertragung müssen zuvor gewährleistet werden.

In einem zweiten Schritt ist die Aufmerksamkeit der Mitarbeiter auf diesen entsprechenden Verantwortungsbereich zu lenken. Mitarbeiter werden erst dann einem Thema oder einer Aufgabe ihre Aufmerksamkeit schenken, wenn sie eine Bedeutung oder Motivation darin sehen, sich dort mit ihrem Fachwissen und ihrer Person einzubringen. Dazu werden Mitarbeiter aber i.d. R nur bereit sein, wenn sie an Informationen, Prozessen, Lösungen usw. beteiligt werden. Herauszufinden, welche Bedeutung das sein kann, ist Aufgabe der Führungskraft. Bei gleicher Aufgabe unterscheiden sich bei jedem Mitarbeiter diese grundlegenden Motive. Mitarbeiterorientierte Führungskräfte lassen sich nicht in die Falle locken, zu glauben, nur durch den Anstellungsvertrag und die Zurverfügungstellung der Arbeitskraft sei der Mitarbeiter schon willens genug, eine Aufgabe zu übernehmen. (vgl. auch Abschn. 7.1)

Jeder Mitarbeiter findet eine andere Bedeutung in einem Verantwortungsbereich. Die einen wollen sich profilieren, die anderen wollen ihr Fachwissen in die Gestaltung mit einbringen und wieder andere wollen ein Problem für den Kunden lösen.

Ist der Bedeutungshintergrund geklärt und damit die notwendige Motivation ausgelöst, sollten die Rahmenbedingungen weiter geklärt werden. Wie genau sehen die dazugehörigen Abläufe, Verantwortlichkeiten und Ziele aus und ist ein Mitarbeiter überhaupt in der Lage, Einfluss auf den Gestaltungsbereich zu nehmen. Ist das organisatorische Umfeld nicht ausreichend geklärt, dann würde sich der Mitarbeiter unsicher fühlen und nicht daran glauben, das Ziel erreichen zu können. Die Übernahme von Verantwortung braucht aber vor allem das Vertrauen in die eigenen Fähigkeiten und in die ordnungsgemäßen Rahmenbedingungen. Oder würden Sie mit einem Schiff den Atlantik überqueren, von dem sie technisch nicht überzeugt sind? Es gilt in allen Fällen die Schadensbegrenzung, sowohl für das Vorhaben als auch für das Selbstbewusstsein und das Ansehen der eigenen Person. Jemandem das Vertrauen zu schenken und Verantwortung für eine Funktion im Unternehmen zu übertragen, fördert die Leistung. Das macht den Mitarbeiter für das Unternehmen wertvoll.

Eine ganz wesentliche Rahmenbedingung ist in den Kennzahlen selbst impliziert. Wenn zu Beginn der Zieldefinition auch die relevanten Kennzahlen definiert wurden, dann dürfen sich die Parameter dieser Kennzahlen nicht mehr verändern. Es mag wohl Sinn machen, dass man Parameter verändert, indem man beispielsweise eine weitere Kennzahl hinzufügt oder den Betrachtungswinkel verändert, aber daran darf der Mitarbeiter in der Qualität der Beurteilung seiner Zielerreichung nicht mehr gemessen werden. Das wäre ein eklatanter Eingriff nicht nur in den Zielvereinbarungsprozess, sondern auch in das Vertrauen des Mitarbeiters.

Nachdem der Mitarbeiter vom Kontext der Aufgabe überzeugt ist, über alle relevanten Informationen verfügt oder sie sich beschaffen kann bzw. darf und zudem noch ein gut strukturiertes Umfeld vorfindet, ist er überhaupt erst fähig, Verantwortung zu übernehmen. Weiterhin muss er das jeweilige Ziel kennen und daran glauben, dieses Ziel durch eigene Kraft erreichen zu können. Das bedeutet nicht, dass er dafür nicht Mitarbeiter oder Kollegen einbinden kann, aber er muss das Ziel kraft seiner Funktion und Entscheidungsmacht grundsätzlich erreichen können. 100 % Einfluss auf das Ziel setzt die Übertragung der vollen Verantwortung voraus.

Mitarbeiter brauchen Entscheidungsvollmacht, um das ihnen übertragene Ziel mit den messbaren Kennzahlen erreichen zu können. Das setzt drei Dinge voraus:

1. Der Mitarbeiter nimmt die Herausforderung an, weil er über die entsprechende Fachkompetenz verfügt und sich sicher ist, das Ziel erreichen zu können.
2. Der Mitarbeiter ist mit so viel Entscheidungskompetenzen und Legitimation ausgestattet, dass er dadurch Einfluss auf die Zielerreichung nehmen kann. Diese Befugnisse sind mit der Zielvereinbarung zu übertragen.
3. Die Führungskraft setzt volles Vertrauen in den Mitarbeiter, dass er das Ziel erreichen kann und mit den Entscheidungskompetenzen adäquat umgeht.

Das ist Attention Leadership. Nur unter diesen Voraussetzungen werden Führungskräfte und Mitarbeiter die höchste Form der Aufmerksamkeit erreichen, weil sie in gleichem Maße Verantwortung tragen und in die Gestaltung eingebunden sind.

Übung
Was hindert umgekehrt Führungskräfte daran, Aufgaben und Verantwortung in dieser Weise zu delegieren? Im Folgenden sind Fragen aufgelistet, die zur Überprüfung des

7.6 Machen Sie Mitarbeiter verantwortlich

Standortes einer Führungskraft dienen können. Es ist hilfreich, sich für diese kleine Übung eine Arbeitsaufgabe vorzustellen, bei der sich Ihnen die Delegation und mit ihr die Übertragung der Verantwortung als schwierig darstellt oder nicht angemessen erscheint. Der Einfachheit halber beziehen sich die Fragen auf die Zusammenarbeit mit einem einzelnen Mitarbeiter. Teamstrukturen können analog betrachtet werden. Es kann in der Beantwortung der Fragen eine Skala zu Hilfe genommen werden von 1 (gar nicht) bis 10 (absolut/auf jeden Fall). Wo also positionieren Sie sich?

- Wie sicher fühlen Sie sich als Führungskraft, wenn Sie das Ziel selbst erreichen sollten, ohne die Hilfe eines Mitarbeiters?
- Ist der Aufgabenbereich für den Mitarbeiter klar abgegrenzt und die Arbeitsaufgabe eindeutig übertragen?
- Welche Signale des Mitarbeiters haben Sie wahrgenommen, aus denen sie schließen können, dass der Mitarbeiter die Aufgabe angenommen hat?
- Wie hoch ist Ihr Vertrauen in die Fachkompetenz und das Selbstmanagement Ihres Mitarbeiters?
- Liegen alle relevanten Informationen vor und sind alle Prozesse zur Zielerreichung sauber abgestimmt?
- Sind die Schnittstellen zu anderen Bereichen oder Abteilungen eindeutig definiert und die Verantwortlichkeiten geregelt?
- Liefert die zuarbeitende Abteilung (z. B. Buchhaltung) korrekte Vorarbeiten, auf deren Basis fundiert weiter gearbeitet werden kann.
- Welche Bedenken hat der Mitarbeiter zur Zielerreichung geäußert?

An diesen wenigen Fragen ist bereits zu erkennen, dass mit der Übertragung der vollen Verantwortung eine große Vorarbeit durch die Führungskraft zu leisten ist. Nicht nur das Ziel muss eindeutig definiert und der Mitarbeiter fachkompetent sein, sondern auch die Rahmenbedingungen optimal organisiert. Denn auf diese kann der Mitarbeiter aufgrund seiner Funktion keinen Einfluss nehmen. Management-by-Mach-mal ist dem Mitarbeiter gegenüber nicht fair.

▶ Der Mitarbeiter übernimmt die volle Verantwortung für das ihm übertragene Ziel. Er ist aber nicht verantwortlich für die Schaffung aller relevanten Rahmenbedingungen, die er zur Zielerreichung braucht. Das ist die Verantwortung des Attention Leaders.

Beispiel
Der Fertigungsleiter eines mittelständischen Unternehmens, welches Kartonagen produziert, erhielt den Auftrag, die Produktion kurzfristig um 15 % zu steigern. Nach Prüfung der maschinellen Kapazitäten und vorhandenen Arbeitsplätze stimmte er zu und setzte sich mit der örtlichen Arbeitsagentur in Verbindung, um Personal aufzustocken.

Bereits nach vier Tagen waren sechs entsprechende Mitarbeiter ausgewählt und erhielten vom Fertigungsleiter eine mündliche Zusage, binnen der nächsten 10 Werktage die Arbeit aufnehmen zu können. Noch am selben Tag informierte er die Personalabteilung und übergab alle relevanten Unterlagen der neuen Mitarbeiter. Die Personalleiterin versprach, die Arbeitsverträge innerhalb der nächsten drei Werktage auszufertigen und dann dem Geschäftsführer zur Unterschrift vorzulegen.

Nachdem die 10 Werktage verstrichen waren und sich die ersten Arbeitnehmer bei ihm telefonisch gemeldet hatten, dass sie noch keine Arbeitsverträge erhalten haben, nahm der Fertigungsleiter wieder Kontakt mit der Personalleiterin auf. Sie gestand ihm, leider noch nicht dazu gekommen zu sein, da der Geschäftsführer dringliche andere Aufgaben von ihr erledigt haben wollte. Sie sagte ihm die Ausfertigung innerhalb der nächsten zwei Tage zu. Der Fertigungsleiter hatte nicht nur die Rohstoffe zum Stichtag bestellt, sondern er stand auch bei den neuen Arbeitnehmern im Wort. Nach dem Einstellungsgespräch hatte sich einer der Arbeitnehmer gegen ein anderes Angebot entschieden und dieser rief ihn jetzt nahezu täglich an. Nach fast drei Wochen bestellte ihn der Geschäftsführer zu einem Termin und machte ihm heftige Vorwürfe, warum er immer noch nicht mit der Steigerung der Kapazitäten begonnen hatte. Er hätte den zusätzlichen Umsatz bereits in den Cashflow eingeplant und daraufhin eine Prognose erstellt. Er sei sehr enttäuscht, dass die vereinbarten Ziele jetzt nicht mehr in der geplanten Zeit erreicht werden können.

Nicht weniger, sondern mehr Verantwortung erhöht die Aufmerksamkeit. Die Durchführung der Arbeit, die Freiheit in der Gestaltung des Weges und die Identifikation mit dem Ergebnis machen die Motivation aus, aus der die Verantwortlichen ihre Erfolge ziehen können. Zwar fordert die Übertragung der vollen Verantwortung eine Führungskraft mehr, aber die Bereitstellung aller notwendigen Rahmenbedingungen ist in der Durchführung und Kontrolle um ein wesentliches einfacher.

Attention Leadership ist der richtige Weg, um die Aufmerksamkeit der Mitarbeiter auf die Kennzahlen zu lenken und diese dann letztlich auch zu erfüllen.

Literatur

1. Davenport T, Beck J (2001) The attention economy. Understanding the new currency of business. Harvard Business School Press, Boston
2. Finkeissen A (2000) Prozess-Wertschöpfung. Libri Books on Demand, Charlottenburg
3. Frankfurter Allgemeine Zeitung (2007) Merkel weist Vorwurf der Führungsschwäche zurück. http://www.faz.net/aktuell/politik/inland/grosse-koalition-merkel-weist-vorwurf-der-fuehrungsschwaeche-zurueck-1489091.html. Zugegriffen: 04. Juni 2014
4. Handelsblatt (2014) Neue Karstadt-Chefin krempelt die Ärmel hoch. http://www.handelsblatt.com/unternehmen/handel-dienstleister/warenhaus-konzern-neue-karstadt-chefin-krempelt-die-aermel-hoch/9531294.html. Zugegriffen: 22. Mai 2014

5. Hasemann K (1964) Verhaltensbeobachtung und Verhaltensbeschreibung in der psychologischen Diagnostik. Hogrefe, Göttingen
6. Iselin D, Siliverstovs B (2013) Konjunkturprognosen. Die Gegenwart vorhersagen. Neue Zürcher Zeitung. http://www.nzz.ch/aktuell/startseite/die-gegenwart-vorhersagen-1.18154922. Zugegriffen: 27. Mai 2014
7. König A (2012) Studie: 5 Tage ohne Mails. Ständige E-Mails verursachen Stress. http://www.cio.de/email/2880214/. Zugegriffen: 2. Juni 2014
8. Kosel M (2012) Aktiv und konsequent führen. Gute Mitarbeiter sind kein Zufall. Springer Gabler, Wiesbaden
9. Lasshof B (2006) Produktivität von Dienstleistungen. Mitwirkung und Einfluss des Kunden. Deutscher Universitäts-Verlag, Wiesbaden
10. Machiavelli N (2009) Der Fürst. Nikol, Hamburg
11. Maslow A (1943) A theory of human motivation. Psychological Review 50(4):370–396. https://docs.google.com/file/d/0B-5-JeCa2Z7hNjZlNDNhOTEtMWNkYi00YmFhLWI3YjUtMDEyMD-JkZDExNWRm/edit?pli=1. Zugegriffen: 2. Juni 2014
12. Nietzsche F (1969) Werke II – Die fröhliche Wissenschaft. Ullstein, Frankfurt a. M.
13. Robertson A, Walt C (1999) The leader within. Outlook 2:19–23
14. Russell-Walling E (2011) 50 Schlüsselideen. Management. Spektrum Akademischer Verlag, Heidelberg
15. Shazer S, Dolan Y (2013) Mehr als ein Wunder. Lösungsfokussierte Kurztherapie heute. Carl-Auer, Heidelberg
16. Spreitzer G, Porath C (2012) Die Mitarbeiter glücklich machen. Harvard Business Manager 4:24–33
17. Thießen F (2014) Die Evolution von Gut und Böse in Marktwirtschaften. Theorie und Praxis. Springer, Berlin
18. Weber C, Preuß A (2006) Potenzialorientiertes Coaching. Ein Praxishandbuch. Klett-Cotta, Stuttgart

Positive Auswirkungen auf die Organisation

8

> **Zusammenfassung**
>
> Attention Leadership erzeugt nicht nur mehr Aufmerksamkeit bei einzelnen Mitarbeitern, sondern auch für eine gesamte Organisation. Dieser Führungsstil hat die Qualität, Verhaltensweisen von der Einzelbearbeitung hin zur kollektiven Zielverfolgung steuern zu können. Es werden gemeinsame Werte mit Unternehmenswerten in Übereinstimmung gebracht, wodurch Fokussierung und Energie erzeugt wird. Mitentscheidend ist ein durchgängiger top-down- sowie bottom-up-Prozess zur Vereinbarung der Ziele und Festlegung der Kennzahlen über die unterschiedlichen Hierarchiestufen hinweg. Dadurch entsteht eine natürliche Vernetzung der Organisation und eine erhöhte Aufmerksamkeit auf die unternehmerischen Gesamtziele.

In den vorangegangenen Kapiteln wurde die Selbstaufmerksamkeit einer Führungskraft beschrieben sowie die Methoden zur Steuerung der Aufmerksamkeit der Mitarbeiter. Wenn diese Techniken gut angewandt werden, dann wird Attention Leadership Auswirkungen auf die gesamte Organisation haben. Dann wird die Aufmerksamkeit für alle Bereiche gesteuert. Ziel soll es dabei sein, alle Energien im Unternehmen zu bündeln, um die Effizienz zu steigern und Verschwendung zu vermeiden.

Understanding and managing attention is now the single most important determinant of business success. ([1], S. 3)

Die Führungskräfte einer Organisation, gleich ob sie in einem privatwirtschaftlichen Unternehmen, einer Non-Profit-Organisation oder einem kommunalen Verband tätig sind, prägen die Organisation durch ihr Verhalten. Sie gestalten die Kultur und die Zusammenarbeit und nehmen Einfluss auf gemeinschaftliche Werte.

Letztlich entsteht ein Verhaltenskodex, der meist gar nicht präzise zu definieren ist, sondern sich aus dem Umgang mit Menschen und aus der Verbindlichkeit des Miteinanders erklärt. Eine dominante Führungskraft kann in der Lage sein, durch ihr Verhalten ganze Bereiche und Abteilungen nach ihrem – guten oder schlechten – Vorbild zu beeinflussen.

Exzellente Führungskräfte sind in der Lage, eine Organisation aktiv nach ihren Überzeugungen und Werten zu prägen. Je besser ihr das gelingt, desto mehr wird ihr Verhalten an Einfluss gewinnen. Führungskräfte haben allein schon durch ihre Position und Funktion eine natürliche Aufmerksamkeit der Mitarbeiter. Es wird bemerkt, was sie sagen, wie sie sich verhalten und welche Entscheidungen sie treffen. Diese Grundvoraussetzung ist nicht nur vorteilhaft, sondern auch das Arbeitskapital einer Führungskraft.

Eine konstruktive Zusammenarbeit entsteht aus einem spartenübergreifenden Denken und Handeln, das die Führungskraft nutzen und gezielt einsetzen kann. Dadurch wird ein integrierender Führungsstil gelebt, in dem kollaboratives Arbeiten möglich ist. Interdisziplinäres Arbeiten, gemeinsame Problemlösung und eine durchlässige Kommunikation sind Merkmale dieser Organisation.

Durch eine hohe Aufmerksamkeit in einer Organisation steigt die Wahrscheinlichkeit, dass Schlüsselinformationen, gleich ob sie intern, durch den Kunden oder durch Partner kommuniziert werden, frühzeitig wahrgenommen werden. Das ist eine optimale Voraussetzung, die Qualität der Entscheidung zu erhöhen. Hochqualifizierte Teams beispielsweise können einen Trend verschlafen, weil sie sich nur um ihre Kernaufgaben kümmern. Sie bekommen gar nicht mit, dass sich um sie herum die Rahmenbedingungen ändern, sodass ihr Wissen und ihre Erkenntnisse plötzlich nicht mehr gefragt sind.

Die gezielte Lenkung der Aufmerksamkeit auf wichtige Bereiche kann existenziell sein. Nichts ist wertvoller für eine Führungskraft als die Vernetzung der Wissensträger und deren Output; sowohl für die eigene Karriere als auch für den Profit der eigenen Organisation.

Im Folgenden wird beschrieben, welchen positiven Einfluss Attention Leadership auf ein System haben kann, in dem es um Gemeinschaft, gesteuerte Kommunikation und gleichzeitig um eine bessere Zielerreichung geht. Welche Veränderungen werden eintreten, wenn eine höhere Aufmerksamkeit aller Beteiligten auf die bedeutenden Themen des Systems gerichtet wird? Die Steuerung der Aufmerksamkeit in einem System wird das Handeln der Beteiligten und die Professionalität in der Organisation verändern.

8.1 Von der Bedeutungslosigkeit zur Aufmerksamkeit

Menschen prägen ein System. Es kann nie aus sich heraus selbst tätig werden. Das System kann sich nur verändern, wenn die Menschen, die in diesem System tätig sind, zu es gestalten. Nachhaltige Veränderung geschieht nur dann, wenn die Menschen in diesem System nicht nur einsichtig sind, sondern das neue, angebotene Verhalten auch für sich selbst gut anerkennen können. Das ist ein langwieriger Prozess und kann nicht durch ein einmaliges Change Projekt verändert werden. Auch wenn es noch so lange dauert.

Die Struktur der Lenkung der Aufmerksamkeit ist prinzipiell die gleiche, wie bei einzeln geführten Mitarbeitern. Auch hier muss die Aufmerksamkeit auf relevante Themen

8.1 Von der Bedeutungslosigkeit zur Aufmerksamkeit

gelenkt und deren Bedeutung erhöht werden. Wie aber kann eine ganze Organisation einer Sache, einem Ziel oder den Ausführungen von Tätigkeiten (z. B. zur Steigerung der Qualität) eine höhere Bedeutung zumessen? Letztlich geht es doch darum, Themen aufmerksamer zu bearbeiten, sodass weniger Fehler oder Abweichungen entstehen und die Effektivität gesteigert wird.

Wann wird von Bedeutsamkeit im Zusammenhang mit einer Organisation gesprochen? Wann sind Themen, Menschen oder Prozesse bedeutsam nicht nur in der Betrachtung Einzelner, sondern in der Meinung Vieler? Wie ist es eigentlich möglich, Dinge in einer Organisation so bedeutsam zu machen, dass Viele ihnen Aufmerksamkeit schenken?

Bedeutung entsteht in einer Organisation durch Interesse. Themen, die nicht von Interesse sind, nehmen Mitarbeiter nicht wahr und interessieren sich dann auch für keine weiteren Informationen. Also gilt es, Themen interessant zu machen.

So entsteht Interesse langfristig nur dann, wenn eine Person den Interessengegenstand – auf der Basis eines rationalen Entscheidungsprozesses – als persönlich bedeutsam bewertet und die Interessenhandlung insgesamt als emotional positiv bzw. emotional befriedigend erlebt. [5]

Natürlich verlieren Mitarbeiter aufgrund einer persönlichen Disposition mal das Interesse an betrieblichen Themen. Nicht alle können jederzeit gleich hohes Interesse an unternehmerischen Aktivitäten haben. Diese Situation wird i. d. R durch das Verhalten und Engagement anderer Mitarbeiter aufgefangen. Wenn allerdings die Mehrheit der Mitarbeiter den wichtigen unternehmerischen Interessen keine Aufmerksamkeit schenkt, können die unternehmerischen Ziele nicht erreicht werden. Unter Umständen weiß die ganze Organisation nicht einmal mehr, was ihr Fokus überhaupt ist.

Um die Wichtigkeit einer organisationalen Bedeutung und Interesse zu veranschaulichen, sei ein Beispiel vorangestellt.

Beispiel

Ein ländliches Krankenhaus hat aufgrund der Notwendigkeit von Umstrukturierung und personellen Veränderungen eine Neuausrichtung angestoßen und den neuen Kaufmännischen Leiter mit diesem Projekt beauftragt. Dieser hat dazu zunächst ein Strategiepapier erarbeitet, das sich auf vier wesentliche Veränderungen bezog: höhere Patientenorientierung, Umsatzsteigerung durch Auslastung vorhandener Medizintechnik, höhere Bettenauslastung und Verbesserung der Kultur der Zusammenarbeit.

Diese vier Punkte wurden gemeinsam mit einer darauf spezialisierten Unternehmensberatung und mit dem Führungskreis erarbeitet, sehr professionell formuliert, auf einer Betriebsversammlung vorgestellt und in sehr wertigen Flyern an alle Angestellten und Ärzte verteilt.

Aber schon in den ersten Monaten war an den entsprechenden Kennzahlen nicht zu erkennen, dass sich messbar Veränderungen abzeichneten. Dann entschied sich der Kaufmännische Leiter, eine Mitarbeiterumfrage durchzuführen, in der die aktuelle Zielerreichung und der Grad der Selbstverpflichtung der Mitarbeiter in Bezug auf die vier Punkte hinterfragt werden sollten. Das Ergebnis war schockierend. Nur etwa 20

% aller Mitarbeiter konnten sich überhaupt noch an alle vier Punkte erinnern, die restlichen 80 % brachten nur noch Bruchstücke davon zusammen.

Frappierend allerdings war, dass die Hauptpriorität fast aller Mitarbeiter darauf ausgerichtet war, Kosten zu reduzieren, was aber nicht im Fokus der Veränderung stand, da die Kosten in Höhe und Struktur zunächst durchaus angemessen erschienen. Auf diese Position hatte allerdings der Vorgänger des Kaufmännischen Leiters mehr als auf alles andere sein Augenmerk gelegt.

Während einer Krisensitzung mit dem Personalrat stellte sich heraus, dass die Angestellten offensichtlich nicht wussten, wie diese 4 Punkte-Strategie durch ihr eigenes Verhalten und ihre eigene Leistung umgesetzt werden sollte. Viele Angestellte waren davon ausgegangen, dass die Umsetzung durch den Führungskreis erfolgen sollte und hatten das Vertrauen, dass hier bereits alle notwendigen Maßnahmen eingeleitet werden würden, um die ambitionierten Ziele zu erreichen. Die Umsetzung oder der Fortschritt wäre ja auch nie Thema ihrer eigenen regelmäßigen Besprechungen gewesen.

Daraufhin wurde Folgendes verändert: Die neue Strategie wurde von einem „Business-Deutsch-Englisch" in eine verständliche, emotionale Sprache umformuliert, mit der jeder Angestellte etwas verbinden konnte. Dazu wurde ein Motto kreiert, welches nicht nur sichtbar für Patienten, Angestellte und Ärzte ausgehängt und kommuniziert, sondern auch personifiziert wurde. Es wurden Aussagen von immer wechselnden Angestellten und Ärzten intern kommuniziert, was diese Strategie im Moment für sie und ihren Arbeitsbereich bedeute und welche Erfolge damit bereits verbunden waren. Auch in den Regelkommunikationen der Mitarbeiter wurde vorab eine kurze Information über den aktuellen Stand der Zielerreichung gegeben.

Nach einen halben Jahr waren erste Veränderungen sichtbar und messbar und trotz der Anstrengung entstand eine höhere Zufriedenheit bei allen Beteiligten.

An diesem Beispiel ist gut zu erkennen, dass Mitarbeiter nicht mitwirken und kaum Einfluss auf Ziele, Abläufe oder Themen in einer Organisation nehmen, wenn sie darin keine Bedeutsamkeit sehen. Sätze wie *Was hat das mit mir zu tun? Was könnte ich schon bewirken?* hört man vielleicht nicht explizit von Mitarbeitern. Dennoch kann man diese latente Unentschlossenheit in Haltung und Motivation spüren. Manchmal ist diese Haltung auch zu spüren, sobald man ein Unternehmen, ein Krankenhaus oder eine Non-Profit-Organisation betritt.

Vor ein paar Wochen holte ich eine Bekannte in einem Unternehmen ab. Ich musste noch etwas warten, weil ihr Meeting länger dauerte. Während der halben Stunde, die ich im Foyer wartete, konnte ich beobachten, dass mehrere Mitarbeiter in der Produktionshalle gegenüber ein- und ausgingen. Vor der Tür war ein Schmutzteppich aus der Vertiefung herausgerutscht und hatte sich zur Tür hochgerollt. Nahezu jeder der etwa 10 Mitarbeiter, die hinein- oder hinausgingen, stolperte über den Teppich. Keiner zog ihn mit einem Handgriff wieder zurück. Der Teppich wurde nicht wahrgenommen. Auch wenn es zugegebenermaßen nur eine Kleinigkeit war: Das Engagement und die Motivation fehlte. Wie sieht es wohl dann in den anderen Bereichen aus?, habe ich mich gefragt.

Wenn in einer Organisation nicht deutlich ist, was die Erwartungen und die Hauptaugenmerke sind, woher sollen Mitarbeiter dann wissen, was sie tun oder wie sie sich verhalten sollen. Wenn sie keine Ziele kennen, wohin sollen sie ihre Energie und Aufmerksamkeit richten? Wenn darüber hinaus noch die Kommunikation über die Themen fehlt, wie sollen die Ziele dann auf der Agenda gehalten werden?

Bedeutung für Themen in einer Organisation zu schaffen, ist eine der größten Herausforderungen für Führungskräfte, wie das oben beschriebene Beispiel gezeigt hat. Wie kann die Bedeutung für Themen und Veränderungen kollektiv gesteuert werden, sodass Bewegung nach vorne in Richtung auf Ziele entsteht?

Kollektive Bedeutung kann in Bezug auf Kennzahlen nur dann entstehen, wenn diese für jeden einzelnen Bereich eindeutig verantwortet werden und beeinflussbar sind – genau wie die dahinterstehenden Ziele. Wenn es in einer Organisation Überschneidungen in der Zielerreichung gibt, sodass beispielsweise zwei oder mehr Bereiche in der Organisation nicht eindeutige Zielaufträge verfolgen oder sogar in Zielkonflikt miteinander stehen, dann können auch die messbaren Kennzahlen der Zielerreichung nicht eindeutig zugeordnet werden.

▶ Kollektive Bedeutsamkeit ist immer abhängig von der präzise definierten Verantwortung des Einzelnen oder seines Teams für eine bestimmte Aufgabe bzw. Kennzahl.

Kollektive Bedeutsamkeit entsteht aber nicht zwangsläufig durch die Beteiligung einer größeren Anzahl von Abteilungen oder Bereichen im Unternehmen. Das allein hat keinen Einfluss auf die Bedeutsamkeit. Allerdings stimmt der Umkehrschluss, dass die organisationale Bedeutung erhöht wird, je mehr Abteilungen und Bereiche beteiligt sind. Aber dafür muss zunächst die Verantwortung eindeutig definiert werden.

Führen mit Kennzahlen in einer Organisation kann nur dann Erfolg haben, wenn Eindeutigkeit, Zuständigkeit und Verantwortung klar definiert sind. Dabei macht es keinen Unterschied, ob es sich dabei um Einzelpersonen, Teams, Abteilungen etc. handelt. Wenn das nicht der Fall ist, dann wird Aufmerksamkeit nur in dem Maße geschenkt, wie es dem individuellen Interesse entspricht oder andere persönliche Gründe dahinterstehen, wie z. B. der Karrierefortschritt. Nicht aber, weil es ein kollektives Ziel ist, zu dessen Erreichung jeder durch seine Arbeitstätigkeit beiträgt. Wenn Eindeutigkeit und Zuständigkeit nicht klar sind, dann ist es jedem Mitarbeiter möglich, Verantwortung zu verneinen oder Fehler anderer zur Begründung des eigenen Misserfolg heranzuziehen.

Um einer Tätigkeit Bedeutung zumessen zu können, braucht sie einen Kontext, in dem diese Tätigkeit verstanden wird. Wie das für einzelne Mitarbeiter funktionieren kann, wurde bereits in Abschn. 8.1 ausgeführt. Einen Kontext für alle Mitarbeiter eines Unternehmens zu schaffen, ist insofern schwieriger, als es sich um einen strategischen, quasi einen Dach-Kontext handeln muss. Die Herausforderung daran ist, mit diesem übergeordneten Kontext jeden einzelnen zu erreichen. Aber welchen Kontext kann ein Thema haben wie: *Schwarze Null für alle Filialen oder Reduzierung der Ausfallquoten?*

In dieser Abstraktheit können nur ganz wenige Themen wirkliche Bedeutung erzielen. Nämlich dann, wenn das Thema hoch emotional besetzt ist, beispielsweise der Verlust des Arbeitsplatzes droht. Emotional positiv besetzt werden kann das Thema auch, wenn es um eine hohe Form der Anerkennung geht, die Stolz bei jedem Mitarbeiter auslösen kann, wie z. B. der Gewinn eines Branchenpreises oder das Überholen eines Wettbewerbers.

Nur dann, wenn alle Mitarbeiter in einer Organisation wissen, welche Bedeutung ein Thema für sie hat, werden sie motiviert sein, diesem Thema ihre Aufmerksamkeit zu widmen. Wenn man die Steuerung der Aufmerksamkeit der Mitarbeiter nicht dem Zufall überlassen will, muss sie durch die Führungskraft aktiv für eine Organisation angestoßen und vor allem kommuniziert und der Kontext verdeutlicht werden. Es ist nötig, die Hintergründe zu erklären sowie übergeordnete Strategien einfach und klar zu kommunizieren, sodass sie jeder Mitarbeiter verstehen und verfolgen kann.

Anspruchsvoll ist es, ein strategisches Ziel einer Organisation in einen Bedeutungszusammenhang für Mitarbeiter zu setzen. Warum sollte ein Mitarbeiter dem Ziel *Erhöhung des EBIT um 2 %* eine Bedeutung schenken, wenn er das Ziel gar nicht erst versteht, keinen unmittelbaren Nutzen davon hat oder keinen Sinn darin sieht. Dieser hohe Anspruch kann nur dann erfüllt werden, wenn Ziele und Aktivitäten zunächst einmal in Zusammenhang mit den eigenen Wünschen und Werten stehen.

Was immer letztlich die konkreten, auf das Thema bezogenen Treiber für jeden Einzelnen sind, sie sind geleitet von den eigenen Werten. Sie geben Richtung und Orientierung vor und sind Ausdruck der individuellen Bestimmung. Die eigenen Werte werden anerkannt und im eigenen Handeln immer bewusst oder unbewusst auch im Hinblick auf die Zielvereinbarung berücksichtigt. Sie sind unverrückbar und damit sind sie von hoher Bedeutung für jeden Einzelnen. Ein Mensch kann nur dann jemandem oder etwas Bedeutung zumessen, wenn es in Übereinstimmung mit seinen eigenen Werten steht.

Werte sind uns kostbar, etwas, das uns anrührt und berührt, das wir gefühlsmäßig als etwas Übergeordnetes anerkennen und zu dem wir uns akzeptierend oder strebend verhalten. Sie sind tiefverwurzelte Motivationen oder innere Steuerungen, die handlungsbestimmend sind. Bewerten heißt, Objekte mit Bedeutung auszustatten. Dabei führen Werte zu Überzeugungen unserer persönlichen und unternehmerischen Ansichten. ([3], S. 39)

▶ Menschen können nur dann etwas Bedeutung geben, wenn es in Übereinstimmung mit den eigenen Werten steht.

Einem Ziel zu folgen oder die Einstellung eines Vorgesetzten zu übernehmen, bedeutet, dahinterstehende Werte zu akzeptieren und sich mit ihnen zu identifizieren. Werte schaffen Orientierung und Kontext und einen Bedeutungszusammenhang mit der eigenen Person. Eine bessere Ausgangsposition, um Motivation und Antrieb zu schaffen, kann es nicht geben. Nur wenn der Mensch im Einklang mit sich selbst handeln und entscheiden kann, wird er authentisch und klar in seinem Handeln für die Organisation. Aus der Sicht vieler Führungskräfte besteht allerdings in der Wertestruktur der Unternehmen nicht nur ein kurzfristiger Reparaturbedarf, sondern ein struktureller Reorganisationsbedarf. Das Thema *Werte* wird immer mehr zu einem entscheidenden Wettbewerbsfaktor. [6]

Bedeutsamkeit wird als Wert der Aufgabe im Verhältnis zu den persönlichen Idealen und Werten des Individuums definiert. [8]

▶ Attention Leadership in Organisationen bedeutet, gemeinsame Werte herauszustellen und zu kommunizieren, ihnen Bedeutung für die unternehmerischen Ziele zu geben, sich authentisch zu verhalten und dadurch eine hohe Aufmerksamkeit zu erzeugen.

Unternehmerische Themen haben immer dann ein besonders hohes Interesse, wenn der formulierte Anspruch und die gelebte Wirklichkeit übereinstimmen. Nicht authentische Botschaften von Führungskräften, die zwar kommuniziert, aber nicht gelebt werden, führen eher zu Aversion und Missachtung der Person, als zu Interesse und der Bereitschaft, aktiv zu werden.

Organisationales Interesse wird durch Vernetzung erzeugt. Die Art und Weise, wie das geschieht, hängt von der Persönlichkeit der Führungskräfte und Mitarbeiter sowie den jeweiligen Rahmenbedingungen ab.

Interesse kann durch die Beteiligung der Bereiche oder einzelner Mitarbeiter geweckt werden. Voraussetzung dafür ist eine interhierarchische Einbindung nach Kompetenzen und Zuständigkeiten. Die Offenheit gegenüber Aktivitäten in anderen Bereichen wird durch eine transparente Kommunikation gefördert und nicht mit Argwohn betrachtet. *Was machen die eigentlich in der anderen Abteilung? Das gehört doch zu unserem Aufgabenbereich. Wenn die Kollegen was von uns wollen, können die uns ja ansprechen. Dann soll der Chef entscheiden, ob wir uns mit an einen Tisch setzen.*

▶ Je mehr es ein Attention Leader schafft, das Interesse und die Bereitschaft zur Kommunikation mit anderen zu wecken, desto besser wird die Problemlösung gelingen.

8.2 Von der Informationsflut zum Management der Aufmerksamkeit

In den vergangenen Kapiteln wurde bereits mehrfach auf die Flut an Informationen eingegangen, die Führungskräfte heute bewältigen müssen. Das ist auch deshalb eine Herausforderung, da es trotz der vielen Informationsquellen heute viel zeitaufwändiger geworden ist, sich zu bestimmten Themen zielgerichtet zu informieren bzw. informiert zu werden. Gründe dafür gibt es viele:

1. Unterschiedliche elektronische Datenquellen, die abgefragt werden können
2. Die Qualität der Information ist eher auf Schnelligkeit, als auf Inhalt ausgelegt
3. Die Tiefe der Information ist nicht schnell oder leicht zu konsumieren
4. Wer die Zeit findet, sich ein Thema vertieft zu erarbeiten, wird es eher als Investition für das eigene Fortkommen nutzen, als es anderen leicht zugängig zu machen.

Die Flut an Informationen ist quantitativer, aber nicht qualitativer Art. Die zielgerichtete Information einer Führungskraft zu einem bestimmten Thema nimmt nach wie vor viel Zeit in Anspruch, ganz gleich aus welcher Quelle sie stammt. Aber die Ablenkung von vielen unwichtigen Informationen ist höher als die Aufmerksamkeit auf die wichtigen Informationen, die geeignet sind, etwas voranzutreiben. Hinderlich sind nicht die Informationen als solche oder ihre Vielzahl, sondern die Ablenkung, die von ihnen ausgeht. Es liegen zu viele, nicht tiefgreifende Informationen anstatt mehr gehaltvolle Informationen vor.

▶ Die Qualität der Leistung entsteht nicht durch die Verfügbarkeit von mehr Informationen, sondern dadurch, die Aufmerksamkeit besser zu managen.

Die Aufmerksamkeit einer Organisation muss auf die übergeordneten und strategischen Informationen gelenkt werden. Im Folgenden wird darauf eingegangen, wie solche Informationen für eine Organisation gesteuert werden können.

Um Ablenkung zu vermeiden, muss zunächst einmal die Anzahl der unwichtigen Informationen und Quellen reduziert werden. Die Führungskraft hat den Auftrag, die Informationsquellen auszuwählen, die für die Aufgabenstellung sinnvoll verwendet werden können oder sollen. Quellen können ebenso systematisch unterdrückt werden, wie z. B. die Reduzierung großer E-Mail-Verteiler, die Beschränkung des Zugangs zu Daten wie Freigaben von elektronischen Ordnern, die Kommunikation über Themen, die nicht im unmittelbaren Zusammenhang mit der Aufgabe stehen. Aber auch die Unterbindung der Kommunikation über Themen, die nicht von Bedeutung sind, hält den Fokus auf die bedeutenden Dinge in der Organisation. Worüber nicht gesprochen wird, das verschwindet aus der Aufmerksamkeit der Mitarbeiter.

▶ Das organisationale Management der Aufmerksamkeit beginnt mit der Reduzierung der Ablenkung durch Informationen.

Für die Qualität der Information nicht immer hilfreich ist die Schnelligkeit der Antwort. Durch die Möglichkeit, auf Mausklick auf eine E-Mail zu antworten, werden E-Mails schnell und manchmal eben auch ungenau oder oberflächlich beantwortet. Die Erwartung an eine schnelle Antwort ist sehr viel höher als die Erwartung an die fundierte Bearbeitung. Vorgesetzte fordern auch nicht immer ein, dass schnell geantwortet wird, auch wenn sie sich in Bezug auf ihre E-Mails die höchste Aufmerksamkeit ihrer Mitarbeiter erwarten. Oftmals wird sich nicht die Zeit genommen, präzise eine Antwort zu erarbeiten, sondern nur, schnell eine Rückmeldung zu geben. Wenn eine detaillierte Bearbeitung erforderlich ist, dann ist es sinnvoll zu vermerken, welche Tätigkeit erwartet wird und bis wann eine Rückantwort erfolgen soll.

Mit der Information muss immer auch übermittelt werden, was der Grund ist, diese an den Empfänger zu senden. Soll er diese zur Kenntnis nehmen, weiterleiten, bearbeiten oder dient sie der Rückversicherung (*Ich hatte Ihnen die Information gesendet. Sie können nicht behaupten, sie wüssten von dem Vorgang nichts*). Informationen müssen in einem Kontext stehen, sonst sind sie wertlos und werden von Mitarbeitern nicht beachtet.

Wenn Informationen einen Empfänger erreicht haben, dann sind sie in der Folge auf ihre Sendeabsicht zu bewerten. *Warum habe ich die Information erhalten? Vor welchem Hintergrund wurde sie mir gesendet? Was sollte ich mit der Information anfangen? Ist von meiner Seite eine Aktivität erforderlich?* Diese Interpretation hilft bei der Einordnung der Information. Welcher Zweck wird mit der Zusendung der Information überhaupt verfolgt? Entlastet es den Absender, ist Handlungsbedarf erforderlich oder ist sie einfach nur *nice-to-have*?

Aufgabe der Führungskraft ist es auch, der Organisation und dem Netzwerk Informationen zur Verfügung zu stellen, die bisher nicht verfügbar waren. Durch die Kontakte mit Kunden, Wettbewerbern, Verbänden oder anderen Quellen kann die Führungskraft neue Ansätze und Ideen in das Netzwerk zurückspielen. Diese Informationen sind nicht nur unbedingt für den eigenen Bereich von Interesse, sondern auch für andere. Der Attention Leader sorgt für einen durchlässigen Kommunikationsfluss und die Adressaten nehmen diese Informationen offen an.

Umgekehrt muss die Führungskraft auch aktiv Informationen organisieren, wenn diese das System nicht automatisch erreichen. Die Lücke an Informationen wird in der Literatur als *Informationspathologie* bezeichnet, d. h. es ist von Mängeln in der Kommunikation und Informationsbearbeitung die Rede. ([7], S. 391 ff.)

Liegen ausreichende Informationen vor, passieren weniger Fehleinschätzungen. Das bedeutet aber auch, dass die Informationen durch die Führungskraft zeitnah an die Mitarbeiter weitergeleitet werden. Wie oft warten Mitarbeiter auf Feedback aus Besprechungen, an der die Führungskraft allein teilgenommen hat? Wie oft warten sie auf Entscheidungen, wie sie weiter verfahren sollen? Wie selten dokumentiert eine Führungskraft die Gesprächsergebnisse aus Besprechungen? Alle Informationen bündeln sich bei der Führungskraft. Wenn sie diese Informationen nicht weiterleitet, dann entsteht tatsächlich eine Informationspathologie.

Eine Informationspathologie mindert die Qualität der Entscheidung. Wenn aber auch nur von einigen Führungskräften mit Informationen sorgsam umgegangen wird, erhöht sich die Qualität der bearbeiteten Vorgänge. Mitarbeiter können Themen fundierter und weitsichtiger bearbeiten und dadurch eine höhere Zufriedenheit erlangen.

Wie aber sollte ein Attention Leader im optimalen Fall den Informationsfluss gestalten, steuern oder unterbinden, sodass in einer Organisation die Aufmerksamkeit in Bezug auf die Kennzahlen optimal gesteuert wird? Es folgen vier Vorschläge (vgl. dazu Abb. 8.1),

Abb. 8.1 Umgang mit Informationen für eine konstruktive Zusammenarbeit

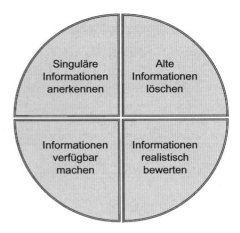

die durch jedermann leicht umgesetzt werden können und die unmittelbaren Einfluss auf die konstruktive Zusammenarbeit in einer Organisation haben.

1. Singuläre Informationen anerkennen

Es gibt Informationen in einer Organisation, die vielen Mitarbeitern zur Verfügung stehen. Entweder durch aktives Zusenden, durch Verfügbarkeit im System oder durch Mund-zu-Mund-Propaganda. Diese Informationen können auf unterschiedlichen Ebenen durch unterschiedliche Personen angesprochen oder verwendet werden. Das betrifft insbesondere Informationen, die aus Kennzahlen heraus entstehen. In Management-Informations-Systemen tauchen diese Informationen immer wieder auf, wenn auch in unterschiedlichen Kontexten.

Durch diese vielfältige Verwendung dieser Informationen haben sie eine hohe Glaubwürdigkeit und werden meistens nicht diskutiert. Auch ist festzustellen, dass die Deutungen der Kennzahlen schnell eine hohe Legitimation erfahren, weil sie verstanden werden und durch Kommunikation präsent sind.

Im Gegensatz dazu gibt es singuläre Informationen, die nur einer Person bekannt sind, etwa aus Gesprächen mit Verbänden, Kunden oder Externen. Das können u. U. sehr wichtige Informationen sein, die Entscheidungen beeinflussen können oder auch die Anpassung einer geplanten Aktivität erfordern. Diese Informationen haben allerdings keine so hohe Legitimation, da sie nur einer Person bekannt sind. Gerade im Umgang mit Kennzahlen werden diese Informationen angezweifelt, besonders kritisch hinterfragt oder gar nicht erst gehört. Nicht weil sie nicht wichtig wären, sondern weil die Information nicht allen zur Verfügung steht bzw. gestanden hat und dadurch ihre Glaubwürdigkeit im Gegensatz zu den allgemein bekannten Informationen abnimmt.

Aufgabe eines Attention Leaders ist es, zu einem aufmerksamen Umgang mit diesen Informationen aufzufordern, denn gerade Informationen, die zu einer kritischen Beurteilung eines Themas anregen, können sehr von Nutzen sein. Auch dann, wenn es nach der

Bewertung der Information dennoch bei der alten Entscheidung oder dem eingeschlagenen Weg bleibt. Aus dem Kontext fallende Informationen brauchen Raum für ihre Einschätzung.

2. Informationen verfügbar machen

Nicht immer sind die Informationen, die den Empfänger erreichen, die richtigen oder reichen für die Bearbeitung einer Aufgabe aus. Eine gute Bearbeitung und eine adäquate Entscheidung sind aber geprägt von der Qualität der vorliegenden Information. Die Qualität der Arbeitstätigkeit hängt von der Qualität der Informationen ab. Liegen diese nicht (in ausreichendem Maße) vor, können Entscheidungen gar nicht, aus dem Bauch heraus oder nur falsch getroffen werden.

Wenn in einer Organisation Informationen bewusst oder unbewusst vorenthalten werden, wird die Qualität der Entscheidung in gleichem Maße abnehmen. Das bewusste Vorenthalten von Informationen ist immer auch eine Frage der Macht, die durch Führungskräfte ausgeübt wird. Wer Informationen besitzt, über die andere nicht verfügen, hat mehr Macht als die anderen.

Zum Vorenthalten von Informationen gehört beispielsweise auch der Ausschluss aus Besprechungen oder mangelnde Beteiligung von Mitarbeitern an Informationen. Das mag innerhalb einer Abteilung vielleicht noch keine große Rolle spielen, aber doch sehr, wenn es um bereichsübergreifende Informationen geht.

Der Attention Leader sollte darauf achten, dass er Informationen nicht nur in seinen eigenen Verantwortungsbereich weitergibt, sondern auch in andere Bereiche, wenn sie dort relevant sind. Das ist die unabdingbare Voraussetzung, dass sich das Unternehmen im Sinne des Teilens von Information und Wissen vernetzen und dadurch lernen kann. Dies schafft systemische Schnittstellen.

3. Informationen realistisch bewerten

Mit der Bewertung von Kennzahlen entstehen zahlreiche (subjektive) Informationen. Nicht immer tritt dabei der glückliche Fall ein, dass die aktuellen Kennzahlen dem ursprünglich erstellten Plan-Ist-Vergleich entsprechen. Dann wird eine kritische Würdigung der bisher geleisteten Arbeit notwendig.

In einer Organisation, in der eine negative Planabweichung von Vorgesetzten nur schwer akzeptiert werden kann, wird Rechtfertigung durch die Verantwortlichen verlangt und möglicherweise auch deren Verhalten sanktioniert (siehe Abschn. 4.3). Das hat zur Folge, dass die Verantwortlichen beginnen, die Informationen, die durch Kennzahlen entstehen, zu beschönigen. Vorgezogene Rechnungslegung, durchschnittliche Lagerdauer durch Zukauf neuer Ware senken oder *verramschen* von Produkten, um zeitnah den Umsatz zu erhöhen sind nur einige solcher Beispiele. Die Weitergabe der manipulierten Informationen fällt dann wesentlich leichter, weil sie positiver ist aber eben nicht richtiger. Die Aufmerksamkeit wird auf die positiven Seiten der Information gelegt, nicht aber auf die Wirtschaftlichkeit.

Führungskräfte in Organisationen, die auf diese Art und Weise mit Planabweichungen umgehen, forcieren die Beschönigung von Informationen und können dadurch in einen Teufelskreis unwirtschaftlichen Handelns kommen.

Der Attention Leader wird ein Klima des Vertrauens und der Kritikfähigkeit schaffen, das die Mitarbeiter in erster Linie dazu anhält, offen über Probleme zu informieren und dies als Chance zu sehen, sich zu verbessern. Abweichungen vom Plan werden als Gelegenheit gesehen, sich zu steigern und daraufhin strukturelle anstatt punktuelle Veränderungen einzuleiten.

4. Alte Informationen löschen

Viele Organisationen sammeln Informationen, um sie im Bedarfsfall zur Verfügung zu haben. Ganze Laufwerke von Rechnern sind durchstrukturiert und mit einem ausgeklügelten Archivierungssystem versehen. Sekretärinnen werden mit einer diffizilen Ablage von Informationen betraut und das über viele Jahre hinweg. Auch wenn die aktuelle Information, z. B. eines Newsletters, der keine lange Gültigkeitsdauer hat, völlig uninteressant geworden ist.

Das überorganisierte Sammeln von Informationen ist meist auf Unsicherheit zurückzuführen, Informationen nicht zur Verfügung zu haben, wenn sie gebraucht werden. Gleichzeit verbindet sich damit die Hoffnung, auf jede Situation vorbereitet zu sein und damit ein umfassendes Bild zu erlangen. Dieses Verhalten findet man häufig in Organisationen, in denen der Chef besonders viel Wert auf die Begründung oder sogar Rechtfertigung vergangener Aktivitäten legt.

Gerade in der komplexen Tätigkeit mit Kennzahlen ist dieses Verhalten zwar verständlich, steht aber in keinem Verhältnis zu Zeit und Nutzen. Es dient in erster Linie einer emotionalen Beruhigung von Mitarbeitern.

Mitarbeiter eines Attention Leaders brauchen diese Archivierung nicht. Sie bekommen die Möglichkeit und die Zeit, Informationen zu recherchieren, wann immer sie nicht unmittelbar verfügbar sind. Der Attention Leader gibt seinen Mitarbeitern das Vertrauen und die Zeit, eine fehlende Information aktuell und in der gebotenen Tiefe zu recherchieren. Dann ist zwar das aktuell auftauchende Problem nicht sofort gelöst, aber das effiziente Vorgehen kann den kleinen Zeitverzug mehr als rechtfertigen. Zudem kann sich der Mitarbeiter auf die Fragen und Argumente gesondert vorbereiten und dadurch eine gute Leistung abgeben. Attention Leader steuern die Aufmerksamkeit durch das Ablenken von allgemeinen Informationen hin zu spezifischen, auf die aktuelle Problemlösung verweisenden Informationen.

Durch diese im Verhältnis kleinen Punkte, wie mit der Informationsflut umgegangen wird, lässt sich ein großer Einfluss auf die Organisation nehmen: Einsparung von Zeit, Konzentration auf das Wesentliche, fokussierte Behandlung von Informationen zu besonderen Themen und eine verbesserte Sicherheit im Umgang mit komplexen Themen.

Wie kann durch die fokussierte Orientierung auf Informationen der Grad der Aufmerksamkeit im Unternehmen verbessert werden? Ein System ist kein lebender Organismus;

die Menschen, die in einem System zusammenarbeiten, gestalten es. Daher sind alle Informationen, die relevant sind, durch Menschen verfügbar. Informationen, die für das System nicht relevant sind, werden vergessen oder sind nur noch unbewusst vorhanden.

Die Aufmerksamkeit über Informationen zu erhöhen heißt, die Mitarbeiter im System zu beteiligen und ihnen die Chance zu geben, ihr Wissen weiterzugeben. Organisationen, die auf das Wissen ihrer Mitarbeiter wenig Wert legen, verschenken ihr Potenzial. Sie betrachten ihre Mitarbeiter als reine Ausführende denn als Beteiligte. Diese Organisationen sind darauf angewiesen, mit hohem finanziellen Aufwand externe Unternehmensberater zu beauftragen und sich Lösungen für ihr Unternehmen erarbeiten lassen. Hätten sie die eigenen Mitarbeiter gefragt, hätten sie diese Informationen schneller, fundierter und kostenlos erhalten.

> **Beispiel**
> Rückläufige Umsätze eines produzierenden Unternehmens wurden zum Anlass genommen, Marketing- und Akquiseaktivitäten einzuleiten, den Kundenstamm wieder zu erweitern. Man beauftragte ein Institut, welches hohe Expertisen darin hatte, über computergestützte Simulationen und Auswertungen zusätzliches Verkaufspotenzial aus der Bearbeitung von Stamm- und Neukunden zu generieren.
>
> Dazu wurde eine computergestützte Datenmaske entwickelt, die für das Unternehmen eine hohe Investition erforderte. Es wurde eine Rangliste von Bestandskunden erstellt, die sich nach bisherigen Umsätzen, Kaufsegmenten, Kauffrequenz usw. errechnete und dann in A-, B- und C-Kunden klassifiziert wurden. Das Institut legte diese Kriterien auf der Basis der bisher erhaltenen Daten und ihrer eigenen Erfahrung fest. Es wurde ein detaillierter Akquiseplan erarbeitet, der auch die Besuchsfrequenz der Stammkunden regelte. Diese sollten weit weniger oft besucht werden als bisher.
>
> Als die Ergebnisse nun mit dem Außendienst umgesetzt werden sollten, gab es große Unruhe. Die Außendienstmitarbeiter fanden zum einen die Klassifizierung für ihre Kunden und zum anderen auch die Besuchsfrequenz der Stammkunden keinesfalls angemessen. Sie erhoben massiven Einspruch, ihre *guten Kunden* nicht mehr so häufig besuchen zu sollen. Dennoch wurde das Konzept umgesetzt, da das Institut mit glaubwürdigen, statistisch errechneten Argumenten überzeugte.
>
> In den nächsten Monaten musste sich der Außendienst zu fallenden Umsätzen und wachsenden Beschwerden der Kunden, die sich vernachlässigt fühlten, rechtfertigen. Sie hatten keine Argumente für das Konzept des Institutes.

Keinesfalls soll hier der Eindruck entstehen, dass die Einholung von externem Wissen per se nicht richtig sein könnte. Aber bevor das geschieht, sollte immer erst die Fachkompetenz genutzt werden, die sich das Unternehmen bereits eingekauft hat und für die es bereit ist, auf monatlicher Basis zu zahlen. Die Beteiligung von Mitarbeitern, die ihr Arbeitsgebiet exzellent kennen, bringt einen großen Mehrwert. Dennoch können an bestimmten Punkten nicht alle Informationen aus einem Unternehmen heraus generiert werden oder sie sind schlicht nicht verfügbar. So ist die Beteiligung fachkompetenter

Experten für spezielle Anforderungen hilfreich. Insbesondere dann, wenn die Führungskraft als Attention Leader diese Kompetenzen und Erfahrung miteinander verknüpfen kann, sodass daraus eine neue Wertschöpfung entsteht.

Nach Informationen zu fragen, kostet kein Geld und was noch wichtiger ist: es fördert das Mitdenken der Mitarbeiter und schärft dadurch ihre Aufmerksamkeit. Themen, zu denen eine Führungskraft die Meinung ihrer Mitarbeiter einholt, sind wichtig. Wenn Mitarbeiter davon ausgehen, dass ihr Wissen zu einer Sache für die eigene Führungskraft wichtig werden könnte, werden sie dieser Information mehr Aufmerksamkeit schenken als anderen.

Geht man davon aus, dass fast jedes Wissen in einem Unternehmen vorhanden ist, dann geht es letztlich nur noch darum, Aufmerksamkeit für die Problemstellung zu schaffen und das vorhandene Wissen miteinander zu vernetzen. Das erfordert aber gleichzeitig die Öffnung aller unternehmenseigenen, gläsernen Grenzen zwischen einzelnen Bereichen. Essentiell ist auch die Bereitschaft, Wissen und Informationen zu teilen und sich gegenseitig zu unterstützen. Ziel sollte auch sein, eine Wissens-Community in einem Unternehmen zu schaffen, das sich aufmerksam den jeweiligen Herausforderungen stellt und keine fachkompetente Persönlichkeit vernachlässigt. Das zu initiieren, ist auch ein Element von Attention Leadership.

8.3 Vom singulären Begreifen zum systemischen Verstehen

Das Wissen um Kennzahlen ist ein Besonderes. Wenn Führungskräfte sich in vielen Führungssituationen auf ihr Erfahrungswissen und ihr intuitives Wissen verlassen können, so ist dies im Zusammenhang mit Kennzahlen begrenzt. Denn das kognitive Wissen, welches in der Bearbeitung von Kennzahlen verlangt wird, steuert bewusst das Denken und Handeln und basiert auf Fachkompetenz. Daniel Kahneman bezeichnet dieses Wissen als *System 2*:

System 2 lenkt die Aufmerksamkeit auf die anstrengenden mentalen Aktivitäten, die auf sie angewiesen sind, darunter auch komplexe Berechnungen. Die Operationen von System 2 gehen oftmals mit dem subjektiven Erleben von Handlungsvollmacht, Entscheidungsfreiheit und Konzentration einher. ([4], S. 33)

Gerade in komplexen Aufgaben scheint das kognitive Vermögen eines einzelnen Menschen in Bezug auf die Bearbeitung von Kennzahlen begrenzt zu sein. Das bezieht sich auf die finanziellen Kennzahlen eines Unternehmens genauso wie auf die nicht finanziellen Kennzahlen, die in den letzten Jahren deutlich zugenommen haben. Diese Bewertung der Business Intelligence (BI), beschreibt das in ein Verhältnis setzen von finanziellen wie nicht finanziellen Kennzahlen. Nicht finanzielle Kennzahlen sind z. B. Qualität, Customer Relationship, Marktanteile oder Personal. Das absolute Verhältnis von finanziellen zu nicht finanziellen Kennzahlen ist in den letzten Jahren fast ausgeglichen (vgl. dazu Abb. 8.2).

8.3 Vom singulären Begreifen …

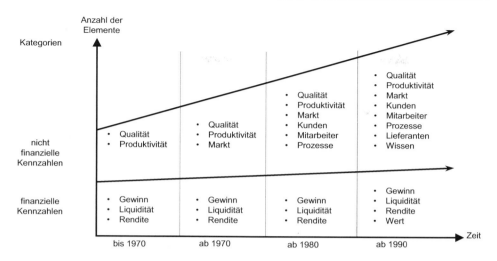

Abb. 8.2 Entwicklung der finanziellen und nicht finanziellen Kennzahlen. Quelle: Schomann, M (2001) [9]

Die unterschiedlichen Kennzahlen sind zur Bewertung der aktuellen Situation außerordentlich hilfreich. Sie erweitern den Betrachtungswinkel einer Entscheidung. Voraussetzung aber ist, dass die Führungskraft Experte auf den finanziellen und auch den nicht finanziellen Gebieten ist und sie richtig bewerten kann. Das ist insofern auch notwendig, als bislang noch kein Rechner in der Lage ist, diese komplexen Berechnungen in einer Auswertung zu bearbeiten und Empfehlungen für Maßnahmen abzugeben. Nichtsdestotrotz ist die Absicherung der Entscheidung über die Maßnahmen aus Kennzahlenberechnungen notwendig.

Es ist von den Entscheidungen die Rede, die nicht zur Routine des Tagesgeschäftes gehören, sondern die aus einer Situation heraus neu überdacht und erarbeitet werden müssen. Die Sicherheit in der Auswirkung von Entscheidungen oder die Ableitung vermeintlich richtiger Maßnahmen kann sich nur noch dadurch erhöhen, dass der Blickwinkel durch andere Kollegen, Mitarbeiter oder externe Partner ergänzt wird. Die Kennzahlenanalyse und die Hinzuziehung unterschiedlicher Meinungen erhöhen die Entscheidungssicherheit und es bleibt nur noch ein Rest Unsicherheit, ob die Bewertung oder getroffene Entscheidung tatsächlich die richtige ist. Das erforderliche umfangreiche Fachwissen und die Sicherheit kann i. d. R nur in der Kommunikation mit anderen gewonnen werden.

Dieser Trend, weitere Meinungen hinzuzuziehen, sich beraten oder coachen zu lassen, nimmt zu. Das ist beispielsweise in der steigenden Anzahl der Business Coaches abzulesen, die sich bei den Branchenverbänden registrieren lassen. Komplexe Anforderungen und Entscheidungssituationen geben Menschen immer mehr das Gefühl, dass es schwieriger wird, die vermeintlich richtige Entscheidung für sich selbst oder für die Organisation zu treffen oder sich richtig zu verhalten.

Eine zweite oder dritte Meinung kann aber auch durch Kollegen innerhalb der eigenen Organisation hinzugezogen werden. Je kleiner die Organisation, *je kürzer die Wege*, desto mehr kann und wird davon Gebrauch gemacht, den Kollegen um seine fachliche Einschätzung zu bitten. Ist die Organisation jedoch sehr groß, kann es schon schwierig sein, überhaupt den richtigen Ansprechpartner für ein Thema zu ermitteln. Die Meinung der Mitarbeiter ist für das Unternehmen von Bedeutung. Sie kann sich aber nur ganz entfalten, wenn das Management ihre Mitarbeiter als Partner und Berater akzeptiert und den regelmäßigen Erfahrungsaustausch sucht.

Das Fachwissen in großen Organisationen bleibt oftmals in den Bereichen gebunden und wird nicht zugunsten der Lösung eines Problems geteilt. Hier steht die Einhaltung der hierarchischen Struktur mehr im Vordergrund als das Teilen guter Ideen. Experten sind Stabsstellen zugeordnet und werden trotz Informationsbedarf aus anderen Bereichen nicht angesprochen. Nicht über die Vorgesetzten und schon gar nicht direkt. Dies passiert vor dem Hintergrund des klassischen Denkens, dass nur bottom-up und top-down kommuniziert wird und stammt aus einer Zeit, in der Führungskräfte in ihrer Position machtvoll agierten und die Tätigkeiten der Mitarbeiter sehr kontrollierten. Das war aber auch die Zeit, als Führungskräfte noch die höchste Fachkompetenz ihres Verantwortungsbereiches hatten. Das ist heute nicht mehr der Fall, denn das Wissen in den operativen Bereichen ändert sich so schnell, dass eine Führungskraft schon nach wenigen Wochen des Wechsels selbst ihren vorherigen Aufgabenbereich kaum noch bearbeiten könnte. Das Wissen ist immer bei dem jeweiligen Verantwortlichen und wird in der Regel nicht dokumentiert.

Gerade in Bezug auf Kennzahlen kann das Wissen und die Erfahrung nicht in Datenbanken gespeichert werden, da es sich situativ immer wieder unterscheidet. Daher ist hier eine Vernetzung von Kompetenzen besonders notwendig. Dass diese offene Kommunikation möglich werden kann, hängt an der Öffnung der Organisation im Hinblick auf die Vernetzung von Kompetenzen. Es wird sich nicht auf einen Experten verlassen, sondern auf viele Meinungen und Erfahrungen.

Das erfordert aber auch ein anderes Verhalten einer Führungskraft. Heute kann nicht davon ausgegangen werden, dass alles Wissen im eigenen Verantwortungsbereich vorhanden ist, sondern die Führungskraft leitet aktiv dazu an, sich Informationen aus anderen Bereichen zu beschaffen.

Dazu gibt es eine Reihe von Dingen zu beachten. Zunächst muss Konsens darüber herrschen, dass diese Vorgehensweise in einer Organisation gewollt ist. Ansonsten hängt die Vernetzung von der Persönlichkeit und der Kommunikationsstärke einzelner Führungskräfte ab. Dies wird sich aber nicht allein durch Anweisung ergeben, sondern muss wachsen. Dieser Wunsch nach mehr Kooperation und abteilungsübergreifender Kommunikation wird zunächst große Unsicherheit auslösen.

Auf Kennzahlen bezogen ist es aber immer möglich, einzelne Mitarbeiter als Experten in Projekten zusammenzubinden. Der Attention Leader wird dafür folgende Punkte zur optimalen Vernetzung mit berücksichtigen:

1. Heterogene Teams

Es ist viel über Formen optimaler Teamzusammensetzungen geschrieben worden. Betrachtet man die Teamzusammensetzung im Hinblick auf die Führung mit Kennzahlen, ist der Erfahrungshintergrund sicherlich ein wichtiges Kriterium. Die Erfahrung mit Kennzahlen allein reicht nicht aus; das theoretische Wissen dazu wird an der Universität gelehrt. Zur Bewertung der Umsetzung von Maßnahmen auf der Basis von Kennzahlen ist vor allem der Praxisbezug relevant. Dieser garantiert die Umsetzbarkeit und den Bezug zum operativen Ablauf und zur Kundenorientierung.

Ganz wichtig in einem heterogenen Team ist die Rolle des Controllers. Er bringt die Strukturen der Analyse, die Möglichkeiten der Auswertungen und die Sicherheit der Bewertung von Richtwerten mit. Er ist in einem Projekt unverzichtbar.

Ebenso wichtig im Team ist die Rolle des kritisch Hinterfragenden. Er wird dafür Sorge tragen, dass auch einzelne, scheinbar unbedeutende Informationen Gewicht bekommen und das Team auf neue Ideen bringen. Die Gefahr homogener Teams ist, dass sie sich gerade in Bezug auf Kennzahlen zu schnell einig sind und keine weiteren Störungen, die ihr Ergebnis ins Wanken bringen können, zulassen.

Es gibt sicherlich noch weitere, wichtige Rollen in einem Team, die hier nicht alle aufgeführt werden sollen. Generell ist die Diversität dringend notwendig, um die Grundlagen für ein systemisches Verstehen zu schaffen. Nur die unterschiedlichen Hintergründe, die fachliche Ausbildung und die Berufserfahrung in den unterschiedlichsten Bereichen führen zu neuen Lösungsansätzen und damit zu mehr Wertschöpfung.

2. Entscheidungen in der Organisation kommunizieren

Die oben angesprochene Unsicherheit in nicht routinebezogenen Kennzahlenentscheidungen lässt sich nur dadurch abmildern, indem versucht wird, weitestgehend Entscheidungs- und Handlungssicherheit herzustellen.

Entscheidungen auf der Basis von Kennzahlen haben einen hohen Unsicherheitsfaktor, da sie sich der Vorhersagbarkeit entziehen. Eine Entscheidung beispielsweise über Investitionen in den Bau einer zusätzlichen Lagerhalle ist zunächst einmal eine finanzielle Entscheidung. Sie ist aber auch eine Entscheidung über die Prognose des Marktes, des Kundenverhaltens und der unternehmerischen Entwicklung. Sie kann nur durch ein interdisziplinäres Team getroffen werden, welches sich beispielsweise aus Finanz-, Vertriebs-, Betriebsleitung und Geschäftsleitung zusammensetzt, um eine vermeintliche Planungssicherheit herzustellen.

Auch bei großer Fachkompetenz, allen zur Verfügung stehenden Informationen und der Einholung mehrerer Meinungen, kann eine Entscheidung nicht bis zum Letzten abgesichert werden. Das spüren Verantwortliche auch, wenn sie es auch nicht zeigen. Der Rest Unsicherheit erzeugt ein unangenehmes Gefühl.

> *Die Gefährdung des Kompetenzgefühls und der drohende Verlust von Handlungssicherheit vermitteln sich dem Akteur häufig als unangenehme Gefühle von Anspannung, Unsicherheit, Bedrohung und Hilflosigkeit und lösen ein Bedürfnis zur Reduzierung der als aversiv erlebten Ungewissheit aus, mit dem Ziel, die Kontrolle über die Situation (zurück) zu gewinnen und das eigene Kompetenzgefühl zu schützen.* ([2], S. 158)

Damit aber dennoch Sicherheit in der Umsetzung für alle Beteiligten herrscht, muss vor allem die Begründung der Entscheidung kommuniziert werden. Eine Führungskraft sollte keine Entscheidung kommunizieren oder Behauptungen aufstellen, die den Mitarbeitern nicht ausreichend begründet werden. Auch wenn bis zuletzt ein Rest Unsicherheit immer bestehen bleiben wird, ist es hilfreich, alle Argumente und Gedanken, die zu dieser Entscheidung geführt haben, zu kommunizieren. Das führt zwar letztlich nicht zu mehr Sicherheit, aber zu mehr Verständnis und Tragfähigkeit in der gesamten Organisation.

Systemisches Verstehen im Gegensatz zum singulären Begreifen schafft ein kollektives Verständnis über Entscheidungen und dahinterstehende Abläufe. Es erhöht das Interesse der Mitarbeiter dadurch, dass sie eingebunden sind und durch die Informationen Wertschätzung erfahren. Sie können ihre Aufmerksamkeit auf Dinge in ihrem Arbeitsbereich legen, die Einfluss auf die Zielerreichung haben oder haben werden. So kann sich jeder durch ein kollektives Verständnis beteiligen und einbringen. Das steigert die Motivation.

8.4 Vom Einzelziel zur systemischen Zielvereinbarung

Anders als bei der individuellen Schaffung eines Kontextes, hängt der kollektive Kontext nicht daran, die Bedeutung einer ganzen Organisation herauszufinden. Denn die kann es in der Klarheit nicht geben, sodass sie beeinflusst werden kann. Kontext kann für die Gemeinschaft der Mitarbeiter nur über Ziele hergestellt werden.

Die Planung strategischer Ziele kann ein ganz kurzer oder auch ein sehr langer Prozess sein: Sie können von den Shareholdern in ihrer visionären Betrachtung vorgegeben bekommen, z. B. Marktführer bis zum Jahr 2022 zu sein. Das ist die Zielvision, die es für alle Mitarbeiter weltweit zu erfüllen gilt. In einem anderen Fall werden Simulations- und Forecast-Rechnungen durch ein System ausgeklügelter Rechenleistungen durchgeführt, die zu einem unausweichlichen, begründeten und maximal abgesicherten Ziel führen. Oder es werden gar keine Ziele gesetzt, um sich möglichst alle Freiheiten zu lassen, auf unvorhergesehene Aktivitäten reagieren zu können. Dies wird dann mit hoher Flexibilität und absoluter Kundenorientierung begründet.

Ganz gleich wie der Planungsprozess läuft: Alle Vorgehensweisen sind legitim, solange nur Personen zu finden sind, die an diese Zielplanung und ihre Kennzahlen glauben wollen oder können. Die Führung mit Kennzahlen beginnt im Glauben. Gleichsam wie ein emotionales Commitment dem Ziel oder dem Arbeitgeber gegenüber. Das ist

8.4 Vom Einzelziel zur systemischen Zielvereinbarung

eine unabdingbare Voraussetzung, um überhaupt irgendein Ziel zu erreichen. Jeder involvierte Mitarbeiter muss daran glauben. Aber möchten die Mitarbeiter auch die Verantwortung für das Ziel übernehmen und sei es nur für einen ganz kleinen Teil davon?

Von Führungskräften hoch geschätzte Mitarbeiter übernehmen voll und ganz die Verantwortung. Sie verschreiben sich mit Haut und Haar der Erreichung der Ziele, mit denen sie beauftragt werden und sie geben ihre ganze Energie und Leidenschaft in diese Zielerreichung. Sie machen die Zielerreichung zu ihrem persönlichen Thema. Wenn diese Mitarbeiter dann noch gut ausgebildet und damit fähig sind, das Ziel zu erreichen, braucht die Führungskraft kaum noch steuernd einzugreifen. Die Identifikation des Mitarbeiters mit dem Unternehmen und seinen Herausforderungen steigt. Das führt zu einer höheren Verbindlichkeit und es ist kaum noch nötig, eine Corporate Identity zu „erarbeiten". Sie wird ganz natürlich durch die Mitarbeiter geprägt.

Dass strategische Ziele nicht top-down vereinbart und kommuniziert werden, findet sich häufig in Organisationen. Die hohe Kunst der Zielvereinbarung besteht darin, allgemeine strategische Ziele in kleinere, auf den jeweiligen Bereich bezogene Ziele herunterzubrechen. Das sind aber in den seltensten Fällen die gleichen Ziele, die nur eben kleiner formuliert werden. Sollen Ziele hierarchisch verbunden sein, verlangen sie die Beteiligung und Diskussion durch alle betroffenen Führungskräfte. Das ist eher selten der Fall, da Unternehmensbereiche eine scheinbar losgelöste Autonomie von anderen Abteilungen besitzen. Wie aber sollen alle Mitarbeiter und Führungskräfte auf strategische Ziele hinarbeiten, wenn diese kaskadierend miteinander verbunden sind?

Dennoch soll der Anspruch der verbundenen Ziele erfüllt werden. Dabei tritt der häufig zu findende Fehler auf, der Einfachheit halber die gleichen Ziele über mehrere Ebenen zu vereinbaren. Ziele, die zwei Ebenen oberhalb der jeweiligen Hierarchieebene vereinbart werden, werden identisch nach unten hin weitergegeben. Dieses Vorgehen spart einer Führungskraft sehr viel Zeit, da keine neuen Ziele definiert werden müssen, sondern alle einfacherweise die gleichen Ziele haben. Zur Zielüberprüfung werden die gleichen Kennzahlen festgelegt, die die Messbarkeit zulassen. Werden also die gleichen Ziele über zwei oder mehr Hierarchieebenen vereinbart, dann sind die Kennzahlen auch die gleichen (vgl. dazu Abb. 8.3).

Im Beispiel der Abb. 8.3 sind die Umsatzzahlen (in einer sehr vereinfachten Darstellung) auf verschiedene Bereiche heruntergebrochen, was zu einer hohen Differenzierung des übergeordneten Ziels von 5 % Umsatzsteigerung führt. Für jeden Bereich bedeutet dieses Ziel etwas anderes. Häufig geschieht aber hier der Fehler, dass das gleiche Ziel (5 % Umsatzsteigerung) für alle Bereiche ausgerufen wird. Hier liegt genau das Problem. Wenn zwei oder mehr Bereiche einer Organisation für die Verbesserung ein und derselben Kennzahlen verantwortlich sind, dann ist die Zuständigkeit nicht klar und die Kennzahlen verlieren an Bedeutung und Aufmerksamkeit.

Im Folgenden sind drei Vorschläge aufgeführt, wie diese systemische Zielvereinbarung durch Attention Leadership eindeutig, top-down und mit genau definierten Kennzahlen implementiert werden kann.

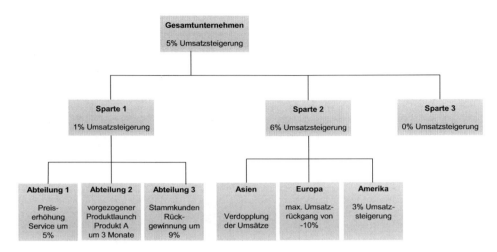

Abb. 8.3 Systemische Zielvereinbarung – vereinfachte Darstellung

1. Verlassen Sie sich nicht auf Mitarbeiter – vereinbaren Sie Ziele

Ein gern gesprochener Satz von Geschäftsführern in Unternehmen ist: *Es muss doch allen klar sein, was das Ziel ist*. Dann erhält man einen harmlos wirkenden Hinweis darauf, dass es in diesem Unternehmen keine klaren Ziele oder gar aufeinander abgestimmte Zielvereinbarungen aller Verantwortlichen gibt.

Führungskräfte entwickeln keine Unsicherheiten, wenn sie keine eindeutigen Zielvereinbarungen haben. Sie nutzen die Chance und füllen die Lücke nach eigener Vorstellung. Sie tun und verfolgen das, was sie in dieser Situation selbst für angemessen und richtig halten. Die Position ist ihnen schließlich übertragen worden, um Entscheidungen zu treffen und den Bereich bzw. das Unternehmen zu mehr Profit zu führen. Stehen die Ziele in einem Kontext und machen Sinn für die Mitarbeiter, folgen sie den Vorgaben der Führungskraft i. d. R guten Mutes, sind aber nicht systemisch verankert. Das fällt auch zunächst nicht unbedingt auf, denn gute Führungskräfte reden über ihre Erfolge und schaffen den Anschein, als ob sie engagiert in die von ihnen bestimmte Richtung laufen. So lange sie erfolgreich sind, wird ihr Handeln selten hinterfragt.

So arbeitet eine Organisation mit viel Engagement jedes Einzelnen an Zielen, die nicht aufeinander abgestimmt sind und die im schlechtesten Fall in Widerspruch miteinander stehen. Diese Widersprüche tauchen auch in Gesprächen der Führungskräfte oder Mitarbeiter auf, werden aber meistens durch eine gute Beziehungsebene wieder aufgefangen. Wenn eine Beziehung aufgebaut ist, dann sind Menschen auch bereitwilliger zu kooperieren: *Wir sind uns in der Sache nicht einig und widersprechen uns sogar. Den Konflikt können wir aber nicht lösen. Also halten wir ihn aus. Wir kommen trotzdem gut miteinander aus. Ich weiß ja, dass ich in dieser Sache nicht auf dich zählen kann. Aber ich löse das schon irgendwie.*

Hätte der Chef von Anfang an dafür Sorge getragen, die Führungskräfte in die Zielvereinbarung zu involvieren und die Marschbefehle aufeinander abgestimmt, dann wären nicht nur viele Ziele in die gleiche Richtung gelaufen, sondern es blieben auch viele berufliche Beziehungen nicht einem Dauerstress ausgesetzt. Und vielleicht müssten auch viel weniger Kennzahlen erstellt und bearbeitet werden und unter gleichen, zielorientierten Aspekten ausgewertet werden.

2. Lenken Sie die Aufmerksamkeit der Mitarbeiter nicht nur auf deren eigenes, sondern auch auf das übergeordnete Ziel

Hervorragend ausgebildete Mitarbeiter, wie in Abschn. 5.1 beschrieben, brauchen einen glaubwürdigen Kontext, in dem sie arbeiten. Es reicht nicht aus, sie auf eine Zielspur zu setzen und zu warten, bis sie das Ziel eigenständig und verantwortungsvoll erreicht haben. Sie wollen über den Gesamtzusammenhang, in dem sie tätig sind, genau informiert sein, ihn auch verstehen und für ihre Arbeit berücksichtigen können. Das gibt ihnen nicht nur das Gefühl, in einem größeren Bedeutungszusammenhang zu arbeiten, sondern hilft ihnen auch, ihr eigenes Ziel entsprechend zu gestalten. Dadurch kann das ganze Potenzial, über das diese Mitarbeiter verfügen, voll ausgeschöpft werden und nicht nur der Teil, der im Rahmen des eigenen Teilziels abgefragt wird.

Dadurch entsteht eine Kaskadierung von Zielen, da das nächst höhere Ziel durch die eigene Tätigkeit mit berücksichtigt werden kann. Es erfolgt sozusagen eine natürliche Verknüpfung der Ziele. Der Mitarbeiter kann aktiv mithelfen, die Ziele des jeweiligen Vorgesetzten mit zu erreichen. Das setzt aber voraus, dass die Ziele präzise kommuniziert werden und jeder Mitarbeiter weiß, wie er selbst zur Zielerreichung beitragen kann. Dass damit die Leistung der Führungskraft durch Kennzahlen auch messbar und für alle Beteiligten sichtbar wird, ist gewünscht. Das stärkt die Zusammenarbeit und den Teamgeist.

▶ Durch die Steuerung der Aufmerksamkeit auf das nächst höhere Ziel wird die Unternehmenstätigkeit sehr klar auf aufeinander aufbauende, strategische Ziele ausgerichtet.

3. Brechen Sie Kennzahlen genauso wie Ziele herunter

Mit dem Prozess der systemischen Zielvereinbarung werden auch die Kennzahlen entsprechend der Ziele definiert. Da Ziele über Hierarchieebenen nur im Ausnahmefall mal identisch sind, gibt es zu ihrer Überprüfung exakt zugeordnete Kennzahlen, die aus der jeweiligen Bereichsebene erstellt und überprüft werden. Aufgabe der Führungskräfte der darüber liegenden Verantwortungsebene ist die Kumulierung der Bereiche und Kennzahlen und des Feedbacks bei Veränderung.

Kennzahlen können dann bereichsspezifisch analysiert und ggf. korrigiert werden. Das ist die originäre Aufgabe einer Führungskraft. Auf diese Weise kann folgendes erreicht werden:

- Der Dschungel an Kennzahlen wird auf den eigenen Arbeitsbereich reduziert und damit überschau- und handhabbar.
- Kennzahlen sind verständlich, da sie aus dem unmittelbaren Arbeitsbereich der Mitarbeiter entstanden sind und damit einen hohen Praxisbezug haben.
- Die Mitarbeiter haben eine gute Vorstellung, durch welche ihrer Aktivitäten die Kennzahlen beeinflusst werden können.
- Es gibt kaum Überschneidungen mit den Kennzahlen anderer Bereiche.

Durch dieses Ineinandergreifen aller Kennzahlen-Zahnräder kann weitestgehend sichergestellt werden, dass alle Bereiche des Unternehmens wie durch einen Zahnriemen angetrieben werden können.

▶ Eine Organisation, in der alle Zahnräder über Ziele und Kennzahlen ineinandergreifen, hat eine hohe Orientierung auf Ergebnisse und eine starke Umsetzungskraft.

Die Auswirkungen von Attention Leadership auf eine gesamte Organisation sind bemerkenswert. Dies setzt aber voraus, dass alle Führungskräfte dem gleichen Comment folgen. Eine Organisation muss sich bewusst entscheiden, ob das Denken in Hierarchien und Sparten Vorrang haben soll oder ob man diese zugunsten einer Vernetzung von Wissen und Kompetenzen zurückstellen will. Mitarbeiter können und sollten in die Verantwortung genommen werden, um ihre Produktivität zum Zielerfolg beitragen zu können. Eine interne Konkurrenz von Führungskräften würde es nicht mehr geben und individuelle Vergütungen würden weniger bedeutend werden. Die Kommunikation und die gegenseitige Information untereinander wären deutlich zielorientierter, sinnvoller und lösungsorientierter.

Attention Leadership ist harte Arbeit für die Führungskräfte. Neben vielen Führungsaufgaben und -techniken müssen sie vor allem eines: Unsicherheit aushalten und Mitarbeiter auch über ihren eigenen Verantwortungsbereich beteiligen. Dafür gewinnt der Attention Leader motivierte und zufriedene Mitarbeiter.

Literatur

1. Davenport T, Beck J 2001 The attention economy. Understanding the new currency of business. Harvard Business School Press, Boston
2. Döring-Seipel E, Lantermann E-D (2012) Komplexität – eine Herausforderung für Unternehmen und Führungskräfte. In: Grote S (Hrsg) Die Zukunft der Führung. Springer, Berlin, S. 153–171

3. Heinze R, Rinck E (1997) Der Aufschwung beginnt bei mir. Führungskompetenz durch Selbstcoaching. Orell Füssli, Zürich
4. Kahneman D (2011) Schnelles Denken, Langsames Denken. Siedler, München
5. Krapp A (2000) Interest and human development during adolescence: an educational-psychological approach. In: Heckhausen, J (Hrsg) Motivational psychology of human development. Elsevier, London, S. 109–128
6. McKinsey & Company (2011) Vielfalt siegt! Warum diverse Unternehmen mehr leisten. http://www.mckinsey.de/sites/mck_files/files/Vielfalt_siegt_deutsch.pdf. Zugegriffen: 27. Mai 2014
7. Scholl W, Schermuly C, Klocke U (2012) Wissensgewinnung durch Führung – die Vermeidung von Informationspathologien durch Kompetenzen für Mitarbeiter (Empowerment). In: Grote S (Hrsg) Die Zukunft der Führung. Springer, Berlin, S. 391–413
8. Spreitzer G (1995) Psychological empowerment in the workplace: dimensions, measurement and validation. Academy of Management Journal 5:1442–1465
9. Schomann, M (2001) in Schieyer, M (2007) Entwicklung und Implementierung von Performance Measurement Systeme, Dt. Universitätsverlag

Attention Leadership kostet kein Geld sondern Aufmerksamkeit

9

Sie wollen wissen, wie man ab morgen mehr Geld verdienen kann, ohne auch nur einen Cent mehr auszugeben? Wenden Sie Attention Leadership an.

Beginnen Sie damit, sich einen kleinen Moment zurückzulehnen und darüber nachzudenken, ob Sie selbst mit dem eigenen Führungsverhalten Ihren Mitarbeitern gegenüber zufrieden sind. Lassen Sie sich zu leicht ablenken oder empfinden Sie sich selbst manchmal als planlos? Machen Sie sich bewusst, dass jede Ihrer Verhaltensweisen direkte Auswirkungen auf die Mitarbeiter und auf die Organisation hat. Sogar dann, wenn Sie nur scheinbar untätig am Schreibtisch sitzen und einen Moment der Ruhe nutzen, sich zu sammeln.

Die Tab. 9.1 gibt ganz alltägliche Aufgaben einer Führungskraft wieder und ihre Auswirkung auf die Organisation. Vielleicht hilft sie Ihnen, wenn Sie selbst einmal kurz Ihre Aufmerksamkeit verlieren sollten.

Attention Leadership kostet kein Geld – es kostet nur die Aufmerksamkeit aller im Unternehmen. Es braucht nicht einmal ein lange geplantes und kostspielig inszeniertes Change Management Projekt. Lediglich das gemeinsame Verständnis über ein aufmerksames Führungsverhalten aller Führungskräfte ist notwendig.

Führung von Mitarbeitern mithilfe von Kennzahlen ist im Grundsatz kein anderes Führen als das, was Sie heute schon anwenden. Führen mit Kennzahlen braucht eine passende organisatorische Einbindung und kein besonderes Führungskräfte-Training. Es wird weniger Kontrolle der Kennzahlen als mehr Beteiligung von Mitarbeitern geben. Die verantwortungsvolle Bearbeitung der Kennzahlen durch die Mitarbeiter überlässt der Führungskraft letztlich nur noch die Aufgabe der Plausibilitätskontrolle und Stichproben.

Attention Leader sorgen aber auch dafür, dass sie ein Gefühl für den Markt, seine Akteure, Trends, technische Neuerungen und relevante Netzwerke behalten. Sie würden keine Branchenkonferenz verpassen, *weil die Kennzahlen aus diesem Monat noch nicht stimmen*. Sie würden immer sicherstellen, dass sie auch nach außen wirken und die

Tab. 9.1 Attention Leadership

Führungsaufgabe	Voraussetzung	Handeln	Es entsteht…	Auswirkung auf die Organisation
„Runterkommen"	Entschleunigung	Stress abbauen	Ruhe, Loslassen können Besinnung	Gelassenheit Gleichmut
Konzentrieren	Ziel fokussieren	Ablenkung vermeiden	Achtsamkeit	Bedachtes Handeln
			Ordnung Übersicht Sorgfalt	Aufmerksamkeit
Sortieren	Informationen beschaffen	Strukturieren Plan erstellen	Übersicht	Verbindlichkeit Struktur
Kompetenzen und Informationen beschaffen	Übersicht schaffen	Informationsaustausch Kommunikation	Meinungsaustausch	Problemlösung
Selbst machen oder delegieren	Information und Kompetenzen verfügbar	Lösen Vernetzen	Perspektivwechsel	Produktivität Wertschöpfung Umsetzung
Bearbeitungsstände abfragen	Koordination Informationsfluss	Evaluieren	Bewerten und diskutieren von Lösungen	Weiterentwicklung
Abschließen	Beteiligung	Reflektieren Auswerten	Lern- und Kompetenzbewusstsein	Kritikfähigkeit Feedback-Kultur

wertschöpfenden Aktivitäten wie Akquise und Kontakte zu Geschäftspartnern wahrnehmen. Damit stellen sie sicher, dass sie mit ihrem Unternehmen am Markt präsent sind und bleiben.

Können Sie sich eine Organisation vorstellen, die mit Übersicht und Gelassenheit ihre Themen bearbeitet? In der nicht ständig Meetings abgesagt werden, weil es immer etwas Wichtigeres zu tun gibt? In der Führungskräfte und Mitarbeiter ihren Fokus auf das Wesentliche behalten? Das käme einer Revolution gleich und würde Mitarbeiter aus aller Welt in diese Organisation ziehen. Attention Leadership ist die beste Form eines Employer Brandings und damit einer langfristigen Mitarbeiterbindung. Wer so geführt wird, der möchte nicht mehr woanders arbeiten.

Das Führen ist auf Lösungen fokussiert, öffnet Hierarchien und macht vielleicht die Führungskräfte ein wenig unbedeutender als sie es heute sind. Sie agieren als Attention Leader als jemand, der es versteht, die Aufmerksamkeit der Mitarbeiter auf die für das Unternehmen bedeutenden Dinge zu lenken und sie damit zu fördern.

Erst eine Verantwortungs- und Wertschätzungskultur mit eindeutigem Unternehmensziel ermöglicht eine Freiheit der Umsetzung, wie es Führungskräfte und Mitarbeiter von heute für sich einfordern. Das führt letztlich auch zu einer Infragestellung und Überwindung der eingefahrenen Denkmuster, Glaubenssätze, systemischen Regeln und Verhaltensweisen. Es wird aber wahrscheinlich auch dazu führen, die traditionelle Identität und Rolle der Führungskraft zu verändern.

Druck:
Customized Business Services GmbH
im Auftrag der
KNV Zeitfracht GmbH
Ein Unternehmen der Zeitfracht - Gruppe
Ferdinand-Jühlke-Str. 7
99095 Erfurt